新版
世界
各国史
28

世界各国便覧

山川出版社編集部
編

山川出版社

世界各国便覧
目次

世界各国便覧　001
アジア——47カ国・5地域　005
アフリカ——53カ国・4地域　061
ヨーロッパ——EU・45カ国・6地域　121
アメリカ——35カ国・16地域　177
オセアニア——14カ国・16地域　231

主要国際協力機構　263
アジア太平洋経済協力(APEC)/東アジア・サミット(EAS)/
東南アジア諸国連合(ASEAN)/アセアン地域フォーラム(ARF)/
南アジア地域協力連合(SAARC)/湾岸協力理事会(GCC)/
石油輸出国機構(OPEC)/アラブ連盟/アフリカ連合(AU)/
西アフリカ諸国経済共同体(ECOWAS, CEDEAO)/
南部アフリカ開発共同体(SADC)/
ヨーロッパ安全保障協力機構(OSCE)/北大西洋条約機構(NATO)/
ヨーロッパ連合(EU)/独立国家共同体(CIS)/
集団安全保障条約機構(CSTO)/ヨーロッパ評議会(CE)/
経済協力開発機構(OECD)/北米自由貿易協定(NAFTA)/
ラテン・アメリカ経済機構(SELA)/中米統合機構(SICA)/
南米共同体(CSN)・南米諸国連合(UNASUR)/
アンデス共同体(CAN)/南米南部共同市場(MERCOSUR)/
カリブ共同体(CARICOM)/太平洋諸島フォーラム(PIF)/
主要国首脳会議(サミット)

国名索引　277

凡　例

- ◆世界各国便覧は，アジア47カ国，アフリカ53カ国，ヨーロッパ45カ国およびヨーロッパ連合，アメリカ35カ国，オセアニア14カ国に加え，アメリカ・オセアニアを中心とする47の非独立地域を対象とした。
- ◆配列は，アジア・アフリカ・ヨーロッパ・アメリカ・オセアニアの各地域ごとに，独立国の50音順，非独立地域の50音順とした。
- ◆各国・各地域の項目は，国名・英語による名称・面積・人口・首都名(非独立地域の場合は政庁所在地)・主要住民・主要言語・主要宗教・沿革とした。
- ◆国名表記のほか，地名・人名等の表記は，原則として「新版世界各国史」各巻の表記に従った。
- ◆英語による名称・面積・人口は，原則として外務省編集協力『2007年版世界の国一覧表』によって概数を記載した。ほかに外務省のホームページも参考にした。
- ◆首都・政庁所在地は，必ずしも法律上のものではなく，通例に従った。
- ◆住民・言語・宗教は，それぞれ主要なものとし，数字は概数で示した。
- ◆沿革は，各国・各地域の2008年末までの歴史的変遷を記載した。
- ◆主要国際協力機構は，名称・略称・英語での名称に加え，2008年末時点での加盟国と概要を示した。
- ◆巻末の索引には，世界各国便覧に掲載した各国・各地域をおもに記述の対象としている「新版世界各国史」の巻数を丸付数字で示した。
- ◆執筆者および執筆分担は，巻末に示した。

世界各国便覧

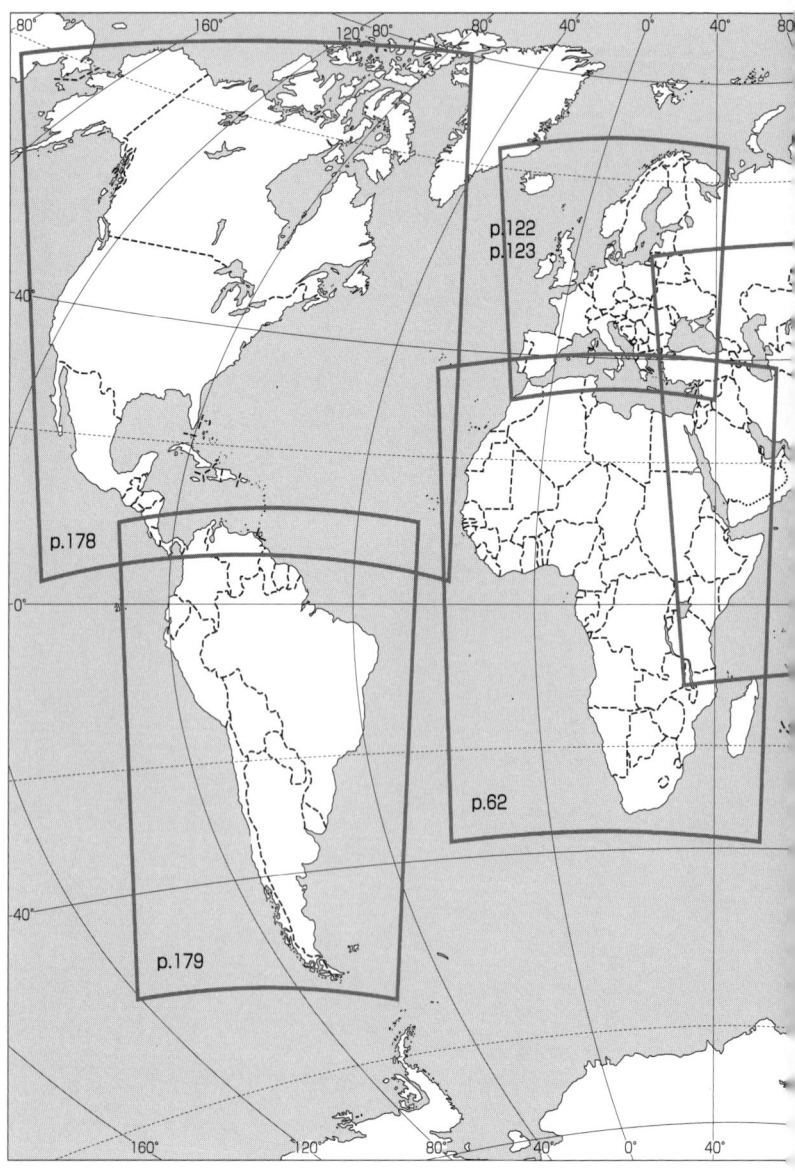

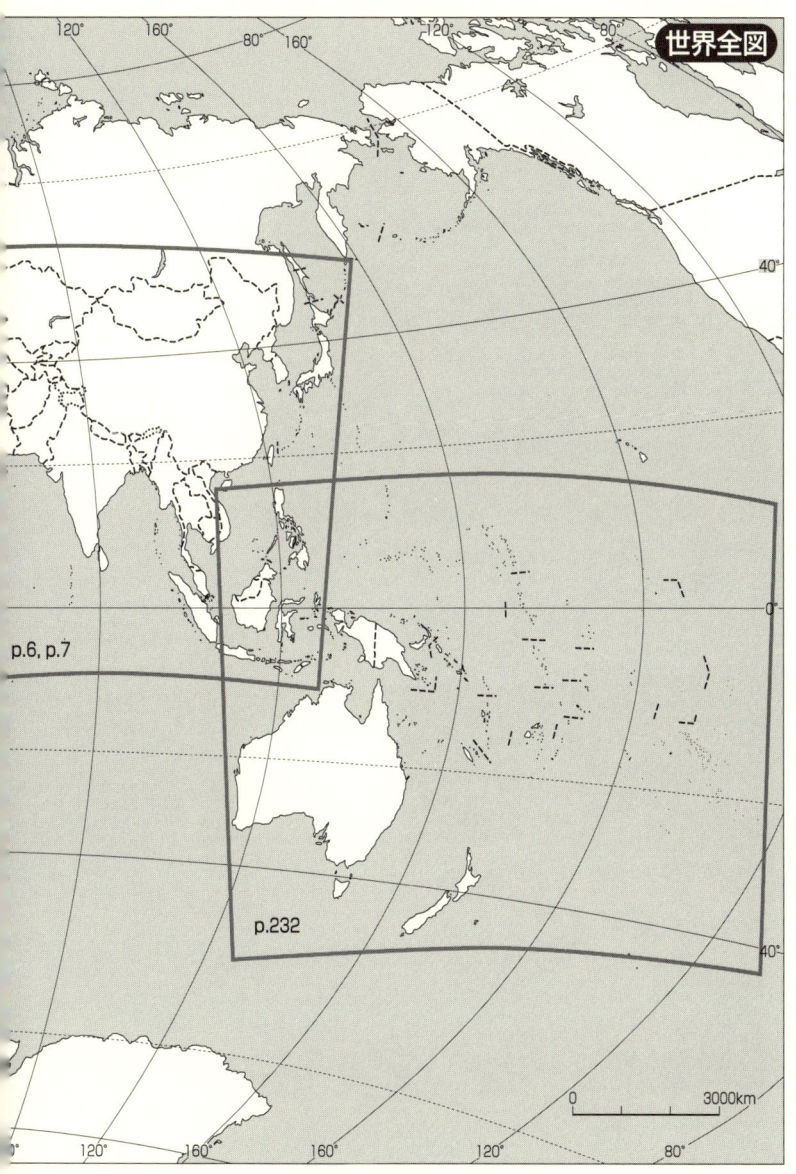

世界全図

p.6, p.7

p.232

0　3000km

アジア――47カ国・5地域

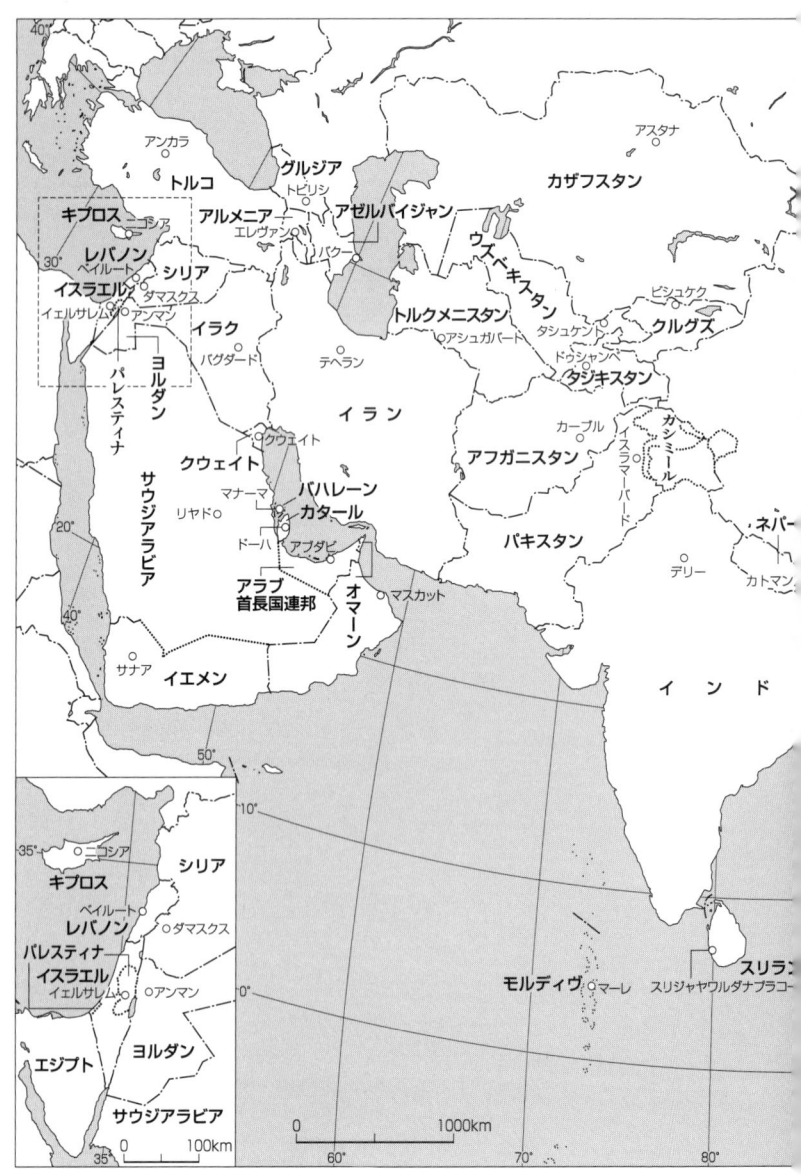

アゼルバイジャン共和国　Republic of Azerbaijan

面積：8万7000km²　人口：850万人　首都：バクー
住民：アゼルバイジャン人，ロシア人，アルメニア人
言語：公用語はアゼルバイジャン語
宗教：イスラーム教（シーア派7割，スンナ派3割）
沿革：ザカフカース南東部に位置する共和国。東はカスピ海に面する。現在の国名は1991年から。

　この地に国家が登場するのは前9世紀以降のことである。前7世紀に栄えたメディアではゾロアスター教が普及，ついで繁栄したカフカース・アルバニア王国は4世紀にキリスト教を受容した。7世紀にアラブ支配が始まるとイスラーム化が進行し，13世紀にモンゴル帝国領となってから，ティムール朝下の15世紀にかけて，住民のチュルク化が進んだ。16世紀にはサファヴィー朝イランのもと，住民の大半がシーア派となった。

　19世紀初頭，アゼルバイジャンの諸ハーン領に対するロシア帝国の併合が本格化した。2次にわたるロシア・イラン戦争ののち，アゼルバイジャン地域は1828年，北のロシア領と南のイラン領に二分された。ロシア帝国の統治下におかれたバクーは，ノーベル兄弟などの国際石油資本に主導され，20世紀初頭までに世界的な産油都市となった。

　1917年の帝政崩壊後，グルジア，アルメニアと形成したザカフカース連邦共和国は短命に終わり，18年5月にアゼルバイジャン民主共和国が誕生した。これはイスラーム教徒による世界初の共和国である。だが20年，赤軍の侵攻によりアゼルバイジャンはソヴィエト化された。22～36年はグルジア，アルメニアとともにザカフカース社会主義連邦ソヴィエト共和国，その後は個別のアゼルバイジャン・ソヴィエト社会主義共和国として，ソ連邦の一部を構成した。

　1988年，アゼルバイジャン領ナゴルノ・カラバフ（アルメニア人が多数居住）をめぐる係争から，アゼルバイジャンのスムガイトでアルメニア人襲撃事件が生じた。これはペレストロイカ期の民族衝突の初期の事例である。ソ連崩壊後，両国の紛争は本格的な戦争へと発展したが，94年に停戦が実現した。

　1991年の独立後，政情は安定せず産業も衰退した。だが93年に旧共和国共産党第一書記のアリエフ政権が成立すると，議会における与党の絶対多数化が実現された。また，欧米資本と提携してのカスピ海油田開発などによって経済情勢も好転した。対外政策ではNATO，アメリカへの接近姿勢が顕著である。2003年には旧ソ連諸国で初の世襲政権が実現した。権威主義体制のもとでの安定した政治運営が模索されている。

アジア　009

アフガニスタン・イスラーム共和国　Islamic Republic of Afghanistan

面積：65万2000km²　人口：3110万人　首都：カーブル
住民：パシュトゥーン人，タジク人，ハザーラ人，ウズベク人など
言語：ダリー語，パシュトゥー語
宗教：イスラーム教（主にスンナ派，ハザーラ人はシーア派）
沿革：西，中央，南アジアの接点に位置する内陸国家。その国土は，東西に走るヒンドゥークシュ山脈によって南北に分断される形になっており，人口の半数を占めるパシュトゥーン人が山脈の南側に集中している。

　古来より東西交流の要衝として栄え，前3世紀半ばに，セレウコス朝から独立したバクトリアがこの地を支配した。また，前1世紀後半には大月氏の支配を脱したクシャーナ朝が興り，カニシカ王の治世下において，インド北部から中央アジアにまたがる帝国を築いた。その後サーサーン朝に対抗した遊牧国家エフタルの勢力下にはいった。

　7世紀のアラブの大征服に際しては，カーブルを中心にヒンドゥー系の在地勢力が頑強に抵抗し，そのイスラーム化を阻んだが，10世紀半ばにガズナ朝が，また12世紀にはゴール朝が興り，イスラーム化が進んだ。その後，モンゴル帝国，ティムール朝，サファヴィー朝の支配下にはいり，これまで同様，外来の政権の支配にあまんじた。

　しかし，1747年にアフマド・シャーによってアフガニスタン初の王朝ドゥッラーニー朝が建国され，現在のアフガニスタンの基礎が築かれることになった。19世紀を通じておこなわれた英露のグレート・ゲームにより，現在の領域国家としての形ができあがった。1880年にイギリスの保護領になるが，1919年に独立。70年代に始まった内戦および，ソ連の軍事介入により国土の荒廃を招いた。

　この内戦の最中の1994年頃からイスラーム原理主義を掲げるターリバーンが勢力を拡大し，96年に首都カーブルを制圧，国土の90％を支配するに至った。しかし，2001年9月11日のアメリカ同時多発テロの首謀者とみなされたウサーマ・ビン・ラーディンをかくまったことにより，米英の空爆とこれに呼応した反ターリバーン勢力である北部同盟の反撃にあい，2001年末にターリバーン政権は崩壊。その後国連主導のもと，ハーミド・カルザーイーが暫定大統領となり，04年には国民大会議（ロヤ・ジルガ）が開催され，憲法が制定された。その後，国民の直接選挙の結果，カルザーイーが大統領に選出され，現在に至る。その一方で，ターリバーン勢力が南部を中心に活動を再開し，不安定な状態が続いている。

アラブ首長国連邦　United Arab Emirates

面積：8万4000km²　人口：470万人　首都：アブダビ
住民：アラブ人
言語：アラビア語
宗教：イスラーム教
沿革：アラビア半島東南部，ペルシア湾岸に臨む地に位置する7首長国（アブダビ，ドバイ，シャルジャ，アジュマン，ウンム・アル＝カイワイン，ラアス・アル＝ハイマ，フジャイラ）からなる連邦国家。国土の大半が砂漠であり，夏季は高温多湿である。また，豊富な石油資源に恵まれた国でもある。

　前3000年頃から人の集住の形跡がみられる。歴史的には，オマーンおよびバハレーンの一部としての存在であり，この地を中心に政治的統一体が出現した形跡はない。イスラーム教が出現した7世紀以後はメディナ政府の支配下にはいり，以後ウマイヤ朝，アッバース朝の支配を受けた。

　しかし，地理的・政治的辺境という状況から，現在のカタル，バハレーンともども，イスラーム教の異端宗派の拠点となることが多かった。

　その後，オスマン朝，ポルトガル，オランダの支配を受け，17世紀以降はインド支配の拠点獲得のため，イギリスが進出した。また，18世紀になるとアラビア半島南部からアラブ諸部族が移住してくるようになり，これらの移住部族が現在の7首長国の基礎となった。1853年，現在の北部首長国周辺の「海賊勢力」がイギリスと休戦協定を結んだことにより，以後当該地域は休戦海岸と呼ばれた。

　1892年にイギリスの保護領となるが，1968年のイギリスによるスエズ以東からの撤退宣言を受けて独立を模索し，71年にアブダビ首長国，ドバイ首長国を中心とする6首長国により，アラブ首長国連邦を結成させた。翌年のラアス・アル＝ハイマ首長国の加盟により，現在の7首長国による連邦体制が完成した。

　1960年代以降石油開発が進み，産油国として経済的発展をとげている。とくにドバイの経済発展は著しく，ドバイ国際空港は中東のハブ空港として機能し，近年は観光客誘致のためのリゾート開発もさかんにおこなわれ，中東のみならず，世界各地から観光客を集めることに成功している。

アルメニア共和国　Republic of Armenia

面積：3万km²　人口：300万人　首都：エレヴァン
住民：アルメニア人，クルド人，ロシア人
言語：公用語はアルメニア語
宗教：東方諸教会系のアルメニア教会
沿革：ザカフカースに位置する共和国。現在の国名は1990年から。

　前9世紀から前500年までこの地に存在したウラルトゥ(旧約聖書のアララト)は，旧ソ連領で最古の国家である。前2～前1世紀にはアルタシェス朝が隆盛を誇り，一時は小カフカース山脈からパレスティナに達する大国家となった。301年，アルサケス朝の時代に世界ではじめて国家として公式にキリスト教を受容した。4世紀以降はローマ帝国とイランの支配下にはいった。

　7～15世紀，アラブ，ビザンツ帝国，セルジューク朝，モンゴル帝国，ティムール朝の支配下にはいった。10世紀末以降，多くのアルメニア人が故地をすてて離散した。1639年にオスマン帝国とサファヴィー朝イランの支配下にはいるが，イラン領カラバグ地方のアルメニア系諸領が半独立を保ったことが，のちのナゴルノ・カラバフ帰属問題の遠因となった。18～19世紀，アルメニア人の在外コミュニティが民族文化の復興を支えた。

　19世紀初頭，ロシア帝国がこの地への進出を開始し，1828年にはイラン領アルメニアの大半がロシア帝国領となった。ロシア帝国のアルメニア商人・金融業者は経済上の優遇措置を享受したが，「カフカースのユダヤ人」として，錯綜する支配関係の矛盾の皺寄せも受けた。19世紀後半にナショナリズムと社会主義がアルメニア知識人に普及した。ロシア帝国のアルメニア民族主義政党ダシナクは，オスマン帝国の同胞を解放するため同国内でテロ攻撃を組織した。オスマン帝国はアルメニア人抑圧で応え，第一次世界大戦中の虐殺・追放では一説に100万人の犠牲者がでた。

　1917年のロシア帝国崩壊後，短命のザカフカース連邦共和国を経て，18年5月アルメニア共和国が成立した。だが20年末，赤軍の侵攻によりソヴィエト化された。22年にグルジア，アゼルバイジャンとともにザカフカース社会主義連邦ソヴィエト共和国として，36年からはアルメニア・ソヴィエト社会主義共和国として，ソ連邦の一部を構成した。

　1988年，アゼルバイジャンのナゴルノ・カラバフ自治州(アルメニア人が多数居住)で，アルメニアへの帰属変更が決議されたことで，両国の関係が急速に悪化した。91年のソ連崩壊による独立後，92～94年にはアゼルバイジャンと戦争になった。従来と同じく，在外アルメニア人コミュニティの支援が，国のゆくえに少なからぬ影響を与えるであろう。

イエメン共和国 Republic of Yemen
面積：52万8000km²　人口：2160万人　首都：サナア
住民：アラブ人
言語：アラビア語
宗教：イスラーム教
沿革：アラビア半島南西部に位置する共和国。内陸部には山岳地帯が広がる。南西モンスーンの影響で比較的降雨が多く，アラビア半島随一の農業国となっている。

　古来よりインド・東南アジアと地中海を結ぶインド洋航路の中継地点として栄え，前8世紀頃にはサバァ王国が成立し，乳香や没薬などの香料貿易によって繁栄した。前1世紀頃には内陸オアシス地帯にヒムヤル王国が興り，3世紀にはサバァ王国を併合，イエメンを統一した。その後，エチオピアのアクスム王朝と交易の主導権をめぐって争った。

　イスラーム教登場以後の897年にザイド派がイエメンに登場すると，ザイド派イマームに率いられたアラブ諸部族が山岳地帯を中心に割拠した。その一方で，海岸地帯は1174年にアイユーブ朝に征服され，その後1229年にはラスール朝が成立し，イエメンを中心にメッカやハドラマウト地方を支配下に収めた。1538年にはオスマン朝のグジャラート遠征艦隊がその帰路にアデン港を攻略し，海岸部を支配した。これに対してザイド派諸勢力がオスマン朝支配に反抗し，オスマン朝とザイド派勢力の間でイエメン支配をめぐる抗争が繰り返された。

　1839年にイギリスがアデンを占領し，オスマン朝とザイド派勢力の抗争に加わった。1918年イエメン王国がオスマン朝より独立，62年の革命によりイエメン・アラブ共和国(旧北イエメン)が成立する。一方，67年にイエメン民主人民共和国(旧南イエメン)がイギリスより独立し，69年共産党政権を樹立する。89年11月30日のアデン合意に基づき，翌年5月22日南北イエメンが統合され，イエメン共和国が成立する。

　1994年には旧南北間で内戦が勃発するが97年に終息，大統領サーレハ(2006年再選)の主導のもと，部族勢力やイスラーム原理主義勢力を懐柔しつつ，近代化や国内経済再建に向けた努力がなされている。

イスラエル国　State of Israel

面積：2万2000km²　人口：680万人　首都：イェルサレム(国際的に未承認)
住民：ユダヤ人，アラブ人
言語：ヘブライ語，アラビア語
宗教：ユダヤ教，イスラーム教，キリスト教，ドルーズ
沿革：地中海東岸のパレスティナに建国されたユダヤ人国家。「イスラエル」とは，前13世紀末頃にペリシテ人やカナーン人の都市国家に対抗したヘブライ人の部族連合の総称である。前1020年頃サウルのもとでイスラエル王国が建国され，息子ダビデによりシリア南部からパレスティナにかけて支配地域を広げた。またこのとき首都がイェルサレムに定められた。彼の息子ソロモンに至り王国は最盛期を迎えるが，彼の死後，北のイスラエル王国と南のユダ王国に分裂。その後，イスラエル王国はアッシリアの攻撃を受け，前722年頃滅亡した。また，ユダ王国は新バビロニア王ネブカドネザル2世により前587年に滅亡させられ，住民はバビロンへ連行された(第2回バビロン捕囚)。

　古代イスラエルはヤハウェ神を崇める啓示宗教を有し，キュロス2世によるバビロン捕囚からの解放後，ユダヤ教として現在の形を整える。この教えを信じるユダヤ教徒は，1～2世紀にかけておこなわれたユダヤ戦争の結果，ディアスポラ(離散)により，世界各地に散らばった。

　19世紀後半になると，離散したユダヤ人をシオンの丘(パレスティナ)に帰還させようとするシオニズム運動が興った。第一次世界大戦でユダヤ人の協力と引き換えにパレスティナにユダヤ人国家の建設を約束するバルフォア宣言がだされ，今日のイスラエル建国の起源となった。1947年に，アラブ人とユダヤ人それぞれのためにパレスティナの地を分割する国連決議がだされ，翌年イスラエル国が建国。以後その建国を認めないアラブ諸国と4度にわたって中東戦争を繰り広げ，占領地を拡大した。

　1993年にPLO(パレスティナ解放機構)とパレスティナ暫定自治協定を結び，領内にパレスティナ人自治区を設定，中東和平への道が開けたかにみえたが，2000年以降イスラエルとパレスティナ自治政府の関係が悪化し，01年9月11日のアメリカ同時多発テロ事件以降は，アメリカの掲げる「テロ撲滅」に乗じ，パレスティナ自治区への軍事介入を繰り返している。また，06年7月レバノンのシーア派系武装勢力ヒズブッラーによるイスラエル兵2名の解放を求めてレバノンに侵攻，ベイルート攻撃などをおこなったが，その後国連の停戦決議を受諾し，撤退した。

イラク共和国　Republic of Iraq

面積：43万8000km²　人口：2960万人　首都：バグダード
住民：アラブ人，クルド人，その他トルクメン人，アッシリア人
言語：アラビア語，クルド語，アッシリア語，アルメニア語など
宗教：イスラーム教(シーア派，スンナ派)，キリスト教
沿革：ティグリス・ユーフラテス両河の中下流域(メソポタミア)に位置する共和国。

　前4千年紀後半，メソポタミア南部のウルクなどにシュメール人による世界最古の都市文明が築かれ，以後アッカド王国，カッシト朝，ミタンニ王国などが興亡し，前8世紀中頃にはアッシリア帝国，前626年には新バビロニア王国の中心として繁栄した。その後，アケメネス朝ペルシアやセレウコス朝，サーサーン朝の支配を受け，7世紀後半のアラブの大征服を迎え，以後アラブ化・イスラーム化が進んだ。

　750年にアッバース朝が成立し，766年に首都バグダードが建設されるとイラク一帯は政治・経済・文化の中心として繁栄した。ティグリス・ユーフラテス両河下流域はサワードと呼ばれ，一大穀倉地としてアッバース朝財政を支えた。しかし，10世紀以降，軍事勢力の覇権争いや反乱・天災などによりイラク一帯の衰退が進み，1258年のモンゴル軍のバグダード侵攻によりアッバース朝が滅びると，以後政治的中心としての役割を失った。

　16世紀以降はオスマン朝の支配下におかれ，第一次世界大戦後はイギリスの委任統治領となった。そして，1921年にハーシム家のファイサルを国王に迎え，32年にイラク王国として独立。58年にアブデル・カリーム・カーセム准将のクーデタが起こり，共和制に移行，68年にはバクル大統領を首班とするバアス党政権が樹立し，79年からは2代目大統領サッダーム・フセインによる一党独裁体制が2003年まで続いた。

　1980年，イラン革命の影響拡大を懸念したイラクがイランを攻撃し，以後8年にわたるイラン・イラク戦争を起こした。88年に停戦したが，2年後の90年にはクウェイトに侵攻し，翌年1月に湾岸戦争が勃発した。2月にクウェイトから撤退し，戦争は終結。以後経済制裁や大量破壊兵器の査察をめぐり，アメリカ・イギリスなどと対立している。また，湾岸戦争後には北部にクルド人自治区が設定された。

　2003年3月，アメリカは，大量破壊兵器問題とテロ支援問題を理由に，イラクに侵攻，フセイン政権を崩壊させた。04年6月にイラク暫定政府への統治権限移譲がおこなわれ，06年4月にはタラバーニーを大統領とするイラク新政権が発足した。しかし，スンナ派・シーア派間の宗派対立や各種テロ組織の活動によって国内の治安は極めて不安定な状態である。

イラン・イスラーム共和国　Islamic Republic of Iran

面積：164万8000km²　人口：7030万人　首都：テヘラン
住民：ペルシア人，アゼリー人，クルド人，アラブ人など
言語：ペルシア語，トルコ語，クルド語など
宗教：イスラーム教(主にシーア派)，キリスト教，ユダヤ教，ゾロアスター教
沿革：西アジア，イラン高原一帯に位置するシーア派・イスラーム教国家。北部と南西部にアルボルズ山脈，ザグロス山脈をかかえ，また中・東南部を大きな砂漠が占めており，主要な都市は山脈と砂漠の周縁に存在する。

　前2千年紀にインド・ヨーロッパ語族のイラン人がイラン高原に定住を開始し，その後イラン系のメディア人が進出してきた。前550年にはキュロス2世がファールスを拠点にメディアから独立し，アケメネス朝ペルシア帝国を建設した。アケメネス朝はメディア，小アジアのリュディア，新バビロニア，エジプトを征服し，オリエント世界を統一する大帝国となった。また，数度のギリシア遠征をおこなうが，これは成功しなかった。

　前330年アレクサンドロスの遠征により，アケメネス朝は滅亡，その後イランはセレウコス朝の支配を受けた。前247年にはパルティアが出現し，後226年にはサーサーン朝が興った。サーサーン朝はローマ帝国や後継のビザンツ帝国とシリア・メソポタミア地方をめぐって争った。

　その後サーサーン朝は，642年のニハーヴァンドの戦いでアラブ軍に敗れ，651年に滅亡，以後イランはアラブの支配を受けた。11世紀初め頃からはトルコ系諸王朝の支配下におかれる一方で，徐々にイスラーム教シーア派信仰が広まった。そして，1501年にシーア派十二イマーム派を信仰するサファヴィー朝が興り，イラン地域でのシーア派信仰がさらに進むことになった。

　1979年，急速な近代化政策をとっていたパフラヴィー朝に対する宗教界の反動からイラン革命が起こり，ホメイニー師を首班とするイラン・イスラーム共和国が成立した。この革命政権はイスラーム的価値に立脚した国家体制を樹立し，西側諸国との関係は険悪なものとなった。その後97年にハタミ大統領が就任し，「文明の対話」を提唱して欧米諸国や近隣アラブ諸国との関係改善に努めていたが，2005年8月にアフマディネジャド現大統領が就任すると，核技術の平和利用をめざした核開発計画を推進し，その軍事利用を懸念する欧米諸国との関係が悪化している。

インド India

面積：328万7000km² 人口：11億5000万人 首都：デリー
住民：インド・アーリヤ系，ドラヴィダ系など
言語：ヒンディー語(連邦公用語)，英語(準公用語)。ほかに州公用語
宗教：ヒンドゥー教，イスラーム教，キリスト教，シク教，仏教，ジャイナ教など
沿革：インド亜大陸の大半を占める。北インドでは前25～前18世紀にインダス文明が栄え，前15～前7世紀にバラモン教やヴァルナ制，前6～前4世紀に古代国家や仏教，ジャイナ教が成立した。南インドでは前5世紀から巨石文化が栄え，前3世紀には独立国が存在した。前4～前3世紀にマウリヤ朝が亜大陸をほぼ統一，中央集権国家を築いたが，前2～後4世紀には西北部インドとデカンの諸国家が優勢となった。4～6世紀に北インドをグプタ朝が再統一し封建的分権体制を築いた。この頃ヒンドゥー教も成立した。7世紀前半のハルシャヴァルダナの時代を経て，8～12世紀はラージプート諸国家の群雄割拠が続いた。南インドでは6世紀から3王国の抗争，9世紀後半から2王国の拮抗の時代を迎え，社会経済の発展もみた。7～10世紀にはカースト(ジャーティ)制度の発展，村落社会の再編があり，10～12世紀には各地の地方文化が発達した。

北インドでは11世紀にイスラーム勢力の侵入が本格化し，13世紀にデリー諸王朝，16～17世紀にムガル帝国が覇権を築いた。南インドでは14世紀にヴィジャヤナガル王国(～17世紀)が興った。18世紀には西部デカンのマラーター勢力などが台頭，西欧列強の進出も拡大した。19世紀初頭にイギリス東インド会社が築いた大植民地は，1857～58年のインド大反乱後，イギリス王領となり，77年にイギリス女王がインド皇帝に即位した。イギリスの導入した地租制度や司法制度で農村やカースト制度は変容し，社会改革立法はヒンドゥー復古主義を呼び覚ました。19世紀末には「国民会議」が発足，第一次世界大戦後にはガンディーを中心に民族独立運動が高まり，1947年8月にインドは東西パキスタンとの分離独立をはたした。

独立後，首相ネルーは政教分離，社会主義，非同盟主義を理念に，会議派1党優位体制のもとで藩王国統合，憲法制定，普通選挙導入，言語州再編を進めた。1960年代以降の中印紛争，第2次印パ戦争，経済危機や地方政党の台頭によって会議派の優位は崩れ，80年代には地方の民族主義と中央の強権政治の軋轢が深まり，カシミールやパンジャーブを含む地域紛争に発展した。90年代以降，政治の多党化・連立化が進むなかでインド人民党が台頭する一方，自由化による経済改革が進んだ。インドはBRICsの一角として経済的にも政治的にも世界から注目されている。

インドネシア共和国　Republic of Indonesia

面積：190万5000km²　人口：2億2550万人　首都：ジャカルタ
住民：ジャワ人が最大多数，ほかにスンダ人，バリ人など
言語：インドネシア語が国語
宗教：イスラーム教，キリスト教，ヒンドゥー教，仏教など
沿革：現在のインドネシアを構成する島々には，紀元前後からインド文化の影響がおよび，7世紀頃から仏教やヒンドゥー教を信奉する王国が築かれた。13世紀からイスラーム教が伝播し，16世紀にマタラム王国がジャワ島中部に建国されて，本格的なイスラーム化の時代を迎えた。

　同時期，ヨーロッパ諸国が香辛料を求めてマルク諸島に到来し，1596年にジャワに到達したオランダは，マタラム王国の後継者争いに介入し，内陸へ支配を拡大した。1824年の英蘭条約の結果，オランダはスマトラ島の支配権も獲得した。30年からは強制栽培制度が実施され，ジャワ社会が貨幣経済に組み込まれた。19世紀を通じてオランダは支配を外島にも拡大し，1910年代にオランダ領東インドの版図が完成した。

　第二次世界大戦中の日本軍政期を経て，1945年8月17日に独立が宣言された。だが，49年12月にハーグ協定が結ばれるまで，オランダとの間で激しい独立戦争が戦われた。55年，初の総選挙がおこなわれたが，4大政党が並立する結果となり，短命な内閣が続いて政情は安定しなかった。59年，スカルノは軍と共産党の支持のもと，「指導される民主主義」を唱えて国会を解散し，政党への規制を強めた。60年代初頭から軍と共産党の対立が深まり，65年の9月30日事件によって共産党は大弾圧を受けた。同時にスカルノの権威も失墜し，弾圧を指揮したスハルトが67年に大統領代行，68年には大統領に就任した。

　スハルトは軍による支配体制を確立し，大統領に7期当選したが，1997年のアジア通貨金融危機に起因する民衆暴動の影響により，98年，大統領職を辞任した。99年には総選挙が実施され，アブドゥルラフマン・ワヒドが大統領に就任した。しかし，政党間や政府内部の対立が深刻化し，2001年にメガワティ副大統領が後任に選出された。さらに04年には，初の直接選挙による大統領選でスシロ・バンバン・ユドヨノが選出された。同年12月のスマトラ沖地震により多大な被害をこうむったが，この地震は政府と独立アチェ運動が和平を樹立する契機となった。政治や経済の情勢は一時期の混乱を脱したが，イスラーム急進派の活動など，国政の不安定要因がなくなったとはいえない。

ウズベキスタン共和国　Republic of Uzbekistan

面積：44万7000km²　人口：2700万人　首都：タシュケント
住民：ウズベク人，ロシア人，タジク人，カザフ人
言語：公用語はウズベク語
宗教：イスラーム教スンナ派，ロシア正教
沿革：中央アジア南部の共和国。1991年から現在の国名。西部には主権共和国として，国土面積の4割を占めるカラカルパクスタンを内包する。

　オアシスの点在するこの地は早くから農耕が発展し，前1千年紀の中頃にはサマルカンドやブハラなどの都市の原型がみられた。都市文明を支えたイラン系住民は，アケメネス朝イランやアレクサンドロスの帝国に服属しつつ，東アジアにまで広がる巨大な商業空間を築いた。6世紀以降，北部草原のチュルク系遊牧集団の流入により，しだいにチュルク化した。7世紀末以降はアラブの侵入によりイスラーム教の受容が進んだ。

　13世紀にモンゴルが侵入した。14世紀後半，ティムール朝が成立すると，首都サマルカンドはイスラーム世界の中心として栄華を誇った。帝国分裂後の1500年，遊牧ウズベク集団がティムール朝のサマルカンド政権を倒し，ブハラ・ハーン国を築いた。18世紀，この地は部族間抗争やイランの侵攻により荒廃したが，ロシアや清朝との交易が進む世紀末前後に復興し，ヒヴァ，ブハラ，コーカンドの3ハーン国が鼎立した。

　中央アジア侵出を進めるロシア帝国は1867年，タシュケントにトルキスタン総督府をおいた。ブハラとヒヴァの2ハーン国は保護国とされ，コーカンド・ハーン国は76年に併合された。この地はロシア木綿工業への綿花供給地となった。ロシア帝国は家父長的な庇護政策をもって現地住民に臨んだが，98年にはロシア文明の浸透を拒否しロシア人入植者の駆逐をめざすアンディジャン蜂起が起こった。

　1917年の帝政崩壊後，イスラーム教徒主体のトルキスタン自治政府がこの地に成立したが，入植者を基盤とするソヴィエト政権により倒された。二つの旧保護国も，ブハラとホラズムの各人民ソヴィエト共和国となった。これに対し，反ソヴィエト武力闘争であるバスマチ運動も激しく繰り広げられた。24年，中央アジアの民族別国境画定によりウズベク・ソヴィエト社会主義共和国が成立した。以後，ウズベク人アイデンティティの形成が進展した。綿花栽培の拠点としての役割はソ連時代に引き継がれた。

　1991年，ソ連崩壊後に独立した。権威主義体制のもと，漸進的な市場経済化とナショナリズムによる国民統合を追求してきた。フェルガナ盆地はイスラーム復興運動の拠点であり，それに対する抑圧がテロを生むという悪循環からの脱却が，地域の政情を安定化させるための重要な課題である。

オマーン国　Sultanate of Oman

面積：31万km²　人口：260万人　首都：マスカット
住民：アラブ人
言語：アラビア語
宗教：イスラーム教(大多数はイバード派，その他スンナ派，シーア派)
沿革：アラビア半島南東端にある王国。ペルシア湾がインド洋へと広がる海域の南に位置し，紀元前より海洋交易の盛んな地域として栄えた。また，1～2世紀頃からアラブ系アズド人が移住を始めた。そして，イスラーム登場以後の8世紀には，ハワーリジュ派の流れをくむイバード派が到来し，以後この地域の主要な宗派となった。そして，750年頃にはイバード派イマームのジュランダー・ブン・マスウードを支配者とする国家が誕生した。その後，ブワイフ朝(10世紀)やサファヴィー朝(17世紀後半)などの外来勢力の支配を受けることもあったが，概してイバード派系の王朝による支配がおこなわれた。

1507年にポルトガルの侵攻を受け，マスカットなどの港町を占領されたが，1624年頃にオマーンの地に興ったイバード派系ヤアーリバ朝の第2代君主イブン・サイフが，50年にポルトガルをマスカットより排除し，以後同王朝による海上交易や海外遠征が活発化した。

18世紀中葉に成立したブー・サイード朝は，アフリカ東岸のザンジバル地方やパキスタン南部のマクラーン地方などへ進出する一大海洋国家として発展した。しかし，ザンジバル地域の独立や蒸気船の登場，スエズ運河開通にともなう帆船貿易への打撃などの要因によりしだいに衰退し，1919年以降オマーンは，事実上イギリスの保護国となった。

1970年11月ブー・サイード朝王家のカーブース・ビン・サイードがイギリスの協力のもと，宮廷クーデタを起こし，国王として即位。翌年にはイギリスの保護下より独立し，国際連合に加盟した。その後カーブース王はイバード派の伝統継承を標榜しつつ，それまでの鎖国政策を改め，近代化を推進し，96年には憲法にあたる国家基本法が制定された。また石油が輸出額の大半を占め，とくに対外石油輸出量の筆頭国は日本である。

カザフスタン共和国　Republic of Kazakhstan

面積：272万5000km²　人口：1480万人　首都：アスタナ
住民：カザフ人，ロシア人，ウクライナ人，ウズベク人，ウイグル人，タタール人，ドイツ人，朝鮮人
言語：カザフ語が国語(公用語はロシア語)
宗教：イスラーム教スンナ派，ロシア正教
沿革：ユーラシア大陸中央に位置する共和国。旧ソ連第2の面積を有する。現在の国名は1991年から。

　紀元前からこの地には遊牧民が暮し，東西交易路「草原の道」の主要な経路であった。15世紀後半，ウズベク・カザフ，またはたんにカザフ(放浪者)と呼ばれる遊牧集団が，ウズベク国家の圧迫を逃れシル・ダリヤ川流域から西部天山北麓に移動，しだいにキプチャク草原に勢力を広げ，カザフ・ハーン国を興した。のちにハーン国には部族連合体「大ジュズ」(南東部)，「中ジュズ」(中部)，「小ジュズ」(西部)が形成された。

　18世紀前半，小ジュズ，ついで中ジュズの一部は，モンゴル系遊牧民ジュンガルからの庇護を求めてロシア帝国に臣従した。スラヴ系入植者による土地の奪取はカザフ人の不満を強め，18世紀末には反ロシア暴動が勃発した。これに対しロシア帝国は1820年代までに小ジュズと中ジュズを併合した。ケネサル・カスモフの反乱(37～47年)鎮圧後，60年代に全カザフスタンがロシア帝国領になった。第一次世界大戦中の1916年にはカザフスタンを含む中央アジアで，労働動員令に反発した大反乱が起こった。

　1917年の帝政崩壊後，カザフ知識人は自治政府アラシュ・オルダを設立した。これは内戦のなかで解体したが，その指導者はソヴィエト体制下でも教育・文化活動に尽力した。他方，20年代にソヴィエト体制が進めた現地文化・幹部育成策は，現地エリートの新世代を創出することで，旧来の知識人の影響力減退を招いた。20年，ロシア・ソヴィエト連邦社会主義共和国の一部として，キルギス・ソヴィエト社会主義自治共和国が成立した(キルギスは当時のカザフの呼称)。25年に自治共和国の名称は「カザク」になり，36年にソ連邦を構成するカザフ・ソヴィエト社会主義共和国に昇格した。20年代末以降の農業集団化と強制的定住化による飢餓と疫病で，175万人が死んだとされる。54年に開始された「処女地開拓」で小麦の大生産地と化す一方，セミパラチンスクの核実験は地域の環境に深刻な影響を残した。60年代にはカザフ人幹部が台頭した。

　1991年，ソ連崩壊により独立した。強力な大統領権限のもと，地域大国として積極的に市場経済化を推進してきた。カザフ人の割合は50年代には3割にまで低下したが，70年代に趨勢が逆転し，現在は過半数を占める。

カタール国　State of Qatar

面積：1万1000km²　人口：80万人　首都：ドーハ
住民：アラブ人
言語：アラビア語
宗教：イスラーム教(主にワッハーブ派)
沿革：アラビア半島中部東岸のペルシア湾に突き出た半島に位置する首長国。18～19世紀にかけて形成された国家で，古代においてカタル地域を基盤とした政治勢力が存在したか否かについては不明である。また同地域は歴史的にはバハレーンと呼ばれた地域に属していた。3世紀前半にサーサーン朝の創始者アルダシール1世の遠征を受け，同王朝の支配下にはいっていたと考えられる。イスラーム登場以後の9世紀後半には，イスマーイール派から分かれたカルマト派の勢力範囲にはいり，10世紀後半まで同勢力の支配下にあった。

18世紀頃から，現在のクウェイトやアラビア半島東北部からアラブ諸部族がカタールの地に移住し始める。その主要部族は，現在のカタール王家であるサーニ部族であった。1871年にはオスマン朝に征服され，1916年にイギリスの保護国となる。また，18世紀中葉に起こったワッハーブ派運動を受け入れ，現在に至るまでワッハーブ派国家として存在している。

1968年のイギリスによるスエズ以東からの軍事撤退宣言を受け，バハレーンやアラブ首長国連邦との連邦を模索したがかなわず，71年9月にカタル国として独立した。

カタールは古来より真珠の産地として有名であったが，1949年から石油の採掘が開始され，71年には世界最大級の天然ガス田が発見されたことにより，国家収入の大半を石油・ガスに頼ることとなった。

国民の大半はワッハーブ派に属すが，先住のアラブはシーア派であり，1979年のイラン革命以後，カタール国内のシーア派住民は政権に対する不安定要素となっている。また，バハレーンとの間に領土問題をかかえている。

1995年，時の首長ハリーファの外遊中に，皇太子ハマドが無血クーデタを起こし，首長に就任，報道の自由や選挙権を認めるなど，自由化・民主化に努めている。2001年9月11日のアメリカ同時多発テロ事件後，ウサーマ・ビン・ラーディンや彼の組織アルカーイダの動向を詳細に伝えた放送局アルジャズィーラはこのカタールに本拠をおくテレビ局である。

カンボジア王国　Kingdom of Cambodia

面積：18万1000km²　人口：1440万人　首都：プノンペン
住民：クメール人が最大多数，ほかにベトナム人，中国人(華人)など
言語：クメール語(カンボジア語)が主要言語
宗教：上座仏教が国教
沿革：9世紀初めにアンコール朝が開かれ，11世紀にはチャオプラヤー川流域やメコン・デルタにも影響力を拡大して，王都アンコールは海の交易ネットワークと連結された。14世紀からアユタヤの侵攻を受けてアンコールが放棄されて以降は，ロンヴェーク(のちにウドン)を中心としたトンレ・サープ水系の勢力と，メコン川東岸の勢力が勃興した。

　1863年，フランスはカンボジアを保護国とし，84年のフランス・カンボジア協約によってフランスの権限が強化され，領域支配が貫徹された。87年，カンボジアはフランス領インドシナに編入された。

　1945年3月，日本軍による直接支配が始まり，同月，名目的な独立をはたすものの，戦後はフランスの支配に復した。48年に設立された国民議会では民主党が勢力を伸張するが，短命な内閣が続き政情が不安定だったため，52年，国王シハヌークが治安維持法を発動して民主党幹部を逮捕し，全権を掌握した。

　1953年11月に独立を達成し，55年に結成された人民社会主義共同体(サンクム)は同年の総選挙で全議席を独占した。60年代後半からサンクム右派が勢力を伸ばし，70年にシハヌークを国家元首から解任してクメール共和国(ロン・ノル政権)が成立した。シハヌークと結んだカンプチア共産党(クメール・ルージュ)はただちに武力闘争を開始し，75年4月，プノンペンを占領してロン・ノル政権が崩壊した。民主カンプチア(ポル・ポト政権)は，都市からの強制移住，農業の急速な集団化を進め，虐殺や困窮により約170万人が犠牲となった。

　1979年，ベトナム軍がプノンペンを占領し，カンプチア人民共和国(ヘン・サムリン政権)が成立した。その後も内戦は続き，多数の難民を出すが，91年にパリ和平協定が調印され，翌年から国連カンボジア暫定統治機構(UNTAC)が活動を開始し，93年の選挙でフンシンペック党と人民党の連立が成立して王国に復した。97年7月のプノンペンでの武力衝突により，人民党の優位が確立された。その結果，2004年2月にサム・ランシー党議員3名が不逮捕特権を剥奪され，06年10月にはラナリットがフンシンペック党首を解任される事件も起きている。

キプロス(サイプラス)共和国　Republic of Cyprus

面積：9000km²　人口：80万人　首都：ニコシア
住民：ギリシア人，トルコ人
言語：現代ギリシア語，トルコ語
宗教：ギリシア正教，イスラーム教
沿革：アナトリア半島南方の東地中海に浮かぶキプロス島に位置する共和国。紀元前より東地中海航路の要衝に位置し，ミケーネ文明が栄えた前1500年以降にギリシア人が入植した。その後，オリエント諸帝国の支配下にはいり，前58年以後ローマ帝国領となった。7世紀後半，アラブ軍の侵攻により，キプロス島にイスラーム教が広まることとなる。しかし，11世紀末に始まる十字軍遠征期にはヨーロッパ側の拠点としての役割をはたし，キリスト教の影響が強まった。十字軍国家消滅後には，一時ヨハネ騎士団がキプロス島を本拠としてムスリム(イスラーム教徒)国家と戦った。また，1192年には，フランス・ポワティエ地方の貴族ギィ・ド・リュジニャンがイングランド王リチャードからキプロス島を購入し，以後1489年までリュジニャン家による支配がおこなわれた。さらに，十字軍活動に乗じて東地中海での商業網を発達させたヴェネツィアがキプロス島に進出したが，1571年オスマン朝に征服され，トルコ系ムスリムの入植が進められた。

　1878年にイギリスの植民地となったが，1960年に独立。人口の約8割を占めるギリシア系住民がギリシアへの帰属を求めるのに対して，トルコ系住民がこれに反発。63年にトルコ系住民の権利を制限する憲法改正案が提出されたことを受けて，同年12月に両者間で武力衝突が起こった。64年には国連平和維持軍が駐留を開始し，キプロスの安定に努めた。

　1974年，ギリシア軍事政権の支援を受けた治安部隊がクーデタを起こすと，トルコ系住民の保護を理由にトルコが軍事介入に着手，キプロス島北部を支配下においた。そして，83年11月に北キプロス・トルコ共和国として独立をはたしたが，トルコ1国のみの承認を得るにとどまり，国際的承認は得られていない。以後国連の監視下で，キプロスと北キプロス間での断続的な交渉がおこなわれているが，解決の目途は立っていない。ただ2008年2月におこなわれた大統領選挙に勝利した労働者進歩党のフリストフィアスはキプロス問題に対して柔軟な姿勢を示しており，問題解決に向けて前進する可能性はある。またキプロスは04年5月にEUに加盟している。

クウェイト国　State of Kuwait

面積：1万8000km²　人口：280万人　首都：クウェイト
住民：アラブ人
言語：アラビア語
宗教：イスラーム教
沿革：ペルシア湾の最奥部に位置する首長制国家。古代よりこの地を本拠地とする政治勢力はなく，つねにオリエント・西アジア地域に出現した大帝国の支配下にあった。この地域は「小さな丘」を意味するクラインと呼ばれていたが，18世紀初頭からクウェイト(小さな城)の名称が用いられるようになった。イスラーム登場以後は，イラク，とくにバスラに属す地域であったと考えられ，16世紀中頃にはオスマン朝バスラ州の管轄下におかれていた。

　クウェイトが政治的に意味をもちだすのは，18世紀初頭にアラビア半島内部から，ベドウィンのウトゥーブ族が同地に移住し始めるようになってからである。18世紀半ばには，サバーハ家がクウェイト一帯を支配するようになった。その後，オスマン朝の圧力に対抗するため，1899年にサバーハ家はクウェイトをイギリスの保護国にするよう申し出，受理された。これにより，現在のクウェイト国家の原型ができあがった。

　1938年に大油田が発見され，46年からは石油輸出を開始する。61年にはイギリスより独立をはたし，サバーハ家の首長を国家元首とする立憲君主制を採用，石油輸出をもとに経済発展をとげた。

　1990年8月，バスラ州に属す行政単位であったことを根拠に，独立当初よりクウェイト領有権を主張するイラクに侵攻され，以後7カ月間イラクの占領下にはいった。翌91年1月には，国連安全保障理事会の再三の撤退要求を拒否したイラクに対して，多国籍軍によるクウェイト解放戦争，いわゆる湾岸戦争が始まり，2月末にイラク軍が撤退，クウェイトは占領から解放された。

　湾岸戦争以後，クウェイトは西側諸国や中国などと軍事協定を結び，イラクの脅威に対抗したが，2003年に終結したイラク戦争後はイラクとの経済交流も始まっている。また05年には女性の参政権を認め，女性閣僚も誕生している。

クルグズ(キルギス)共和国　Kyrgyz Republic

面積：20万km²　人口：530万人　首都：ビシュケク
住民：クルグズ人，ウズベク人，ロシア人
言語：クルグズ語が国語(公用語はロシア語)
宗教：イスラーム教スンナ派，ロシア正教
沿革：天山山脈北西部に位置する共和国。1993年に現在の国名になった。「クルグズスタン」も公式名称。日本語では「キルギス」「キルギスタン」ともいう。

　6世紀に中央アジア全域を支配した突厥(とっけつ)の文字資料には，クルグズ人の存在が記されている。彼らは主に，エニセイ川上流域のミヌシンスク盆地に居住していた。だが，この地域と，現在クルグズ人が暮す天山西部とは遠隔であるため，両者の関係については諸説が存在する。代表的なものは，故地であるエニセイ川上流域から天山山脈に段階的に移動してきたとする説と，天山～パミール・アライ地方原住説とである。

　17～18世紀頃までに天山山脈では，チュルク系・モンゴル系・古代イラン系住民を構成要素として，クルグズ人の基型形成が進展した。他方，クルグズ共和国南西部に位置するフェルガナ盆地では，8世紀以降，アッバース朝の支配下で，農耕民のイスラーム化が進んだ。彼らと接触することで，天山山脈の遊牧民もイスラーム化したと考えられる。

　17世紀以降，モンゴル系遊牧民ジュンガル，ついでコーカンド・ハーン国に支配された。その後，1855～76年に，ロシア帝国がこの地を併合した。遊牧民の放牧地が大規模接収されてスラヴ系農民の入植地とされたことが，民族間の反目を強めた。

　帝政崩壊後の1918年，この地はロシア・ソヴィエト連邦社会主義共和国内の自治国家，トルキスタン自治ソヴィエト社会主義共和国の一部となったが，反ソヴィエト武力闘争であるバスマチ運動も激しく展開された。24年，中央アジアの民族別国境画定によりクルグズ自治州(25年までのロシア語名はカラ・キルギス自治州)が成立した。26年にはクルグズ・ソヴィエト社会主義自治共和国に昇格し，36年にソ連邦を構成するクルグズ・ソヴィエト社会主義共和国となった。20年代末から30年代初頭の農業集団化のなかで，遊牧民の強制的定住化が断行された。

　1991年，ソ連崩壊とともにクルグズ共和国として独立した。当初，アカエフ政権の政治運営は中央アジア諸国中で目立って民主的であったが，しだいに権威主義化した。市場経済化を精力的に進め，全方位外交を追求したが，資源が乏しく産業基盤も弱いため，経済格差が広まった。2005年，政変によりアカエフ政権は崩壊し，その後も政情は不安定である。

グルジア　Georgia

面積：7万km²　人口：440万人　首都：トビリシ
住民：グルジア人，アルメニア人，ロシア人，アゼルバイジャン人など
言語：公用語はグルジア語
宗教：グルジア正教，アジャリアとアブハジアはイスラーム教スンナ派，南オセチアは正教
沿革：ザカフカースに位置する共和国。1990年にグルジア共和国，95年に現在の国名となった。

　前6世紀，グルジア西部に成立したコルキス王国は，黒海東岸のギリシア植民地の影響下に発展をとげた。東部では前4〜前3世紀にイベリア王国が成立し，4世紀にキリスト教を国教とした。6世紀にイベリアはサーサーン朝に，西部にあったラジカ王国はビザンツ帝国に併合された。ついで7世紀後半，東グルジアはアラブの支配下にはいった。

　11世紀初頭，バグラト3世が地域の大半を統一し，バグラト朝グルジア王国の隆盛が始まる。12世紀，ダヴィド4世(建設王)はセルジューク朝の支配を退け，最盛期であるタマラ女王の時代にはザカフカース全域を支配し，文化・学術が栄えた。その後，モンゴル帝国，ティムール朝の支配を受け国土は荒廃し，諸王侯国に分裂した。16〜18世紀にはイランとオスマン帝国に支配され，アジャリアなどのイスラーム化が進んだ。

　18世紀後半，東グルジアにカルトリ・カヘチ王国が興隆したが，1801年にロシア帝国は同王国を廃して東グルジアを併合，10年までに西グルジアも併合した。78年，アジャリア併合により，カフカース全域がロシア帝国の支配下にはいった。グルジアでは労働運動・農民運動が頻発，社会民主主義者(メンシェヴィキ)がナショナリズムの受け皿となった。

　1917年の帝政崩壊後，短命に終わったザカフカース連邦共和国を経て，18年5月，メンシェヴィキ政権のもとにグルジア共和国が独立した。だが21年2月，グルジアは赤軍に征服された。22年にはアルメニア，アゼルバイジャンとともにザカフカース社会主義連邦ソヴィエト共和国(36年に廃止)に編入され，ソ連邦に加入した。モスクワによる急速な中央集権化に対してグルジアは最も頑強に抵抗した。36年，単独のグルジア・ソヴィエト社会主義共和国となった。

　1950年代以降，グルジア民族の権利を擁護する民衆運動がたびたび起こった。反面，ソ連末期にはグルジア人と少数民族の関係が悪化した。91年にソ連崩壊により独立，92〜94年にはグルジア中央の政治抗争と民族紛争から内戦になり，その終結後も南オセチアとアブハジアの地位は未確定である。両地域の問題をめぐり，2008年，ロシアとの間で軍事衝突が生じた。

サウジアラビア王国　Kingdom of Saudi Arabia

面積：215万km²　人口：2520万人　首都：リヤド
住民：アラブ人
言語：アラビア語，英語
宗教：イスラーム教ワッハーブ派
沿革：アラビア半島中央部を占める王国。聖地メッカ，メディナを擁し，イスラーム法に基づく統治をおこなうイスラーム国家。古代においては，アラビア半島の南部および北部にアラブ人の王国が栄えていたが，中央部には政治勢力は出現しなかった。6世紀，サーサーン朝とビザンツ帝国の争いの影響から，半島の西側を通る通商路が発達し，メッカが商業および宗教都市として重要性をおびてきた。

　7世紀初めにムハンマドによってイスラーム教が布教され，以後メッカを含む半島西側のヒジャーズ地方は，アラブの大征服期には政治的中心として，またイスラームの聖地としての役割を担った。アッバース朝，マムルーク朝，オスマン朝とその支配下にはいったが，実際にはムハンマドの血を引くシャリーフ家によって統治されていた。

　1744年，現リヤド近郊のディルイーヤに第1次サウード朝が興り，ワッハーブ派の信仰を受け入れたことにより，現在のサウジアラビアの基礎が築かれた。この王朝はエジプトのムハンマド・アリー朝軍に敗れ，滅亡。その後，第2次サウード朝を経て，1902年にアブドゥル・アズィーズ・イブン・サウードにより，現王国が建国された。25年にヒジャーズ地方を征服したことにより，ワッハーブ派の思想を前面に押し出す政策を捨てた。これにともなう反乱を鎮圧し，82年のファハド国王即位を経て，普遍的なイスラームの立場に立脚した統治がおこなわれている。

　1932年にサウジアラビアの国名を採用，38年には原油生産を開始し，石油利益をもとに経済発展をとげた。また，その潤沢な資金を活用し，海外のムスリム（イスラーム教徒）の活動に対する支援をおこなう一方で，イスラーム諸国会議や湾岸協力理事会などの本部の設置，アラブ・イスラーム諸国重視の外交政策の採用など，イスラーム諸国の中心的役割をはたしている。

　その反面，湾岸戦争後のアメリカ軍駐留や2003年のイラク戦争開始，および急激な都市化・近代化により，国内の部族社会の混乱やイスラーム過激派の台頭，テロ事件の勃発などの不安定要素が存在している。

シリア・アラブ共和国　Syrian Arab Republic

面積：18万5000km²　人口：1950万人　首都：ダマスクス
住民：アラブ人，アルメニア人，クルド人など
言語：アラビア語
宗教：イスラーム教(スンナ派，アラウィー派)，キリスト教
沿革：地中海東岸にあり，イラク，トルコ，イスラエルなどと接する共和国。歴史的な意味での「シリア」は現在のシリア・アラブ共和国を含め，ヨルダン，レバノン，イスラエル，パレスティナにまたがる地域をさした。

　同地域は古くから東西交渉の要衝として栄え，ユダヤ教，キリスト教の誕生，アルファベットの発明など経済的・文化的に重要な地域であった。その一方で，都市国家の発達により，政治的大勢力が根拠地として定めることはあまりなかった。前312年頃，シリアを本拠地とするセレウコス朝が誕生し，エジプトやギリシア，あるいはイランとオリエントの覇権を争ったが，その後ローマ帝国，ビザンツ帝国の支配下にはいった。

　636年にアラブの支配下にはいり，661年ダマスクスがウマイヤ朝の首都に定められると，以後シリアがアラブ帝国の中心として，政治的・経済的に発展した。アッバース朝の登場により，その中心の座をイラクに奪われ，アッバース朝とファーティマ朝，マムルーク朝とイル・ハーン朝などの係争地に，また11世紀末からは十字軍戦争の主戦場ともなった。そして，1516年にオスマン朝の支配下にはいった。

　第一次世界大戦後の1920年4月におこなわれたサン・レモ会議により，シリアはフランスの委任統治領となった。46年にフランスより独立。58年にはエジプトと連合し，アラブ連合共和国となるが，61年に離脱した。その後63年にバアス党が政権を掌握し，現在に至る。

　1970年11月に，アラブ諸国との協力とイスラエルとの闘争を掲げるアサド国防相がクーデタを起こし，71年に大統領に就任，国内外で軍事的成功を収め，政権の安定化に努めた。また，ソ連の支援を受け，中東和平およびイスラエルとの軍事的均衡をめざしたが，ソ連の崩壊と湾岸戦争を経て，対米・対イスラエル姿勢を軟化させつつある。

　2000年6月にアサド大統領が死去し，次男バッシャールが大統領に就任。国内経済の改革を主要課題にあげ，経済発展を模索している。また外交では，05年2月のレバノン前首相ハリーリー暗殺に端を発した欧米諸国やレバノン内部の反シリア勢力の抗議により，同年4月にレバノン駐留の軍を撤退させている。しかし，親シリアのヒズブッラーを支援するなど，レバノンに対して影響力をおよぼし続けている。

シンガポール共和国　Republic of Singapore

面積：700km²　人口：440万人
住民：中国人(華人)，マレー人，インド人など
言語：国語はムラユ(マレー)語。公用語として英語，中国語(華語)，タミル語，ムラユ(マレー)語
宗教：仏教，イスラーム教，キリスト教，ヒンドゥー教など
沿革：1819年，イギリス東インド会社のラッフルズは，シンガポール島の領主から商館建設の許可を得た。24年の英蘭条約で，イギリスとオランダの勢力範囲が定められ，シンガポール，ペナン，ムラカ(マラッカ)がイギリス領と確定した。シンガポールは関税を課さない自由貿易港とされ，交易の中継地として栄えたことで，多数の中国人が移民として来住し，明治時代になると日本からの移民もふえた。

　第二次世界大戦に際しては，太平洋戦争が始まると，日本軍はただちにイギリス領マラヤへの侵攻を開始した。1942年2月15日，シンガポールを占領し，昭南島と改名して，軍政の中心地とした。日本軍の上陸に際して，現地の中国系住民が義勇軍を組織して抵抗したことから，占領後に多くの住民が殺害された。

　戦後はイギリスの支配下に戻ったが，1957年にイギリス領マラヤがマラヤ連邦として独立し，シンガポールでも59年に総選挙が実施されて，リー・クアンユー率いる人民行動党が勝利し，自治政府を組織した。63年9月16日，マラヤ連邦にシンガポールとボルネオ島のサバ，サラワクが加わりマレーシアとなったが，経済権益や民族間対立の問題から，65年8月9日，シンガポール共和国として分離独立した。

　1968年4月，独立後初の総選挙で人民行動党は全議席を独占し，政府機関を通した住民の動員や監視体制，メディアの規制を強化していった。また，経済開発政策を推進し，輸出指向型の工業化や外資の導入を積極的におこなった。さらに80年代後半からは，金融，通信，サービス産業を重視する経済政策が進められた。90年，リー・クアンユーが首相から退任し，ゴー・チョクトンが後任となった。以後，経済発展だけではなく，文化的・社会的な国民統合の軸が模索され，中国語(華語)教育を重視する政策が打ち出されたが，インド系やムラユ(マレー)系の住民の反発を招いた。2004年8月には，リー・クアンユーの長男リー・シェンロンが新首相に就任し，指導者層の世代交代が進められている。2000年以降にはイスラーム過激派の存在が報告されるようになり，治安維持が内政の大きな関心事となっている。

スリランカ民主社会主義共和国　Democratic Socialist Republic of Sri Lanka
面積：6万6000km²　人口：1940万人　首都：スリジャヤワルダナプラコーッテ(立法，司法府)，コロンボ(行政府)
住民：シンハラ人，タミル人，マラッカラ人，マレー人，バーガー人など
言語：シンハラ語が大部分，ほかにタミル語(以上公用語)，英語(連結語)
宗教：仏教，ヒンドゥー教，キリスト教，イスラーム教など
沿革：インド半島南端沖の島国。古代アヌラーダプラの王権は前5世紀頃に来島した集団が興したとされ，前3世紀頃に上座部仏教を受容，北部平原に巨大な水利網を築き，紀元前後や6世紀以降には南インドの王朝と覇権を争った。11世紀前半に北部が南インドのチョーラ朝に支配され，首都がポロンナルワに移ったが，同後半に東南部ローハナの勢力が領土を回復，12世紀はポロンナルワを中心に王国が繁栄した。13世紀には海外からの侵攻があいつぎ，北部ジャフナにタミル王国が出現，弱体化した王権は中部山地や南西部へと南遷した。

　15世紀にはコーッテ王国が勢力を広げたが16世紀に分裂し内陸のキャンディ王国が独立，沿岸部は16世紀にポルトガル，17世紀にオランダ，18世紀末にイギリスの手に渡った。18世紀前半に南インドのナーヤッカル家から王を迎えて独立を保ったキャンディ王国も1815年に攻略され，32年に全島がイギリスの直接統治下におかれた。プランテーション経済や英語教育の導入によって地元の中産階級が形成され，19世紀後半以降，仏教復興運動や自治獲得運動を担った。

　1948年の独立後は，統一国民党(UNP)，スリランカ自由党(SLFP)の2大政党が交代で政権を担った。72年の憲法改正でのシンハラ語・仏教の扱いにみられるように，50年代後半から70年代には言語，教育，宗教などの面でシンハラ優遇策がとられ，反発したタミル人の間に連邦制や分離独立を求める運動が生じた。77年に政権に就いたジャヤワルダナは78年憲法で大統領制を導入，問題の解決に努めたが，83年7月の大暴動を機に政府軍とタミル過激派の内戦が激化した。87〜90年にはインド平和維持軍を受け入れたが事態は改善せず，南部では人民解放戦線(JVP)と治安機関との暗闘が続いた。90年にタミル・イーラム解放の虎(LTTE)と政府軍の内戦が再燃したのち，91年のインド元首相ラジヴ・ガンディー，93年のプレマダーサ大統領をはじめ政府要人や有力政治家の暗殺もあいつぎ，国内政治は混迷し，歴代政権の軍事作戦・政治的解決策も実を結ばなかった。2002年の停戦合意は一時的に平和の配当を生み出したが，和平交渉は進展せず06年には事実上崩壊した。08年の停戦失効後の政府軍の攻勢でLTTEは主な拠点を制圧されており，今後の情勢が注目される。

タイ王国 Kingdom of Thailand
面積：51万3000km²　人口：6480万人　首都：バンコク
住民：タイ人が最大多数，ほかに中国人(華人)，マレー人，ラーオ人など
言語：タイ語が主要言語
宗教：上座仏教が最大多数，ほかにイスラーム教，キリスト教など
沿革：旧称シャム。チャオプラヤー川流域は11世紀からアンコール朝の支配下にはいっていたが，13世紀にスコータイ朝が建てられた。1351年にはアユタヤ朝が成立して，のちにスコータイ朝を併合するなど勢力を伸張し，港市として繁栄した。1767年，ビルマの侵攻によりアユタヤ朝が滅びると，タークシンがトンブリー朝を開くが，晩年は奇行が目立ち，刑死した。

1782年，トンブリー朝の将軍チャオプラヤー・チャクリが，バンコクにラタナコーシン朝を築いた。19世紀半ばから，4世王モンクットがシャムの近代化の道を開き，5世王チュラーロンコーンによって行政・軍隊・教育などの改革が進められ，中央集権的な領域国家が完成した。

1932年，若手官僚を中心とした人民党が立憲革命に成功し，絶対王政は終焉を迎えた。人民党内では武官派の勢力が強まり，38年に首相となったピブーンは，翌年にタイへと国名を変更し，国家主義的な国内政策や拡張主義的な外交政策を進めて日本軍に追随したが，44年に退陣をよぎなくされ，戦後は戦犯容疑に問われた。48年，ピブーンが首相に復帰するが，57年にサリット元帥がクーデタを起こし，翌年には首相に就任して，工業化，教育改革，地域振興など「国の開発」を進めた。

1973年，学生や労働者の民主化運動が高揚をみせ，文民による政府が成立するが，76年のクーデタ以降，軍による政治支配が復活した。92年，スチンダー将軍の首相就任に反対する大規模な市民運動が発生し，5月には軍が集会参加者に発砲する事件が起きた。その後は連立内閣による政党政治が定着したが，金権政治や政治の不安定性という問題が引き起こされた。

1997年7月，タイで始まった通貨金融危機は，アジア各国に大きな影響をおよぼした。2001年の総選挙では，タイラックタイ党が圧勝し，党首のタクシンが首相に就任し，経済は順調な回復傾向をみせた。タクシンによる大衆向けの政治は選挙での強みをみせた一方，メディア規制や汚職などへの批判が高まり，06年9月に国軍によるクーデタが発生して，タクシンは海外へ追われた。しかし，07年8月に公布された新憲法に基づく下院総選挙では，タクシン派の「国民の力」党が勝利した。

大韓民国　Republic of Korea

面積：10万km²　人口：4800万人　首都：ソウル
住民：韓民族
言語：韓国語
宗教：仏教，キリスト教，儒教，天道教など
沿革：ユーラシア大陸北東部朝鮮半島の南部を占める，東は日本海，西は黄海に囲まれた共和制国家。

　朝鮮半島では3世紀終わり頃までに氏族国家が成立していた。4世紀からの三国時代を経て，7世紀に唐の律令制度を取り入れた新羅(しらぎ)に統一された。その後，朝鮮半島北部にあった唐の勢力を排除したが，9世紀にはいると内乱が頻発し，分裂。936年，高麗(こうらい)によって再び統一された。13世紀，モンゴル帝国の侵入を受け，これに服属した。明朝が興ると親明派と親元派の抗争が激化したが，親明派の領袖であった李成桂によって朝鮮王朝が成立した。1443年には訓民正音(ハングル)が制定された。また，支配エリートである知識人層「両班(ヤンバン)」の形成が進行した。また官僚同士の粛清(「士禍(かか)」)がたびたび発生した。中国に対しては事大主義をもって朝貢国として接したが，明清交代以降，自らを中華の後継とする思想も生まれた。16・17世紀の豊臣秀吉の朝鮮出兵，清朝の侵入などにより大きな被害を受けた。

　19世紀，欧米諸国に対しては抗戦・鎖国政策で臨んだが，江華島事件を経て日朝修好条規が締結され，諸外国とも条約を結んだ。以後，開化政策が推進された。その後，日清両国の介入が拡大し，1894年，甲午農民戦争の鎮圧を理由に両国が出兵，日清戦争が勃発した。以降，日本の影響力が強化され，97年，大韓帝国が成立。1910年の日本の韓国併合に至る。

　植民地期には日本による経済的搾取，皇民化政策・創氏改名の強制などがおこなわれた。1919年，三・一独立運動が鎮圧された。45年の日本の敗戦後，北緯38度線以南をアメリカが管轄し，48年，国連監視下において南部のみで総選挙がおこなわれ大韓民国が成立した。50年6月，朝鮮戦争が勃発，53年に休戦協定に調印したが，現在でも休戦状態であり，準戦時体制下にある。以降，李承晩(イスンマン)・朴正熙(パクチョンヒ)・全斗煥(チョンドゥファン)らの独裁体制が続く。80年には民主化運動を鎮圧する光州事件が発生。87年，民主化運動の高まりを受け，憲法が改正された。91年には北朝鮮と国連に同時加盟。97年，アジア通貨危機により，IMFの保護下にはいり，財閥解体などがおこなわれたが，現在は回復した。98年から北朝鮮に柔軟な姿勢で臨む「太陽政策」がとられ，2000年には南北首脳会談が実現した。1992年の国交正常化以降，中国との経済的な結びつきが強まっている。

タジキスタン共和国　Republic of Tajikistan

面積：14万3000km²　　人口：660万人　　首都：ドゥシャンベ
住民：タジク人，ウズベク人，ロシア人
言語：公用語はタジク語，ロシア語も一般に通用
宗教：イスラーム教スンナ派
沿革：中央アジア南東部の共和国。1991年から現在の国名。東部の山岳バダフシャーン自治州には，イスラーム教シーア派の一派イスマーイール派を信仰するパミール諸民族が暮す。

　タジク人の起源は，前2千年紀末から前1千年紀初め頃，ユーラシア草原から中央アジアに移動したイラン系諸族にさかのぼる。8世紀半ばまでに，アラブの征服により，イラン系諸族はイスラーム教に改宗した。9～10世紀，ブハラを首都とするイラン系サーマーン朝によるイラン文化復興運動のなかから，タジク語が生まれた。だが9世紀半ば以降のチュルク系遊牧民の定住化，さらに16世紀以後のウズベク人の到来により，イラン系諸族の多くがチュルク化した。わずかにイラン系言語を保持した住民は，ブハラ，サマルカンド，フェルガナ盆地のほか，現在のウズベキスタン南部からタジキスタン南西部にかけての山岳地帯(東ブハラ)に押しやられた。のちのソ連期に，これらの人々の間でタジク人民族意識がはぐくまれることとなった。

　19世紀後半，現タジキスタン領北部はロシア帝国の統治下におかれ，南部のブハラ・ハーン国もその保護国となった。ロシア革命後の1924年，中央アジアの民族別国境画定に際してタジク人ははじめて，共和国を形成しうる「民族」として認証された。だがウズベク・ソヴィエト社会主義共和国内に形成されたタジク・ソヴィエト社会主義自治共和国は，東ブハラの一部を含むにすぎず，タジク人が多数居住するブハラやフェルガナ盆地などはウズベク領となった。ウズベク当局はタジク人の同化政策を進めたが，少数民族の文化・幹部育成策をとるソ連政府は29年，タジク自治共和国を独立のソヴィエト社会主義共和国に昇格させるとともに，フェルガナ盆地の一部を同共和国に編入した。ソ連時代には軽工業が発展したが，綿花生産への集中という植民地的性格が強化された。ソ連のなかで最も貧しい共和国であった。

　ペレストロイカ期にはいると，共産党派と反対諸派の対立が高まった。1991年，ソ連崩壊により独立した。92年以後，旧共産党派と反対諸派の対立は，伝統的な地域対立と重なりつつ，内戦に至った。97年，ようやく最終和平が合意された。地域閥の対立，高い失業率などの問題をかかえつつ，内戦の痛手からの回復をめざしている。

中華人民共和国　People's Republic of China

面積：959万7000km²　人口：13億2360万人　首都：北京(ペキン)
住民：漢族(95%)，55の少数民族
言語：中国語(北京語)，各種方言，少数民族言語
宗教：仏教，イスラーム教，キリスト教，チベット仏教など
沿革：ユーラシア大陸東部に位置する人民民主主義共和制国家。前3000年頃から黄河・長江流域で大規模な集落があったとされる。前1000年頃には殷(いん)・周などの王朝が黄河流域に存在した。その後，春秋戦国時代を経て，前221年，秦の始皇帝によりはじめて統一された。北方の遊牧民族との抗争がおこなわれる一方，中国の領域は徐々に拡大していき，唐代には中央アジアにまでおよぶ世界帝国が出現した。宋〜元代には商業経済が大きく発展した。15世紀には日本およびメキシコの銀の流入により，経済は大きく成長。同時期，北虜南倭(ほくりょなんわ)に代表される周辺との軍事的な緊張が高まり，17世紀以降，東北部の満洲(まんしゅう)族王朝である清(しん)帝国によって支配された。新疆(きょう)などの獲得により，清代中葉には現在の人民共和国にほぼ受け継がれる領域が確立した。この時期，周辺部における軍事的緊張からの解放により人口が倍増し，辺境開発が進んだ。

　19世紀には太平天国をはじめとする反乱が頻発。同時にアヘン戦争，清仏戦争などの欧米諸国との戦争，日本を含む列強の利権獲得により，半植民地化に対する危機感(しんがい)が増大した。1911年，辛亥革命が起こり，翌年，中華民国が成立した。その後，五・四運動，新文化運動などを経て，近代化が進行した。21年，中国共産党結成。27年，蔣介石(しょうかいせき)により南京国民政府が成立した。32年，日本に占領された東北部に傀儡政権満洲国が樹立された。45年の抗日戦争の勝利以降，国共対立が激化，敗れた国民党は台湾に移り，49年，中華人民共和国が成立した。57年から反右派闘争が開始。翌年，人民公社が編制され，大躍進政策が実行に移されるが失敗に終わった。66年から文化大革命が始まり，混乱のなか，権力闘争が続いた。60年代には中ソ対立が深刻化し，70年代には国連加盟，日・米との国交正常化が実現した。89年には民主化を求める学生を武力鎮圧する天安門事件が発生した。現在では愛国主義による国家統合が模索されている。

　1970年代以降の改革開放経済の進展により，経済成長が続き，2005年には人民元切上げがおこなわれた。また農村・失業者・内陸部などに象徴される社会的弱者対策も志向されようとしている。一方，新疆ウイグル自治区やチベット自治区などで，現地住民と移住してきた漢人の対立などによる分離独立運動問題とそれにともなう人権問題がくすぶっている。

朝鮮民主主義人民共和国　Democratic People's Republic of Korea

面積：12万1000km²　人口：2260万人　首都：ピョンヤン
住民：朝鮮民族
言語：朝鮮語
宗教：仏教，キリスト教など。実態は不明
沿革：アジア大陸北東部朝鮮半島北部を占める人民共和制国家。朝鮮半島では3世紀終わり頃までに氏族国家が成立していた。半島北部は高句麗が支配していたが，7世紀に唐の律令制度を取り入れた新羅が半島全体を統一し，朝鮮半島北部にあった唐の勢力を排除した。その後，中国東北部の渤海国と抗争が続く。9世紀にはいると，内乱が頻発したが，936年，高麗によって再び統一される。13世紀，モンゴル帝国の侵入を受け，これに服属し，半島北部は元朝支配下に編入される。14世紀，明朝が興ると，親明派と親元派の抗争が激化。1392年，親明派の領袖であった李成桂によって朝鮮王朝が成立した。1443年，訓民正音(ハングル)が制定される。朝鮮王朝期には支配エリート知識人層両班の形成が進行したが，官僚同士の粛清(「士禍」)がたびたび発生した。中国に対しては事大主義をもって朝貢国として接したが，明清交代を経て自らを中華とする小中華思想も生まれた。17世紀まで北方の女真族との抗争も絶えなかった。

19世紀，欧米諸国に対しては抗戦・鎖国政策で臨んだが，日本の江華島占領により日朝修好条規が締結され，諸外国とも条約を結んだ。以降，開化政策を推進した。1880年代から日清両国の介入が拡大し，94年には甲午農民戦争の鎮定を理由に両国が介入，日清戦争が勃発した。以降，日本の影響力が強化され，97年，大韓帝国が成立，1910年に韓国併合に関する条約が結ばれた。

植民地期には日本による皇民化政策・創氏改名の強制などがおこなわれた。1919年には三・一独立運動が鎮圧された。45年の日本の敗戦後，北緯38度線以北はソ連が管轄し，その影響下で48年9月，抗日ゲリラを組織したとされる金日成を首相とする朝鮮民主主義人民共和国が成立した。50年6月，朝鮮戦争が勃発し，53年休戦協定に調印。72年，新憲法が制定され，金日成が国家主席に就任し，独裁体制が確立した。97年から金正日が朝鮮労働党総書記に就任。チュチェ思想による独自の社会主義政策が展開されている。2000年，南北首脳会談が実現し，02年，日朝首脳会談がおこなわれたが，06年の核実験以降，西側との外交は進展していない。現在，深刻な食糧・経済状況の危機にあるといわれる。

トルクメニスタン　Turkmenistan

面積：48万8000km²　人口：490万人　首都：アシュガバート
住民：トルクメン人，ウズベク人，ロシア人など
言語：公用語はトルクメン語，ロシア語も一般に通用
宗教：イスラーム教スンナ派，ロシア正教
沿革：中央アジア西部に位置し，カスピ海東岸に面する共和国。1991年にトルクメニスタン共和国となり，92年から現在の国名。

　トルクメン人の起源は明らかではない。10世紀後半，トルクマーンと呼ばれるチュルク系遊牧集団が，中央アジアでイスラーム教に改宗し，セルジューク朝の軍事的主力として西アジアに進出した。だが彼らと現在のトルクメン民族の直接的なつながりは確定できない。

　トルクメン人の民族形成は15世紀以降と考えられる。大小の部族・氏族集団に分かれ，遊牧や半農半牧の生活を営みながら，ヒヴァ・ハーン国やブハラ・ハーン国，カージャール朝イランに対してときに臣従し，ときに激しく抗争した。イラン人やロシア人を捕縛し，奴隷とすることでも恐れられた。19世紀半ばすぎ，トルクメン諸部族の連合はヒヴァ・ハーン国やカージャール朝イランの部隊を打破し，事実上独立した。この時期までに彼らの大半は定住農耕生活に移行していた。

　ロシア帝国にとってトルクメン諸部族の地は，南カフカース方面からカスピ海を渡って中央アジアに進出するための前線となった。1869年，ロシア帝国軍部隊はカスピ海東岸に上陸し，クラスノヴォーツクを築いた。南下するロシア軍に対して，西部の諸部族は恭順の意を示したが，南部オアシスのテケ部族はギョクデペ要塞に拠り，80年末から81年初頭まで3週間にわたり果敢に抵抗した。このギョクデペの戦いは，ロシア帝国の中央アジア征服戦争の事実上の終結を意味した。この直後，ロシア軍はアスハバード(現アシュガバート)を占領，85年までにトルクメニスタン併合は完了した。80年にカスピ海沿岸から東に向けてザカスピ鉄道の敷設が始まると，ロシア向け綿花栽培が急拡大し，植民地支配への編入が進んだ。

　ロシア革命後の1924年，中央アジアの民族別国境画定によりトルクメン・ソヴィエト社会主義共和国が成立し，以後民族意識の形成が進んだ。ソ連時代には天然ガス開発やカラクム運河の建設などが進んだが，大規模開発はアラル海縮小などの環境破壊ももたらした。

　1991年のソ連崩壊により独立，95年に永世中立国となった。ニヤゾフ大統領は極端な個人崇拝を確立し，豊富な天然ガスの輸出から得られる富も独占した。2006年に彼が死去，教育の重視などあらたな動きがみられる。

トルコ共和国　Republic of Turkey

面積：78万4000km²　人口：7420万人　首都：アンカラ
住民：トルコ人，クルド人，アルメニア人，ギリシア人，ユダヤ人
言語：トルコ語
宗教：イスラーム教，キリスト教，ユダヤ教
沿革：アナトリア半島全域とバルカン半島南東の一部にまたがる共和国。前7千年紀頃アナトリア高原に初期農耕・牧畜村落が出現し，前3千年紀末にはヒッタイト人が侵入し，アナトリアを拠点にエジプトやメソポタミア地方の諸勢力と覇権を競った。その後，リュディアが栄えたが，前546年にキュロス2世に敗れ，アナトリア一帯はアケメネス朝の支配を受けることになった。

　7世紀後半に始まるアラブの大征服に対して，当時アナトリアを支配していたビザンツ帝国は，その侵略を退け，11世紀にセルジューク朝勢力が進出するまで，イスラーム世界に対するヨーロッパの防波堤の役割をはたした。13世紀末，アナトリア中部に出現したオスマン朝勢力は西へと進出を繰り返し，1453年ビザンツ帝国の首都コンスタンティノープル(現イスタンブル)を陥落させた。その後，オスマン朝はバルカン半島へ進出するとともに，アナトリア東部の諸勢力を征服，さらにシリア，エジプト，イラクへとその勢力を拡大した。

　18世紀末頃からバルカン半島の非ムスリム(イスラーム教徒)諸民族にナショナリズムが浸透，また第一次世界大戦前後にはアラブ諸地域が西欧の植民地となるなど，オスマン朝の領土がつぎつぎと削減されていった。そうしたなか，オスマン朝を解体し，ギリシアの侵入を撃退したムスタファ・ケマル(ケマル・アタテュルク)の活躍により，1923年トルコ共和国が樹立された。初代大統領となったケマルは軍事力を背景に強力な指導力を発揮し，政教分離や文字改革などの近代化を推し進めた。

　1946年に複数政党制が導入され，50年の総選挙で民主党政権が成立したが，同党が独裁化し，これに反発する軍部によって60年にクーデタが起こされた。その後もトルコでは軍部のクーデタや圧力による政権交代がしばしば起こっている。

　トルコは1952年にNATOに加盟するなど西側諸国との関係強化に努め，現在EU加盟の道を模索しているが，EUは国内のムスリムやクルド問題，キプロス問題を理由にトルコの加盟申請を退けている。

　また国内においては1990年代後半以降急激なインフレが続いていたが，2002年以降国内総生産の伸び率が5％以上となり，05年には新トルコ・リラの発行によるデノミネーションの結果，インフレは沈静化している。

日本国　Japan

面積：37万8000km² 　人口：1億2820万人　 首都：東京
住民：日本人，ほかにアイヌなど少数民族
言語：日本語
宗教：仏教，神道，キリスト教など
沿革：ユーラシア大陸の東部の立憲君主制国家。象徴天皇制をとる。南北に長く，6852の島を含み，太平洋に面する。

　7世紀後半，畿内を中心として，中国の律令制に倣った国家制度をとり，対外的に「日本」と自称した。10世紀の遣唐使の廃止以降，国風文化が隆盛した。また荘園が全国に拡大，それにともない武士が台頭して中央における権力闘争に参加し，12世紀には武士に実権が移った。その後の鎌倉幕府成立による政局安定から西日本を中心に商品経済が拡大した。14世紀から再び政情が不安定となり，室町幕府が成立したのちも，各地で武力抗争が頻発した。15世紀には石見銀山の開発により東アジアに大量の銀を供給した。

　16世紀後半，織田信長，豊臣秀吉により統一され，全国規模の課税台帳の整備（「検地」）と一般人の武装解除（「刀狩」）がおこなわれ，農民と武士の階級分化が進行。国内の政情安定や東アジア貿易の隆盛により経済は著しく成長した。17世紀に成立した江戸幕府の海禁政策により，完結した経済構造が成立。その後，国学など自国の優越性を主張する言説が登場した。

　19世紀後半から，諸外国と条約を締結。近代的国民国家をめざして明治政府が成立した。富国強兵政策のもと帝国主義的膨張政策が進められ，日清戦争（1894年）・日露戦争（1905年）などを経て，台湾・朝鮮を植民地化。32年には中国東北部を占領して，傀儡国家満洲国を樹立し，日中戦争を引き起こした。さらに東アジアにおける利権をめぐり欧米諸国と対立，大東亜共栄圏を標榜して太平洋戦争を引き起こした。45年8月，広島・長崎で被爆。敗戦後，アメリカの占領下におかれた。

　1947年，国民主権・基本的人権の尊重・平和主義を理念とする新憲法を施行した。51年，西側陣営と講和し，冷戦下では朝鮮戦争・ベトナム戦争に際して西側陣営の後方基地となった。軍需景気と日米同盟を背景に60年代以降，高度経済成長を経験した。55年には保守合同と日本社会党統一により自民党と社会党による55年体制が確立したが，93年の非自民連立内閣成立により崩壊した。安定したゆるやかな経済成長が続いているが，90年代後半の不景気により，21世紀にはいっても経済状態に対する不安感が続いている。

ネパール連邦民主共和国　Federal Democratic Republic of Nepal

面積：14万7000km²　人口：2770万人　首都：カトマンズ
住民：パルバテ・ヒンドゥー(ネパール語を母語とする中部山地由来の人々，約半数)，北インド系(約4分の1)，ほかにチベット・ビルマ語系諸民族，タルー(タライの先住民)，チベット系諸民族など
言語：公用語はネパール語，ほかにマイティリー語，ボジュプリー語，タマン語，タルー語，ネワール語など多数
宗教：ヒンドゥー教が大半，ほかにチベット仏教，民間信仰など
沿革：ヒンドゥスタン平原の北端(タライ地方)から大ヒマラヤ山脈の南斜面を国土とする内陸王国。標高と乾湿の地域差が大きく，気候は亜熱帯から氷雪地帯まで多様性に富む。また北のチベット文明と南のインド文明が交錯し，さまざまな文化，民族の棲み分けと共存がみられる。

　古代中世の歴史は主にネパール盆地のネワールの人々を中心に展開した。4世紀にネパール盆地に成立したリッチャヴィ朝(～9世紀後半)はグプタ朝など北インドの覇者の宗主権を認めつつ独立を保ち，6世紀にはチベットとの関係も深めた。9世紀末に成立したタークリ朝はほどなく弱体化し，11世紀中葉には西部ネパールにマッラ王国(～14世紀末)，11世紀末にはタライ地方東部にティルフット王国(～14世紀初頭)が成立した。ネパール盆地の勢力は14世紀末にマッラ王朝として再興したが，15世紀末にはネパール盆地内で3都王国に分裂，各地の勢力も小王国に分裂し，16世紀以降は全土が群雄割拠された。

　18世紀に中部ネパール山地のゴルカ勢力がネパール盆地を攻め取り，統一国家ネパールを建国した。このゴルカ王朝の最大版図は西部ヒマラヤからチベット，シッキムにおよんだが，インド支配を進めるイギリスと19世紀初頭に衝突，ゴルカ戦争(1814～16年)に敗れて領土の割譲と駐在官の受入れを強いられた。1846年にはジャンガ・バハドゥル・ラナが政敵を虐殺し世襲宰相体制を開始した。このラナ専制時代には親英政策がとられ，1923年友好条約では完全独立が公式に認められた。

　1951年に反ラナ勢力の協力で王権が復活，政党政治が始まったが，安定せず，60年に国王親政，62年にはパンチャーヤト体制に移行した。90年の民主化運動を経て政党政治が復活するが，政権争いがあいつぎ，96年以降拡大したマオイスト(共産党毛沢東派)の武装闘争もあって，政局の混迷が続いた。2005年緊急事態令による国王親政を機に民主化運動が再燃，06年新内閣のもとでマオイストとの和平が進み，07年には暫定憲法，暫定議会が発足，08年の制憲議会選挙の結果，マオイストが第1党となるとともに，王制は廃止され連邦民主共和制に移行した。

パキスタン・イスラーム共和国　Islamic Republic of Pakistan

面積：79万6000km²　人口：1億6000万人　首都：イスラマーバード
住民：パンジャービー，シンディー，パシュトゥーン，バローチなど
言語：ウルドゥー語(国語)，英語(公用語)。地域語にパンジャービー語，パシュトゥー語，シンディー語，バローチ語など
宗教：イスラーム教(国教，スンナ派が約8割)

沿革：インド亜大陸北西部に位置する多言語・多民族国家。国土中央に広がるインダス川流域平野では前25〜前18世紀にインダス文明，前15〜前11世紀に上流域でアーリア文化が繁栄した。一帯は前6〜前4世紀にはアケメネス朝やマケドニア，前3世紀にはマウリア朝の領土となり，前2世紀にはインド・ギリシア王国，前1世紀前半から後1世紀にはシャカ，パルティア，2世紀にはクシャーナ朝，3〜4世紀にはサーサーン朝，4〜5世紀にはグプタ朝が支配した。

　7世紀にシンド王国が成立したインダス下流域は，8世紀にアラブ・イスラーム勢力に征服され，9世紀にはイスマーイール派の地方政権が分立した。上中流域には9世紀後半にヒンドゥー・シャーヒー朝が成立したが，11世紀にはガズナ朝，12世紀後半にはゴール朝などスンナ派の政権が勢力を拡大した。13世紀以降，デリー諸王朝がモンゴル帝国やティムール朝と版図を争ったが，16世紀にムガル帝国が勢力を拡大，一時はラホールが首都となった。ムガル帝国は18世紀にイラン，アフガニスタン勢力の侵入もあって弱体化し，各地にスルタン国が分立，パンジャーブにはシク連合体が成立した。

　19世紀半ば，シンドとパンジャーブはイギリス領インドの一部となり，カシミールやバルーチスタンは藩王国となった。ムスリム連盟(1905年設立)は第一次世界大戦後のヒラーファト運動が挫折したのち，反英運動のなかで国民会議派との対立を深め，ムスリム単一国家を構想，47年には東西パキスタンがインドと分離して独立した。この際にカシミール藩王国の帰属をめぐり両国の戦闘が生じ，係争は現在も続いている。

　独立後のパキスタンは，インドとの3度の戦争(1948，65年はカシミール，70年は東パキスタン)や，バングラデシュの独立(71年)，アフガニスタンの内戦(79年〜)などを経験，国内的にもイスラームの地位，民主主義の確立，民族問題などの課題をかかえて，政治的には安定せず，4度のクーデタ(58，69，77，99年)のたびに軍事政権と民政の間を揺れ動いてきた。99年に無血クーデタで政権を掌握したムシャラフ陸軍参謀長は2001年から大統領の座にあったが，08年の総選挙を機に下野し，人民党政権が発足している。

バハレーン王国　Kingdom of Bahrain

面積：700km²　人口：70万人　首都：マナーマ
住民：アラブ人
言語：アラビア語
宗教：イスラーム教(シーア派が多数，ほかにスンナ派)
沿革：ペルシア湾南部に位置し，カタル半島西側に浮かぶ大小約30の島々で形成される首長国。本島のバハレーン島は古代においてはチュロス，ウワルなどの名称でも知られているが，歴史的な意味でのバハレーンは，現在のクウェイト以南，カタル半島に至るペルシア湾岸一帯をさし，現在よりも広い地域をさす名称であった。前2500年から前700年頃までの記録に，ディルムンという古代メソポタミアのペルシア湾貿易中継地の存在が知られているが，これが現在のバハレーン島にあたると考えられている。

　9世紀末に興ったシーア派の一派であるカルマト派の一大拠点として，バハレーン一帯にシーア派信仰が広まった。988年にウカイル人の攻撃を受け，以後カルマト派の影響はうすれたが，住民の多くはシーア派信仰を保ち，中継貿易のみならず，ナツメヤシ栽培や漁業，そして真珠採取によって生計を立てた。

　11世紀以降，バハレーンは，サファヴィー朝ペルシア，オスマン朝，ポルトガルの勢力下にはいり，18世紀末にアラビア半島からスンナ派を信仰するハリーファ家がバハレーン島を征服，同地を支配し，現在に至る。これにより，多数を占めるシーア派住民を少数のスンナ派支配層が統治する状況になった。1867年にイギリスの保護下にはいり，1971年に独立。

　1920年代にアラブ諸国で最初に石油の埋蔵が確認されたが，産油量が多くないため，金融業の育成などに力をいれている。また近年では観光政策にも力をいれており，2004年以降は自動車レースの大会であるＦ１グランプリが開催されるようになっている。

　外交面ではサウジアラビアとの関係を重視し，湾岸戦争後は，アメリカ・イギリスとの関係も強化している。その一方で，隣国カタルとは領土問題をかかえている。内政面では，1990年代中頃からテロ事件や政府転覆をねらう団体の陰謀が明らかになるなど，いくつかの騒擾事件が発生しているが，バハレーン政府はこれを解決し，現在は比較的安定を保っている。

バングラデシュ人民共和国　People's Republic of Bangladesh

面積：14万4000km²　人口：1億4200万人　首都：ダカ
住民：ベンガル人。ごく少数のチャクマなど少数民族(北部・東部丘陵)
言語：公用語はベンガル語
宗教：イスラーム教(国教)のほか，ヒンドゥー教，仏教
沿革：インド亜大陸の北東部に位置する。国土の大半はガンジス・ブラフマプトラ両河川の沖積平野からなり，東ベンガル地方とも呼ばれる。

　前3世紀にマウリヤ朝が北西部を編入し，後4～5世紀には東南部を除く全域がグプタ朝の属州となった。6世紀の小国群立を経て7世紀前半にはシャシャーンカにより統一されたが，その王国は短期間に瓦解した。8世紀中葉に成立した仏教王国パーラ朝(～12世紀)は9世紀前半と11世紀に強大な勢力を築いた。その後12世紀前半から13世紀にかけて東ベンガルはセーナ朝などの支配下にあったが，13世紀初頭に進出を開始したムスリム(イスラーム教徒)勢力は13世紀末には東ベンガル南部まで浸透した。14世紀前半から16世紀後半には在地勢力がデリー諸王朝からの独立を保ったが，1576年には大半の地域がムガル帝国に征服され，17世紀にはダカがベンガル州の首都となった。18世紀にムガル帝国が弱体化するなか，イギリス東インド会社が1757年のプラッシーの戦いで覇権を確立，18世紀後半に東ベンガルはイギリス領植民地に組み込まれた。

　19世紀に東ベンガルでは開墾の進展とともにムスリム人口が急増し，同時に前近代に生じたヒンドゥーとの習合的側面を排除しようとするイスラーム原理主義運動も展開された。20世紀初頭のベンガル分割を契機とする反英独立運動のなかでヒンドゥー・ムスリムの政治的対立は激化し，1947年の独立の際には多くの難民と流血を生み出しつつ，ムスリム多数地域の東ベンガルがパキスタンに組み込まれることになった。

　しかし東パキスタンの政治経済は西パキスタンに支配され，その不満が1948～56年のベンガル語国語化運動，60年代後半の州自治権拡大運動となった。70年の総選挙結果を無視した政府の弾圧に抵抗して，71年に独立戦争が始まり，同年末にインドの介入を得てバングラデシュが独立した。

　独立後の政治は議院内閣制，大統領制，軍独裁制，軍人大統領制と激しく揺れ動き，その間にクーデタによる現職大統領暗殺が2回(1975，81年)，政権転覆が3回(75，82年)起きた。90年の民主化運動の結果，91年には議院内閣制が復活しバングラデシュ民族主義党(BNP)が政権をとり，以降96，2001，08年の総選挙のたびに2大政党であるアワミ連盟(AL)と政権交代する図式が定着した。経済失政，汚職疑惑や与野党対立による国会空転など政治不安定は続いている。

東ティモール民主共和国　The Democratic Republic of Timor-Leste

面積：1万5000km²　人口：100万人　首都：ディリ
住民：パプア系，オーストロネシア系など
言語：ポルトガル語，テトゥン語（ともに公用語）
宗教：キリスト教が最大多数，ほかにイスラーム教など
沿革：植民地化以前のティモール島には小王国が分立していたが，16世紀初頭からポルトガル人が到来し，東ティモールを活動の拠点にした。17世紀後半になるとオランダ人が西ティモールに拠点を築き，18世紀には西ティモール全体を支配下に収め，1910年代の反植民地運動の鎮圧を経て，ティモール島が東西に分割される状況が確定した。第二次世界大戦中は日本の軍政下におかれたが，戦後に再びポルトガル領となった。

　1974年4月に成立したポルトガルの民主革命政府は，植民地の自決権を承認し，東ティモール独立革命戦線（フレテリン）がインドネシアとの統合を主張する派との内戦に勝利して，75年11月28日に独立を宣言した。しかし，容共国家の成立を望まないインドネシアが武力占領を進め，76年7月17日，東ティモールを併合した。78年末までにインドネシア軍は全土をほぼ制圧したが，独立派はゲリラ活動を続けた。国連安全保障理事会での決議に日米が棄権票を投じ続けるなど，独立派に不利な環境のなかでも，海外に在住する東ティモール出身者の活動や，96年のベロ司教と抵抗の指導者ラモス・ホルタのノーベル平和賞受賞などを通じて，東ティモール問題は国際的な注目を集め続けた。

　1998年5月，インドネシアにハビビ政権が成立し，99年1月に東ティモールの独立を容認する発言が公表された。99年8月30日には住民投票が実施され，独立支持が8割近くを占めたのに対して，統合派民兵の武力活動により治安が悪化した。そのため，9月中旬から多国籍軍が派遣され，10月には国連東ティモール暫定統治機構の活動が始まった。

　2001年8月30日，制憲議会選挙が実施され，フレテリンが圧勝した。02年には，3月22日の憲法採択，4月14日の大統領選挙を経て，5月20日，東ティモール民主共和国として正式に独立した。しかし，独立派の分裂，東部出身者と西部出身者の対立などの問題が発生した。06年4〜5月には，脱営した兵士を解雇したことに起因する首都ディリでの銃撃戦が起き，08年2月にはグスマン首相の暗殺未遂事件が発生するなど，突発的に治安が悪化する状況にある。これらの事件は経済の悪化を招いており，新興国家の安定への道のりは険しい。

フィリピン共和国　Republic of the Philippines

面積：30万km²　人口：8450万人　首都：メトロマニラ
住民：タガログ人，セブアーノなどムラユ(マレー)系が最大多数
言語：フィリピーノ語(タガログ語)，ほかに英語が公用語
宗教：ローマ・カトリック，フィリピン独立教会，イスラーム教など
沿革：スペインによる植民地化以前のフィリピン群島には，南部のホロ島を中心としたスールー王国以外に王朝国家が存在せず，バランガイと呼ばれる小集落が各地に点在していた。1565年にフィリピンへ到達したスペインは，17世紀後半までにルソン島やビサヤ諸島の低地部を支配下においた。しかし，南部のイスラーム地域や山岳部は，スペインによる制圧を許さず，3世紀近くイスラーム勢力との戦争が続いた。

　1896年，秘密結社カティプーナンが蜂起し，フィリピン革命が始まった。97年に指導者アギナルドらはスペインと和約を結んで香港に亡命するが，革命勢力は全国に拡大していた。98年4月，アメリカが介入し，12月にはスペインからフィリピンの領有権を獲得した。99年1月，革命政府はマルロス共和国を樹立し，アメリカとの戦争が開始されるが，3月には首都が陥落した。アメリカはフィリピンに自治権を徐々に与えたものの，経済はアメリカへの従属が維持・強化された。

　第二次世界大戦では，日本軍がフィリピンに侵攻し，軍政を実施したのに対し，反日ゲリラが活発な活動をおこなった。1946年7月4日，フィリピン共和国として独立するが，経済や軍事面ではアメリカの影響力が維持された。

　1965年，大統領に就任したマルコスは，72年9月に戒厳令を布告し，経済開発を進める一方で権力の永続化をはかった。しかし，83年のアキノ元上院議員の暗殺を機に批判が高まり，86年には民衆の大集会や軍部の造反を受けてハワイへ亡命した。コラソン・アキノが後任の大統領に就任したものの，与党連合の離合集散や国軍のクーデタなどによって政情は安定しなかった。

　1998年に大統領となったエストラーダは，汚職疑惑やメディアの規制などから支持率が低下し，2001年には弾劾裁判にかけられ，反大統領集会や閣僚の辞任によって大統領職を解かれた。後任にはアロヨ副大統領が昇格し，アロヨは04年の大統領選挙にも勝利した。しかし，05年6月に発覚した選挙不正疑惑の結果，辞任した閣僚が大統領に辞任を迫るなど，政権の基盤が安定しているとはいいがたい。また，国内の反政府勢力との和解の必要性という問題もかかえている。

ブータン王国　Kingdom of Bhutan

面積：4万7000km²　人口：66万人　首都：ティンプー
住民：シャーチョップ(東部，チベットビルマ語派の言語を話す先住諸民族)，ガロップ(西部，チベット系住民)，ローツァンパ(南西部中心，20世紀初頭に移住したネパール系住民，人口の3～4割を占める)
言語：ゾンカ語(公用語)，ブンタンカ語，シャーチョップ語，ネパール語
宗教：チベット仏教紅帽派(国教)，ヒンドゥー教，民間信仰など
沿革：インド亜大陸北東端の内陸国。ヒマラヤ高山域に属する冷涼少雨の北部，森林に覆われた1000～3000mの山地と温暖肥沃な河谷盆地群からなる中部，亜熱帯性密林に覆われた平野部へと続く南部と，生態条件の異なる3つの地帯からなる。また，東部と西部は別の水系に属し，文化面では東部，中・西部，南西部に区分できる。

　8世紀以前の歴史は不明だが，伝承では8世紀中期にインドから仏教が広まったとされる。当時の住民は9世紀頃までにチベット軍に征服され，以後チベットの影響下で国家形成が進められた。17世紀にはチベットの高僧ガワン・ナムギェルが各地の群雄を征服して初代法王に即位し，法王が聖俗両界の実権を掌握する政教一致体制を築いた。

　18世紀にはチベットを征服した清朝の影響がおよぶ一方，18世紀後半からはベンガル支配を進めるイギリスとの衝突が続いた。1864年のブータン戦争の翌年にはシンチュウ条約が結ばれ，イギリスから和解金を受け取る代わりに不可侵を約束し，ドゥアール地方を割譲した。

　19世紀末には東部トンサ郡の領主ウゲン・ワンチュックが群雄を制して世俗権力の優位を確立，1907年に現ワンチュック朝を創始した。10年にはイギリスと条約を結び外交面の指導を受け入れた。49年のインドとの友好条約では，独立とデワンギリ地方の返還，補助金の増額を認めさせたが，外交・軍事面ではインドの指導を受け入れることになった。59年のチベット動乱に始まる中印紛争では微妙な立場に立たされたが，インドとの友好を維持し，その後の自主外交権の拡大につなげた。

　1960年代には第3代国王が農奴解放，教育普及，行政改革などの近代化と経済開発に着手し，70年代以降も第4代国王が国王権限の縮小による民主化，「国民総幸福量(GNH)」の概念による近代化を進めた。だが80年代に進めたブータン文化強化策には南部のネパール系住民が反発，90年には死傷者や難民をだす騒乱に発展した。2006年12月に現国王に王位が譲位された。07年以降，本格的な議会制民主主義への移行を進め，08年には下院選挙を制したブータン調和党のジグミ・ティンレイ党首を首相とする新内閣が発足，新憲法も施行された。

ブルネイ・ダルサラーム国　Brunei Darussalam

面積：6000km²　人口：40万人　首都：バンダル・スリブガワン
住民：ムラユ(マレー)人が最大多数，ほかボルネオ島の先住民など
言語：ムラユ(マレー)語，中国語，英語など
宗教：イスラーム教が国教，ほかにキリスト教，仏教など
沿革：ブルネイ王国は，10世紀頃から歴史の記録に登場し，南シナ海における交易ネットワークの拠点として栄えたことが知られている。16世紀頃からイスラーム教への改宗が進み，布教の拠点となった。

　17世紀半ば以降，現在のフィリピン南部に位置するスールー王国がボルネオ北部に勢力を拡大したことや，19世紀半ばにイギリス人ブルックがサラワクの支配権を得たことで，現在に至るブルネイ王国の領域がほぼ確定した。1888年，イギリスの保護領となり，1906年にはイギリスが内政を完全に掌握した。第二次世界大戦中は日本の軍政下におかれたが，戦後は再びイギリスの保護領となった。

　1961年5月，マレーシアがブルネイ王国を含めた新連邦構想を発表し，マレーシアとの間で交渉が進められたが，32年から輸出が始まった石油の権益や，マレーシアの国王会議におけるブルネイ国王の序列の低さなどの問題から交渉は決裂した。65年3月，初の立法議会選挙が実施され，67年5月にはイギリスとの間でブルネイの独立に関する協議が開かれたものの，合意に至らなかった。同年10月，国王オマールは長男ハッサナル・ボルキアに譲位するが，以後も前国王が実権を握り続け，70年4月に立憲議会を解散して，国王による任命制の議会が成立した。

　1971年11月，イギリスは外交権や防衛権を保持し続けるものの，ブルネイに内政自治権を付与することを決定した。さらに79年1月，ブルネイ・イギリス友好協力条約が締結され，83年末をもってイギリスがすべての権限をブルネイに委譲することが決まったことで，84年1月1日，ブルネイ・ダルサラーム国として独立した。

　独立後は国王が国政を掌握し，王族が政府の要職を独占してきた。2004年9月に独立後初の立法議会が開催され，05年5月には17年ぶりの大幅な内閣改造によって世代交代が進められたが，王族による統治という点で変化はみられない。ただし，石油や天然ガスの輸出で得られた利益は国民にも還元されているため，反王族感情が国民の間に醸成される可能性は低い状況にある。

ベトナム社会主義共和国　Socialist Republic of Viet Nam

面積：33万2000km²　人口：8530万人　首都：ハノイ
住民：キン人が最大多数
言語：ベトナム語など
宗教：大乗仏教，キリスト教など
沿革：現在のベトナム北部に位置する紅河(ホンハ)デルタは，前2世紀から中国歴代王朝の支配下にあったが，10世紀に独立をはたした。15世紀初めに興った黎(レ)朝は，ベトナム中部・南部のチャンパー王国を占領した。17世紀初め，北ベトナムに拠った鄭(チン)氏から独立した広南阮(クアンナムグエン)氏は，チャンパーを滅ぼし，カンボジアにも影響力を行使して，メコン・デルタの支配を確立した。1802年には，阮福暎(グエンフックアイン)(のち嘉隆帝(ザロン))が1771年からの西山(タイソン)阮氏による支配を倒してベトナム全土を平定し，阮朝を開いた。

　19世紀半ば，南シナ海の中継拠点としてベトナムに触手を伸ばしたフランスは，1862年の第1次サイゴン条約によってメコン・デルタを奪い，フランス領コーチシナを成立させた。その後，3度にわたる条約の締結を経て，84年には北部がトンキン保護領，中部がアンナン保護国とされ，阮朝ベトナムの全土がフランスの植民地になった。

　1940年，日本軍がインドシナに進駐し，日・仏二重支配が始まるが，30年にホー・チ・ミンによって設立されていたベトナム共産党が抵抗運動を開始した。日本の敗戦を受けて，45年9月2日，ホー・チ・ミンはベトナム民主共和国の独立を宣言するが，翌年からフランスとの戦争が始まった。54年のジュネーヴ会議により，北緯17度線が北の民主共和国と南のベトナム国の境界と定められるが，55年に阮朝のバオダイ帝を廃して大統領となったゴ・ディ・ジェムは，ベトナム共和国を建国した。60年，南ベトナム解放民族戦線が結成され，共和国との間で戦争が勃発した。63年，アメリカ軍が直接介入を開始し，翌年には北爆が始められた。73年のパリ和平協定によりアメリカ軍が撤退すると，解放勢力は攻勢を強めて，75年4月30日にサイゴンを占領し，翌年にはベトナム社会主義共和国を成立させて南北の統一がなされた。

　統一後，南部でも急速な社会主義化が進められたが，経済の停滞を招き，1986年にドイモイ路線が採択されて生産の自由化や市場経済が認められた。97年のアジア通貨金融危機の影響からの脱却に数年を要したものの，その後は順調な経済回復をみせており，2007年1月にWTOへの加盟をはたした。経済では国際社会との結びつきを強める一方，社会主義政権を維持するため，思想的な引締め政策もしばしば実施されている。

マレーシア　Malaysia

面積：33万km²　人口：2580万人　首都：クアラルンプル
住民：ムラユ(マレー)人が最大多数，ほかに中国人(華人)，インド人など
言語：ムラユ(マレー)語，ほかに中国語，タミル語など
宗教：イスラーム教が国教，ほかに大乗仏教，ヒンドゥー教など
沿革：14世紀末に成立したムラカ(マラッカ)王国は，15世紀後半に交易の中継港として栄えたものの，1511年，ポルトガルによって占領された。ムラカの王族はジョホールに王国を築き，17世紀にはオランダのムラカ奪取に協力するが，18世紀になると王国が分立する状況となった。

　1786年，イギリス東インド会社はペナン島を領有し，ナポレオン戦争を機にムラカも領有した。19世紀後半，イギリスはマレー半島の各王国の王位継承に介入して，1896年，ペラ，スランゴール，パハン，ヌグリスンビランからなるマレー連合州を成立させた。1909年にはジョホールもイギリスの支配下にはいり，ボルネオ島でも1888年にサラワクと北ボルネオがイギリスの保護領となった。マレー半島では，19世紀から錫鉱山の大規模な開発とゴムの栽培が開始され，中国人やインド人の労働者が多数移住した。

　第二次世界大戦中の日本による占領を経て，1946年に結成された統一マレー人国民組織(UMNO)はイギリスと交渉し，48年にムラユ人を優遇するマラヤ連邦が成立した。中国系住民はマラヤ共産党に合流してゲリラ戦を開始するが，50年代初頭から劣勢にまわった。52年にはマラヤ中国人協会がUMNOと連合し，54年にマラヤ・インド人会議も参加して連盟党が設立された。55年の総選挙で連盟党は圧勝し，57年8月の独立を迎えた。

　1963年には，北ボルネオ(サバ)，サラワク，シンガポールを加えたマレーシア連邦が成立するが，65年にシンガポールが分離した。69年，クアラルンプルで中国系とムラユ系の住民が衝突する5月13日事件が起き，翌年，ラザク首相はムラユ人の特権を認めたブミプトラ政策を打ち出した。その後，81年に首相となったマハティールによってブミプトラ政策は強く推進された。88年にはUMNOが分裂したが，翌年の総選挙に勝利し，マハティールの権力基盤が強化された。97年のアジア通貨金融危機の際，マハティールと対立した副首相アンワルは更迭・逮捕され，2003年10月にアブドゥラ・アフマド・バダウィが第5代首相に就任した。04年3月に実施された総選挙では与党連合が圧勝したものの，アンワルが復活し，ブミプトラ政策堅持の是非が問われた08年3月の下院議員選挙で，与党連合は歴史的な敗北をきっした。

ミャンマー連邦(ビルマ)　Union of Myanmar

面積：67万7000km²　人口：5100万人　首都：ネーピードー
住民：ビルマ人が最大多数，ほかにシャン人，カレン人など
言語：ミャンマー語(ビルマ語)，ほかにシャン語，カレン語など
宗教：上座仏教，ほかにイスラーム教，ヒンドゥー教，キリスト教など
沿革：11世紀中頃，イラワジ平野にビルマ人が進出し，アニルッダ(アノーヤター)王がパガン朝を開いた。16世紀に興隆したタウングー朝は，現在の上・下ビルマにほぼ匹敵する地域を支配し，また，18世紀半ばに建てられたコンバウン朝は各地を征服して，1767年にはアユタヤ朝を滅ぼした。19世紀，3度にわたるイギリスとの戦争の結果，1885年にコンバウン朝が崩壊し，ビルマ全域がイギリス領となった。

　アウン・サンやウー・ヌら後年の有力な政治家・軍人を輩出したタキン党が1930年に結成され，30年代末には有力な政治勢力となった。40年，日本軍はタキン党ら30人に海南島で軍事訓練を施し，ビルマ独立義勇軍を設立した。42年，独立義勇軍は日本軍とともにビルマに進軍し，翌年には名目的に独立をはたすが，44年に結成された反ファシスト人民自由連盟(パサパラ)は，対日不信から抗日運動を進めた。

　1945年10月にイギリスの支配が回復されるが，パサパラはイギリスと交渉を進め，48年1月4日，ビルマ連邦として独立した。だが，共産党やカレン人の反政府運動が激化し，パサパラの分裂もあって，58年に国軍のネィ・ウィンが選挙管理内閣を組織した。60年の選挙により，ウー・ヌが政権を担ったものの，政情不安は続き，62年，ネィ・ウィンがクーデタを起こして議会を解散し，軍政を確立した。

　1974年に形式的な民政移管がおこなわれるが，88年6月から反政府運動が全国に展開され，アウン・サン・スー・チーを指導者とする民主化運動へと収斂していった。9月には国軍が治安回復を理由に政権を奪取し，翌年には国名をミャンマーに改めた。また，同年にスー・チーを自宅に軟禁した。90年に実施された総選挙では，スー・チー率いる国民民主連盟(NLD)が圧勝したものの，国軍は政権移譲に応じなかった。95年にはスー・チーの軟禁が一時的に解かれたが，その後も複数回にわたる自宅軟禁が繰り返されている。2005年11月，軍政は首都機能をヤンゴンからネーピードーへ移転した。07年9月に発生した僧侶による全国的なデモは鎮圧され，軍政に対する国際的な批判は強い。08年5月にはサイクロンによる甚大な被害をこうむったが，軍政は新憲法承認のための国民投票を強行した。軍政への批判に基づく経済制裁や海外直接投資の不振などから，経済の停滞が続いている。

モルディヴ共和国　Republic of Maldives

面積：300km²　人口：30万人(ほかに在留外国人2万8000人)　首都：マーレ
住民：モルディヴ人(インド，スリランカ，アラビア，ペルシア，東アフリカなどインド洋海域各地から移住した人々が長年の混血で融合)
言語：公用語はディヴェヒ語
宗教：イスラーム教スンナ派(国教)が大半
沿革：インド亜大陸南西の洋上に浮かぶ群島国家で，サンゴ礁に囲まれた約1200の島々が26の環礁を構成している。

　古代史は不明だが，地名や言語，考古学遺跡や文化習俗の特徴から，古い時代に南西インドやスリランカの人々が移住したと推定されている。

　その後もインド洋海域各地から，活発な貿易・海運を通じて多様な人々が流入し，歴史に大きな影響を与えた。6～7世紀にはサーサーン朝の勢力拡大を背景にイラン系の人々も進出し，8～10世紀にはアッバース朝を中心に活発化したインド洋海域交易を背景にアラブやイスラーム世界の人々も到来するようになったと考えられる。群島が産出する宝貝・ココヤシは重要な交易品であった。12世紀にはイラン北部タブリーズ出身のスーフィー聖者の導きで国王がイスラーム教に改宗し，以後の歴代スルタンは海外から渡来するイスラーム知識人を多数要職に迎え，メッカ巡礼を励行するなど，イスラーム世界との交流を深めた。

　15世紀末以降は西欧列強のインド洋進出の影響を受けた。16世紀の一時期にはマーレがポルトガルに占領され，ゴアへの朝貢を強いられた。ポルトガル駆逐後はスルタンが内政を握ったが，17世紀には隣国セイロンを支配するオランダ，18世紀末(正式協定は1887年)にはセイロン支配を引き継いだイギリスの保護国となった。1948年のセイロン独立の際にはイギリスと改めて保護条約を結んだ。その後のイギリスとの関係は南部のガン島におけるイギリス空軍基地使用をめぐって曲折し，59年には基地継続に反発する南部環礁の反乱も起きた。基地使用協定は60，65年と改定されたが，75年にイギリス空軍はガン島から完全撤退した。

　1965年に完全独立したモルディヴは，68年に共和政体に移行した。初代大統領のナシルは独裁的な支配を続けたため78年に失脚。後任のガユーム大統領は政治基盤を固め，88年のクーデタ事件もインド海軍の力で鎮圧，2003年選挙で連続6期という長期政権を維持した。この間にモルディヴは観光立国として成長したが，その独裁的体制批判が高まり，04年以降複数政党制の導入など民主化改革が進められた。08年8月には民主的な新憲法が制定され，10月の大統領選挙では決選投票で野党モルディヴ民主党のナシードが勝利し，新大統領に就任した。

アジア　051

モンゴル国　Mongolia
面積：156万7000km²　人口：270万人　首都：ウラーンバートル
住民：モンゴル人95％，ほかにカザフ系など
言語：モンゴル語
宗教：チベット仏教(1992年以降，信仰の自由を保障)
沿革：北東アジア，モンゴル高原北部の共和制国家。南部はゴビ砂漠，北部は森林が多く，東部から中央部にかけては草原が広がる。

　モンゴル高原には紀元前以来「匈奴(きょうど)」「鮮卑(せんぴ)」などの遊牧民族がいた。12世紀末，一部族の族長であったテムジンがモンゴル諸部族を征服し，1206年，「部族長会議」クリルタイにおいてチンギス・ハンに推戴され，モンゴル帝国(大モンゴル・ウルス)が成立した。その後，モンゴル帝国はユーラシア全土に拡大するが，チンギス・ハンの死後，分裂する。14世紀，明朝により中国を追われた元朝の後身である北元がモンゴル高原一帯を支配するが，その後，部族間抗争が激化した。

　明朝との軍事的な緊張関係が存在しながらも，馬の交易がおこなわれ，たびたび長城以南に進入していた。17世紀中頃までにモンゴル高原東部は清朝により制圧され，清朝の皇帝がモンゴルのハーンとなった。18世紀，ジュンガル部の滅亡により，モンゴルの諸部族すべてが清の支配下にはいった。清朝治下ではモンゴルへの漢人の入植は禁止され，蒙古律例(もうこりつれい)などにより漢人とは別の統治がなされた。

　1911年の辛亥(しんがい)革命ののち，帝政ロシアの援助のもと，ボグド・ハーン政権が外モンゴルの独立を宣言したが，15年，キャフタ条約により取り消され，自治権のみが認められた。19年，中華民国が外モンゴルを接収したが，白軍が侵入し，21年2月ボグド・ハーン政権が復活。7月，これに抵抗したモンゴル人民党がソ連の援助のもと白軍を排除し，活仏(かつぶつ)による君主制人民政府が成立した。24年から社会主義国家モンゴル人民共和国に移行し，30年代後半からチョイバルサンによる独裁政権が確立した。中ソ対立期にも一貫して親ソ的であり，「ソ連の衛星国」とも呼ばれた。

　1980年代末，東欧情勢の影響を受け，民主化運動が活発化。90年3月から複数政党制・大統領制を採用し，92年2月12日，モンゴル国憲法を施行し，国名をモンゴル国に変更した。

　1980年代の改革開始当初，経済は低迷したが，94年にGDP前年比数値がプラスに転じ，以降経済成長が続き，財政赤字と貿易赤字は解消されたが，2007年度は，再び赤字となった。また2000年の旱魃と寒波による複合災害の影響も大きい。

ヨルダン・ハーシム王国　Hashemite Kingdom of Jordan

面積：8万9000km²　人口：580万人　首都：アンマン
住民：アラブ人
言語：アラビア語
宗教：イスラーム教，キリスト教
沿革：ハーシム家の王が統治する中東の立憲君主国。死海に注ぐヨルダン川によって形成されるヨルダン渓谷の東側を中心に，南北に都市が点在するが，国土の大半は砂漠である。前1万年頃には，ヨルダン渓谷で農業がおこなわれていた。前2世紀中頃，ペトラを都とするナバテア王国が成立するが，後106年にはローマ帝国の属州となる。その後7世紀に至るまで，ローマ帝国，ビザンツ帝国の支配下にあった。

　この間にヨルダン一帯はキリスト教が広まるが，アラブの大征服により，イスラーム教が浸透する。ウマイヤ朝，アッバース朝期を経て，十字軍時代にはフランクの支配を受けた。マムルーク朝期には，死海を望む都市カラクに，政争に敗れたスルタンが一時身を寄せることもあった。オスマン帝国下において，ヨルダン渓谷一帯はダマスクス州の一部として存在した。

　第一次世界大戦後，サイクス・ピコ協定に基づきイギリスの委任統治領とされ，1921年には，ハーシム家のアブドゥッラーを首班として，現在のヨルダンの前身であるトランス・ヨルダン首長国が誕生する。第二次世界大戦後の46年イギリスからトランス・ヨルダン王国として独立し，49年にはヨルダン・ハーシム王国と改称した。また，48年に始まった第1次中東戦争終結後の50年，ヨルダン川西岸を併合するが，88年にはその領有権を放棄した。また，51年に国王アブドゥッラーが暗殺され，53年に孫のフサインが即位した。

　1994年にアラブ諸国ではエジプトについでイスラエルとの和平条約に調印し，外交関係を樹立した。また，近隣アラブ諸国との協調関係を保つことが外交政策の基本となっている。

　1999年にアブドゥッラー・ブン・フサイン国王が即位し，現在に至っている。ヨルダン王室はわが国の皇室と大変良好な関係にあり，相互の交流・訪問がしばしばおこなわれている。

ラオス人民民主共和国　Lao People's Democratic Republic

面積：23万7000km²　人口：610万人　首都：ウィエンチャン
住民：ラーオ人が最大多数
言語：ラーオ語など
宗教：上座仏教など
沿革：14世紀半ば，現在のルアンパバーンを中心にラーンサーン王国が建国された。16世紀に勢力を伸張したものの，18世紀には3つの王国に分裂し，3王国ともシャム（タイ）の属国あるいは朝貢国となった。

　1860年代からフランス人の踏査がラオスにもおよび，85年，フランスの副領事館がルアンパバーンに設置された。93年10月のフランス・シャム条約により，フランスはラオスに対する保護権を獲得して，領域国家としてのラオスが創出された。99年にはフランス領インドシナに編入されたが，植民地の財政は慢性的な赤字が続いた。

　1945年3月からフランス領インドシナの直接支配を開始した日本軍は，4月にルアンパバーンのシーサワンウォン王に名目的な独立を宣言させた。10月にはラーオ・イサラ（自由ラオス）がウィエンチャンに臨時政府を樹立したが，フランスが復帰し，臨時政府はタイに逃れた。

　1949年，フランス連合内の協同国として独立をはたしたことで，独立の認否をめぐってラーオ・イサラは分裂し，左派がパテート・ラーオ臨時抗戦政府を樹立して内戦が始まった。57年，パテート・ラーオも入閣した第1次連合政府が成立したが，翌年に右派内閣が成立し，再び内戦に突入した。62年には第2次連合政府が成立したものの，閣僚の暗殺事件などから連合政府は崩壊し，パテート・ラーオ支配地域へのアメリカ軍の空爆が開始された。75年4月，南ベトナムのサイゴン陥落以降，右派の閣僚や官僚が亡命し，8月にはパテート・ラーオ軍がウィエンチャンを制圧して，12月にラオス人民民主共和国が成立した。

　社会主義政権のもと，農業の集団化が急速に進められたが，経済が停滞し，1986年11月には経済の自由化を認める新思考政策（チンタナカーンマイ）が発表された。94年頃から経済の開放が進められたが，97年7月からのアジア通貨金融危機の影響は大きく，インフレや通貨の下落の歯止めに数年を要した。また，2000年と03年には反政府勢力によるとみられる爆破事件が頻発するなど，政情の不安定要因も存在している。06年3月の党大会で指導部の世代交代が図られたが，社会主義市場経済の堅持という方針に変更はない。

レバノン共和国　Republic of Lebanon

面積：1万km²　人口：360万人　首都：ベイルート
住民：アラブ人
言語：アラビア語，英語，フランス語
宗教：キリスト教(マロン派，ギリシア正教，ギリシア・カトリック，ローマ・カトリック，アルメニア正教)，イスラーム教(シーア派，スンナ派，ドルーズ派)など18宗教
沿革：地中海東岸の山岳地帯に位置する共和国。古代より地中海貿易の中心として繁栄し，シドン，テュロス，ビュブロスなどのフェニキア人の都市が形成された。前1千年紀にはその経済的繁栄に目をつけたアッシリアの攻撃を受け，その支配下にはいり，前6世紀にはバビロニアに征服された。その後，アレクサンドロス大王の征服，ローマ帝国，ビザンツ帝国の支配を経て，アラブの支配下にはいった。

　イスラーム教が浸透したのち，比較的平坦なシリアの地に比べて峻険な山々を擁するレバノン山地は，宗教マイノリティの避難場所として存在し，7世紀からはマロン派キリスト教徒が，11世紀からはシーア派から派生したイスラーム教の異端ドルーズ派が活動拠点とするようになった。一方，レバノン海岸部は11世紀末から始まった十字軍の侵略にあい，1109年からは現シリア地中海沿岸とレバノンにまたがるトリポリ伯領が設置された。

　その後，十字軍国家を滅ぼしたアイユーブ朝，ついでマムルーク朝の支配下にはいり，16世紀初頭にオスマン朝の征服を受けた。さまざまな宗派が入り乱れる状況のなか，西欧列強の進出にあい，周辺地域とは切り離され，独立した地域として存在するようになる。1920年にフランスの委任統治領となるが，43年に完全独立。大統領をマロン派，首相をスンナ派，国会議長はシーア派から選出する宗派制度を確立し，宗派間の協調を図った。金融や観光業などで急激な経済発展をとげたが，所得格差の増大や教育水準の不平等に加え，名望家たちの権力争いなどにより，75年に内戦に突入。90年に内戦が終結し，経済復興が進められていたが，2006年7月のヒズブッラーによるイスラエル兵拘束事件を受けてイスラエルが侵攻，ベイルートは空爆により多大な被害を受けた。

　歴史的にはシリアとの関係が緊密であり，中東和平などシリアとの政策協調がみられたが，2005年2月に反シリア派のハリーリー前首相が暗殺され，その実行犯とされたレバノン駐留シリア軍に対する反感が高まり，同年4月にシリア軍はレバノンより撤退した。その後イスラエルの侵攻を経て，レバノン国内では親シリアのヒズブッラーが勢力を増し，反シリアの政府との対決姿勢を示しており，レバノンは再び内戦の危機を迎えている。

カシミール　Kashmir

面積：22万3000km²（〈インド〉ジャンムー・カシミール州：10万1000km²，〈中国管理地域〉アクサイチン地方：4万3000km²，〈パキスタン〉アーザード・ジャンムー・カシミールと北方地域：7万9000km²）　人口：インド側は約770万人，パキスタン側は約300万人　州都：インド側はスリーナガル（夏），ジャンムー（冬，季節で交代），パキスタン側はムザッファラバード
住民：カシミール人
言語：カシミール語，ウルドゥー語
宗教：ヒンドゥー教，イスラーム教
沿革：インド亜大陸西北部のヒマラヤ山系に位置する古来の要衝。アショーカ王時代の前3世紀に仏教が伝わり，クシャーナ朝時代（1～2世紀）は仏教の中心であった。5世紀末には中央アジアのフーナ人に支配されたが，7世紀に興ったカールコータ朝（～8世紀）が勢力を拡大，ヒンドゥー教が優勢になった。11世紀に王国は弱体化し，14世紀にイスラーム勢力が侵入し，住民の改宗も進んだ。16世紀後半から18世紀中葉までムガル帝国の属州であったが，その後アフガニスタン勢力の支配下にはいり，1819年にシク王国のランジート・シングに征服された。彼からジャンムー地方を封土として与えられたグラーブ・シングは，第1次シク戦争（1844～46年）ののち，カシミール地方をイギリスから獲得し，ジャンムー・カシミール藩王国が成立した。北西方のギルギット地方はイギリス領となった。ドグラー朝が北方地域を併合，1935年イギリスに徴税権を貸与した。

　1947年の印パ分離独立の際，多数派のイスラーム教徒住民はパキスタンへの帰属を求めたが，ヒンドゥーの藩王はパキスタン義勇兵の侵入を機にインドへの帰属を表明してインドに軍事支援を求め，戦闘は第1次印パ戦争に発展した（49年1月，国連の調停で終結）。62年の中印国境紛争では中国がインド側のアクサイチン地方を占領し，63年にパキスタンとギルギット地方の国境協定を結んだ。65年に印パ両国の関係は再び悪化し，カシミールでも武力衝突した（第2次印パ戦争）。国連安全保障理事会決議による停戦成立後，66年1月に開戦前の状態に戻ることが合意された。71年末の第3次印パ戦争は西部戦線でも戦われ，72年のシムラ協定では71年12月の停戦ラインを両国間の実効支配線とする旨合意された。

　1989年末からインド側カシミールではイスラーム・ゲリラ勢力の活動が活発化し，99年半ばの印パ両軍の直接衝突（カールギル紛争），2001年末のインド国会襲撃事件などで緊張した。03年4月にインド首相バジパイがパキスタンとの対話再開を呼びかけ，関係改善に向けた機運が高まり，カシミール管理ライン（LOC）付近での停戦も実現した。

パレスティナ(PLO)　Palestine Liberation Organization
(正式名称：パレスティナ暫定自治政府　PA: Palestinian Interim Self-Government Authority)

面積：約6020km²　人口：約382万5000人　首都(本部)：ラマッラー
住民：アラブ人
言語：アラビア語
宗教：イスラーム教，キリスト教

沿革：パレスティナ暫定自治区はヨルダン川西岸一帯と地中海に面するガザ地区からなっている。「パレスティナ」(アラビア語ではフィラスティーン)とは現在のイスラエル，ヨルダン川西岸を含む地中海と右岸の地域で，「ペリシテ人の土地」を意味する。ウマイヤ朝，アッバース朝支配期にはフィラスティーン軍管区として存在し，マムルーク朝，オスマン朝の支配を経て，第一次世界大戦後にイギリスの委任統治領となる。その後1921年のカイロ会議でパレスティナ委任統治領はヨルダン川以西の地に限定された。

イギリスは1917年のバルフォア宣言の実現に向け，委任統治領にユダヤ人の「民族的郷土」設置をおこない，ユダヤ人の入植を推進，しだいに数をふやす入植者に対して危機感を募らせたパレスティナのアラブ人は36～39年にかけてパレスティナ・アラブ大反乱を起こし，独立をめざして戦った。

第二次世界大戦後の1947年に国連総会はパレスティナ分割決議を採択したが，アラブに対する不公平なこの決議をめぐって，パレスティナは内戦状態に陥った。48年イスラエルが建国され，イギリスの委任統治が終了すると，アラブ諸国がパレスティナに侵攻し，第1次中東戦争が勃発，イスラエル，エジプト，ヨルダンの分割にあい，パレスティナは消滅し，大量のパレスティナ難民が発生した。

1950年代半ばからアラファトらがパレスティナの解放をめざして運動を起こし，64年にPLO(パレスティナ解放機構)を設立，武装闘争を中心に反イスラエル運動を展開するとともに，中東和平におけるパレスティナ側の代表としてイスラエルとの交渉にもあたった。94年5月にパレスティナ暫定自治が開始され，自治区の範囲も徐々に広がっていたが，2001年成立のシャロン政権，および同年9月11日のアメリカ同時多発テロの影響でイスラエルのパレスティナに対する軍事圧力が強化され，和平交渉は暗礁に乗り上げた。その後04年11月にアラファトが死去し，アッバース事務局長がPLO議長に就任。05年9月にはイスラエルがガザ地区から撤退したが，06年にはハマースがガザ地区を制圧し，西岸地区のパレスティナ自治政府と袂を分かったため，パレスティナは内紛状態となっている。

台湾(中華民国)　Taiwan(Republic of China)

面積：3万6000km²　人口：2290万人　首都：台北(タイペイ)
住民：本省人(台湾出身者。内訳は客家(ハッカ)15%，閩南(ミンナン)人70%)85%，外省人(大陸出身者)13%，先住民2%
言語：国語(北京語)，台湾語，客家語
宗教：仏教，道教，キリスト教など
沿革：中国大陸の東南海上160kmに位置する共和制国家。正式名称は中華民国。台湾本島のほか，澎湖(ぼうこ)諸島，金門島，馬祖諸島などからなる。台湾本島の半分が山地。プレートの接触点にあり，地震が多い。

　元来マレー・ポリネシア系などの先住民が居住していた。17世紀にオランダ・スペイン・漢人の入植が始まり，東アジアの貿易の結節点として発展。1661年，鄭成功が台湾南部に盤踞するオランダ勢力を駆逐し，福建(ふっけん)・広東(カントン)の人々を招致して対清抗争の根拠地とした。鄭氏政権が清朝に降伏したあとは福建省の管轄下におかれた。清朝は大陸からの移住を原則禁止していたが，密航が頻発した。17世紀以降，台湾の開発が本格化し，福建への米の供給地となる。台湾の開発は南部から始まり，西側の海岸線沿いに北へ向かって進展した。また漢人が可耕地を求めて内陸に進出，先住民が山間部へと追いやられていった。また，漢人の間でも分類械闘(かいとう)と呼ばれる広東出身者と福建出身者による武力闘争が頻発した。

　1895年，日清戦争の結果，日本に割譲された。日本統治は当初，武断的であったが，政情の安定とともに文官を台湾総督とし，インフラ整備をおこなった。同時に大量の食糧を日本に供出させ，皇民化教育や創氏改名などをおこなった。また，従来通り大陸との関係は続いていた。

　1945年の日本の敗戦にともない，中華民国に接収されたが，47年に権力を有する外省人に対し不満をもつ本省人による蜂起(二・二八事件)が発生。台湾全土に戒厳令が敷かれた。49年，国共内戦に敗れた国民党は台北に遷都。87年の戒厳令解除，翌年の李登輝(りとうき)総統就任以降，民主化・自由化が進み，96年に初の直接総統選挙がおこなわれた。翌年，中国からの自立傾向を鮮明にした改憲案を採択。2000年の総統選挙では台湾の自決を訴える民進党の陳水扁(ちんすいへん)が当選し，半世紀におよぶ国民党支配は終わりを告げた。08年3月の総統選挙によって国民党の馬英九(まえいきゅう)が当選したが，政治の「台湾化」が進行している。

　1940年代以来，大陸の中華人民共和国は台湾の中華民国の主権を認めていないが，経済的には中台間の関係は緊密である。一方で，ベトナム戦争以来，アメリカとの経済的な結びつきを強めており，電子工業においては世界有数の地位を占める。

ホンコン Hong Kong Special Administrative Region of The People's Republic of China

面積：1100km²　人口：710万人　住民：漢族(98%)
言語：広東語(カントン)，英語，国語(北京語)など
宗教：仏教，道教，カトリック，プロテスタント，回教(イスラーム教)，ヒンドゥー教，シーク教，ユダヤ教など
沿革：正式名称は中華人民共和国香港特別行政区。中国広東省沿海，珠江(しゅこう)の河口の香港島，九龍(きゅうりゅう)半島および周辺の235の島を含む島嶼部からなる。香港島と九龍半島は現在，フェリー，地下鉄，トンネルで結ばれている。

　アヘン戦争後，南京条約(1842年)，北京条約(60年)により香港島と九龍半島先端部がイギリスに割譲され，残りの部分も98年にイギリスが租借した。その後，アヘン貿易，クーリー貿易の中心地として機能した。香港は19世紀末まで中国における外国貿易において重要な地位を占めたが，上海(シャンハイ)の発展，反英ボイコット運動などにより貿易地としての重要性が低下した。20世紀初頭においてはイギリスの資本投下を受け，自由貿易港として大きく発展をとげ，アジアにおける一大金融センターとなった。1941～45年までの間，日本の占領下におかれ，大きな被害を受けた。

　20世紀中頃，国共内戦を避けて香港に渡る難民が増加。同時期，上海の繊維工場などが移転してきたため，人口が急激に拡大し，これ以降，中継貿易港から加工貿易都市へ変容した。文化大革命期(1966～77年)においても，大陸から多くの難民を受け入れるが，香港の紅衛兵(こうえいへい)による大陸の文化大革命に呼応した暴動(香港暴動)も発生した。70年代末から，大陸の改革開放路線により，香港・大陸の境界にある深圳(しんせん)が経済特区に指定され，その影響を受け，高度成長が始まった。

　1982年から，中英間において香港返還交渉が開始され，84年，共同宣言に調印。97年7月1日をもって中国政府が香港の主権を回復することを決定し，その際，返還後50年は「一国二制度」の原則をもとに特別行政区として現状の資本主義制度および社会制度が維持されることが確認された。

　返還後の香港経済は広東・大陸との一体性を強めており，アジア金融危機直後にも著しい回復をみせた。その後，デフレ傾向・失業率の増加などにより低迷していたが，近年，経済は回復基調にある。他方，天安門事件の際，香港でも反対運動が発生し，以降，香港から海外への年間数万人単位の人口流出が続いたことや，2003年7月に反国家的行為・組織を禁ずる条項を含む香港基本法に反対する大規模なデモが発生したことなどに象徴されるように，経済的な結びつきとは裏腹に香港には中国政府に対する不信感がくすぶっている。

マカオ Macao Special Administrative Region of The People's Republic of China

面積：26km²　人口：50万9000人
住民：漢族95％のほか，ポルトガル人
言語：公用語は北京語とポルトガル語。日常会話の大部分は広東語(カントン)
宗教：仏教，民間信仰，カトリック，プロテスタントなど
沿革：正式名称は中華人民共和国澳門(マカオ)特別行政区。珠江の河口，香港の西南西64kmに位置する。中国広東省と陸続きの半島部と，その南のタイパ島（面積6.2km²），コロネア島（同7.6km²）からなり，それぞれ埋立地と橋で結ばれている。半島北部には中国大陸への入域ゲートがある。また，半島には7つの小高い丘があり，起伏の多い地形となっている。マカオの語源は半島部西南端にある媽閣廟(マーコック)に由来するといわれている。

16世紀初頭から東アジアに進出していたポルトガル商人が1557年頃から租借料を支払いマカオに定着し，73年からマカオには中国側の関門が設置された。マカオは中国へのキリスト教布教の基地，そして東アジア貿易の結節点として機能したが，17世紀にはいるとオランダの台頭によりマカオの東アジア海域貿易における独占的な地位は奪われた。

17世紀から19世紀初頭において，マカオは清朝の香山県(こうざん)の管理下におかれ，欧米諸国との唯一の窓口として機能した。清代において，欧米諸国からの朝貢の受入れや貿易は広州でおこなわれたが，広州では外国人の居住は禁止されていたため，欧米船はマカオに停泊し，商取引のために広州と往復していた。アヘン戦争時には中立を宣言。その後，香港に中国と欧米の貿易中継地としての地位を奪われた。1849年，ポルトガルは清朝の官吏を追放し，行政権を獲得。88年，清朝との間で「友好通商条約」を締結し，ポルトガルの行政権が法的に確立し永久占有が認められた。

1951年，ポルトガルはマカオを海外県とするが，74年のポルトガル革命により海外植民地の放棄を決定。76年から「ポルトガル行政下にある領域」となり，自治権が大幅に拡大し79年にマカオは中国の主権下にあるとされ，84年から返還交渉が開始された。87年4月，「中ポ共同声明」により，中国に99年12月20日に返還されることとなった。現在，ホンコン同様，「一国二制度」のもとで特別行政府としてマカオ基本法に基づき現行の社会制度・生活様式を50年間維持することとなっている。

19世紀後半以来，賭博業が盛んで，「東洋のモンテカルロ」と呼ばれたが，現在でも観光・カジノ産業が大きな地位を占め，積極的な誘致によって世界最大級のカジノ地域となっている。

アフリカ ──53カ国・4地域

アフリカ

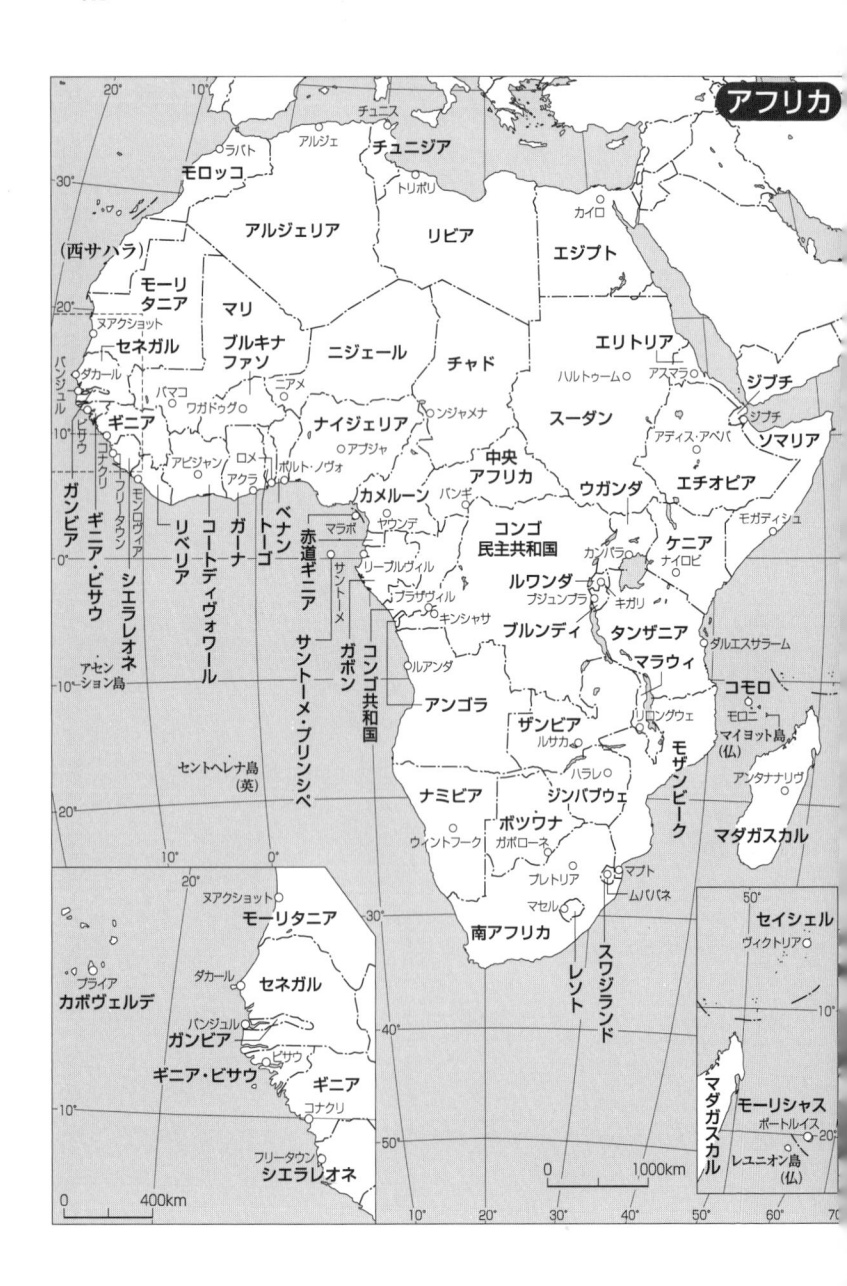

アルジェリア民主人民共和国　People's Democratic Republic of Algeria

面積：238万2000km²　人口：3340万人　首都：アルジェ
住民：アラブ人，ベルベル人
言語：公用語はアラビア語。ほかにフランス語
宗教：イスラーム教スンナ派
沿革：北アフリカ西北部の地中海南岸に位置する共和国。国土の大半が砂漠であり，地中海沿岸に面した北部一帯に人口が集中する。

　前8世紀頃に，今のチュニジアに興ったカルタゴの支配を受け，カルタゴがローマに敗れると，今度はローマの支配下にはいった。そして，5世紀にはヴァンダル王国，6世紀にはビザンツ帝国に征服された。7世紀末にはアラブの大征服を受け，先住ベルベル人のアラブ化・イスラーム化が進んだ。8世紀後半にはハワーリジュ派王朝ルスタム朝が，アルジェリア中部の都市ターハルト(ティアレ)を拠点に形成され，東のアグラブ朝，西のイドリース朝と対抗した。11～13世紀に興亡したムラービト朝，ムワッヒド朝のベルベル系王朝のもとでスンナ派信仰が浸透することとなる。その後，16世紀にはオスマン朝が進出し，マグリブ地域支配の拠点としてアルジェ州をおく。これにより現在の領域が確定した。

　1830年にフランスの植民地となり，フランス語教育とキリスト教の布教が進められた。またこの間，32年から16年間にわたってアブド・アルカーディルによる対フランス抵抗運動が展開されたが，失敗に終わった。第二次世界大戦後の1954年に独立戦争が始まり，62年に独立を勝ちとった。以後独立戦争の中心であったFLN(国民解放戦線)の主導のもと，社会主義的な国家体制が敷かれ，アフマド・ベンベッラが初代大統領に就任。しかし，権力の腐敗と経済政策の挫折からイスラーム主義勢力が台頭し，89年には複数政党制に移行，90～91年の総選挙で野党FIS(イスラーム救済戦線)が勝利，92年には軍事クーデタ勃発と，国内政治は混乱状況に陥っている。

　1992年頃からイスラーム原理主義のテロ活動が盛んとなり，国内情勢が悪化。95年に大統領に就任したゼルーアルは，テロ対策を含む内政・治安の正常化に努力し，民主化を推し進めた。そして，99年にそのあとを受けて大統領に就任したブーテフリカによって，各種改革が進められ，現在に至っている。

アンゴラ共和国　Republic of Angola

面積：124万7000km²　人口：1640万人　首都：ルアンダ
住民：オビンブンズ人，キンブンド人，バコンゴ人など
言語：公用語はポルトガル語，ただし各民族語も使用
宗教：キリスト教(カトリック60％，プロテスタント15％)が大半
沿革：南部アフリカの大西洋に面する国で，地勢は海岸線から内陸に向かって高くなり，国土の約3分の2は海抜1000～1500mの高原である。河川が多いため農業(コーヒー，綿花)に適し，また鉱産資源(ダイアモンド，鉄鉱石，飛び地カビンダの石油)も豊富である。

　1884～85年のベルリン会議によりポルトガル領となり，ポルトガル支配の初期には諸民族の抵抗が頻発したが，共和国期(1914～20年)には強制労働と同化政策を基調とする植民地政策が定着した。サラザール政権期(30～68年)には本国と植民地(海外州)との関係が強化された。しかし，60年代初めアンゴラ独立の武力闘争が起こり，全人民主義のアンゴラ解放人民運動(MPLA)と民族を基盤とするアンゴラ国民解放戦線(FNLA)とアンゴラ全面独立民族同盟(UNITA)とが対立し，東西勢力の介入を招いた。この対立は最終的にソ連・キューバが支援するMPLAが勝ち，アンゴラは75年11月に独立した。しかし，独立後もマルクス・レーニン主義を掲げるMPLA政権と南アフリカ共和国とアメリカが支援するUNITAとの内戦が続いた。79年ネト大統領が病死し，ドス・サントスが後継者となった。

　1980年代初めレーガン米政権のキューバ兵のアンゴラからの撤退を要求するリンケージ政策に対し，政府は内政干渉であると拒否した。88年のレイキャヴィーク会談後，アンゴラ和平交渉がおこなわれ，91年エストリル合意により16年間続いた内戦は終結した。国連安全保障理事会はただちに停戦，武装解除，選挙を監視する国連検証団(UNVEM)派遣を決議した。同年8月新憲法が制定され，マルクス・レーニン主義を放棄，国名もアンゴラ共和国となった。9月に大統領・国政選挙が実施されたが，UNITAは選挙不正があったとし，戦闘を再開し戦闘地域は中部・北西部に拡大した。93年初め国連が介入し，和平会議を呼びかけたが，UNITAは応ぜず，国連はUNITAに対し制裁措置を実施した。この結果，和平交渉は再開され，94年11月にルサカ合意が成立した。この合意にもかかわらず，UNITAは国民統合政府参加の条件をめぐりさまざまな要求をだし，またダイアモンド生産地を占拠し，その密売により戦闘を継続した。しかし，2002年サビンビUNITA議長の戦死によって27年間続いた内戦は終結した。この内戦で50万人以上が死亡し，多くの難民がでた。UNITAは政党となり，大統領・議会選挙実施を要求しているが実現していない。

ウガンダ共和国　Republic of Uganda

面積：24万1000km²　人口：2990万人　首都：カンパラ
住民：ガンダ，テソ，アンコーレ，トロ，ニョロ，ソガ，チガ，ギス，ランゴ，アチョリ，ルグバラなど多数の民族
言語：公用語は英語。ほかにガンダ語などの民族語，軍隊や警察で使われるスワヒリ語
宗教：キリスト教(約60%)，イスラーム教(約15%)。伝統信仰も重要
沿革：アフリカ東部の内陸部に位置し，国土の大部分は高度900m以上の台地にあり，多くの大湖に囲まれている。14世紀頃よりブニョロ・キタラ王国が栄え，17世紀頃よりブガンダ王国が台頭，アンコーレ，トロなどの王国も力をもつ。19世紀後半よりキリスト教宣教師が西欧より多く派遣され，1890年イギリスの勢力範囲とされてイギリス東アフリカ会社の統治を受けた。94年にイギリスはブガンダを保護領とし，しだいにその統治範囲を現在のウガンダ全体に広げた。1904年以後は綿栽培が導入されて小農による輸出経済の発展をみる。

　第二次世界大戦直後より民族主義運動が高まるが，ブガンダ王国とウガンダの他の地域との関係が複雑に絡み合って政党の分裂・融合を繰り返し，結局4王国に連邦の地位を与えて1962年に独立。66年ウガンダ大統領となっていたブガンダ王はオボテ首相によるクーデタにより追放されて共和制に移行。71年アミン将軍の率いる軍部クーデタで軍事政権樹立。アジア人追放問題，資産接収，人権侵害などで対外関係が悪化。79年反アミン勢力を結集したウガンダ民族解放戦線がタンザニア軍とともに国境をこして参戦。アミンを国外に追放したが，政局は定まらず内戦が続き，86年ようやくヨウェリ・ムセベニ大統領のもとで安定に向かった。94年の制憲議会選挙にあたり，伝統的な王の地位を復活させたが，それは政治参加はおこなわないという条件つきであった。95年に新憲法が制定され，96年に大統領と国会議員選挙がおこなわれたが，立候補者は政党別ではなく無所属で立つことを義務づけられた。政党の代わりに「運動(Movement)」という名の組織がつくられ，地方行政の民主化を進めた。90年代にはいってウガンダ経済は活気づき，またHIVエイズ対策が成功した例として国際的に注目された。スーダンとの国境付近で住民を襲撃する宗教ゲリラ(LRA)が長い間，北部地域を不安定化したが，2007年にLRAは停戦協定に署名した。03年になってムセベニ政権は複数政党制復活に踏み切り，05年7月に憲法改定の国民投票で成立した。06年2月の総選挙はムセベニの率いる国民抵抗運動(NRM)が国会議席の大多数を占める結果に終わり，ムセベニ自身も大統領3期目であったにもかかわらず59%の票を得て再選された。

エジプト・アラブ共和国　Arab Republic of Egypt

面積：100万1000km²　人口：7540万人　首都：カイロ
住民：アラブ人
言語：アラビア語
宗教：イスラーム教，コプト教会（キリスト教単性論派）
沿革：アフリカ大陸東北端に位置する共和国。その国土は南北に流れるナイル川の峡谷と沖積デルタによって構成され，河岸沿いに人口が集中している。

　ナイル川の氾濫がもたらす肥沃な土壌により，豊かな農業生産を誇り，巨大な文明と国家を生み出してきた。前3000年頃，メネス王が下エジプトを統一し，第1王朝が成立。前2550年頃に，ギザの地にクフ王のピラミッドをはじめ，三大ピラミッドが建設された。前1645年頃に東方よりヒクソスの侵入を受け，前525年にはアケメネス朝ペルシアの支配下にはいったが，おおむね在地の王朝が支配した。前305年にプトレマイオス朝が成立，同王朝は前30年にローマの攻撃を受け滅亡した。

　395年以降はビザンツ帝国の支配を受けていたが，641年にアラブの将軍アムル・ブン・アルアースに征服され，以後イスラーム化する。979年にチュニジアよりファーティマ朝の軍隊が到来し，アルカーヒラ（現カイロ市）を建設した。アッバース朝とその首都バグダードの衰退により，しだいにエジプトは中東イスラーム世界の政治・経済の中心地となっていった。そして，1250年にマムルーク朝が成立すると，その地位は確固たるものとなった。1517年にエジプトはオスマン朝に征服されたが，マムルークが支配層を占める社会状況は続いた。

　ナポレオン軍撃退のためにオスマン朝が派遣した将軍ムハンマド・アリーは1805年にエジプト総督の地位を獲得し，以後彼の子孫がエジプトを支配する。またこのムハンマド・アリー朝期に近代化政策を実施したが，経済破綻を招き，オラービー革命の失敗を経て，イギリスの軍事占領を受けた。その後，1922年にイギリスより独立し，52年にナセル率いる自由将校団のクーデタを経て共和制に移行。第4次中東戦争後の79年にアンワル・サーダート（サダト）大統領が単独でイスラエルと和平したことにより，一時アラブ連盟の資格を剥奪され，サダト自身も暗殺された。

　現在は彼の自由化路線を引き継いだムバーラク大統領のもと，経済改革を推進するとともに，過激なイスラーム運動を弾圧する政策をとっている。ただし，2005年の大統領選挙において5度目の当選をはたしたムバーラク大統領であるが，彼の長期政権と権力強化の動きに反発する運動も起こっている。

エチオピア連邦民主共和国　Federal Democratic Republic of Ethiopia

面積：110万4000km²　人口：7930万人　首都：アディス・アベバ

住民：中央高地のアムハラ人・ティグレ人を中心とするセム系の言語を話す住民と，クシュ語系のオロモ人が大多数。ほかにソマリ人，アファル人などクシュ語系，南西部はオモ語系やナイル語系の住民

言語：連邦議会用語はアムハラ語だが，各州ごとに異なる公用語があり，ティグレ州ではティグリニア語，アムハラ州はアムハラ語，オロミア州はオロモ語など。大学など高等教育では英語を使用

宗教：中央高地ではコプト派のエチオピア正教会(40%)，低地ではイスラーム教(45%)が主。南西部は伝統信仰

沿革：アフリカ東北部にあり，一部は紅海の海水面より低い砂漠地であるが，国土の大部分は高地にある。3000年の歴史を誇り，アクスム王国は前3世紀には存在が知られ，4世紀にはキリスト教が伝えられた。その後オロモ人の進出，豪族間の争いなどで地方分権化し，19世紀後半になって帝国としての統一化が進んだ。紅海沿岸のエリトリアはイタリアの植民地となったが，エチオピアは1896年にアドワの戦いでイタリアに勝って，独立を保った。

　1936年エチオピアはイタリアに占領されるが，41年には連合軍支持のもとに独立を取り戻した。52年に国連はエリトリアとの連邦化を決定したが62年にこれを併合。この頃よりエリトリア独立運動が内戦に発展。大規模飢饉が発生するなかで74年にはエチオピア軍部が反乱を起こし，しだいに旧支配層を排除し自ら政権を握り，ハイレ・セラシエ皇帝は追放されて75年には帝政に終止符が打たれた。軍事政権は社会主義化を宣言，土地改革など急進的な政策を推進した。

　ソ連の軍事援助を受けた政権はエリトリアの軍事平定をねらったが，逆にエリトリアに加えてティグレ人民解放戦線(TPLF)やオロモ解放戦線(OLF)が反政府闘争に立ち上がり，1991年首都を制圧し，軍部政権は崩壊した。TPLFは全国的政党としてエチオピア人民革命民主戦線(EPRDF)に発展し，暫定政権を樹立した。94年制憲議会選挙がおこなわれ，州の権限を強め国家からの分離も可能にした連邦共和制の新憲法を95年に制定。これに基づき，同年に国民議会議員と州議会議員の総選挙がおこなわれ，EPRDFが圧倒的な勝利を収めて，同党首のメレス・ゼナウィが実権をもつ首相に就任，大統領はEPRDFを支持したオロモ人民民主機構(OPDO)から選ばれた。しかしオロモの他の政党OLFは反政府運動を強め，96年にはゲリラ闘争を起こした。98年にはエリトリアとの間に国境紛争で軍事抗争を起こし，2000年に停戦した。

エリトリア国　State of Eritrea

面積：11万8000km²　人口：460万人　首都：アスマラ
住民：ティグリニア人，ティグレ人，アファル人など
言語：主要言語はティグリニア語。英語も重要で，アラビア語のほかに民族語
宗教：コプト派のキリスト教とイスラーム教がほぼ半数ずつ
沿革：アフリカ東北部の，紅海に面した細長い国。1993年5月24日にエチオピアとの長い戦闘のすえ，分離独立を達成した。エリトリアは1世紀から繁栄したことで知られるアクムス王国の領土の大きな部分を占め，4世紀にはキリスト教が広まった。王国は7世紀以降，イスラーム教徒が紅海貿易を支配するようになり衰えた。1880年代にはイタリアが紅海沿岸に進出し，89年にイタリアとエチオピア間の条約でエリトリアはイタリアの植民地となった。

　第二次世界大戦後，一時イギリスの支配下におかれたエリトリアは，1952年に国連決議のもとにエチオピアと連邦を形成したが，62年にエチオピア議会が一方的にエリトリアを帝国の1州とすることを決議し，合併された。その後，エリトリアの独立をめざすゲリラ闘争が高まり，71年に武装解放闘争の主導権を握ったエリトリア人民解放戦線(EPLF)はエチオピア軍のたび重なる猛攻を撃破，90年から近隣のエチオピア内のティグレ地方の反政府軍事闘争と連動してエチオピアの政権を倒した。93年4月エリトリアの独立を問う住民投票が国連監視下に実施され，圧倒的賛成により同年5月24日に独立を達成した。現在EPLFは，民主主義と正義のための人民戦線(PFDJ)と名を変えている。大統領には，EPLFの書記長であったイサイアス・アフェウェルキが選出された。97年には新憲法案を制定するための議会が召集され，地域代表なども加わり，全員一致で新憲法を可決した。

　しかし1998年にエチオピアとの国境紛争が始まり，その制定は延期され，国会議員選挙も延期された。2003年になって，地方議会の選挙はおこなわれた。エチオピアとの関係が悪化したのは，エリトリアが1997年末，それまでエチオピアの通貨を使用していたのをやめ，独自の通貨ナクファを導入したことに始まった。98年5月には国境線の主張の違いから双方の軍隊が相手方の領土に侵入する事態が起きた。両国間の停戦と国境調停に動いたのはアフリカ統一機構(OAU)で，2000年6月になって両国代表はOAU作成による平和協定議定書に署名，同時に国連軍が平和維持のため，国境付近で停戦監視をおこなうことに同意した。

ガーナ共和国　Republic of Ghana

面積：23万9000km²　人口：2300万人　首都：アクラ
住民：アカン人(50％)，モシ人(15％)，エウェ人(10％)など
言語：公用語は英語。アシャンティ語，ファンティ語なども使用
宗教：キリスト教(65％)，イスラーム教(約15％)
沿革：南は大西洋に面し，東はトーゴ，西はコートディヴォワール，北はブルキナファソに接している。

　中央部ではアシャンティ王国が18世紀頃栄えていたが，海岸部には15世紀にポルトガル人が進出し，ヨーロッパ諸国の商人が金，のちには奴隷を求めて貿易基地を建設した。19世紀に，イギリスとアシャンティとはしばしば交戦し，1874年に海岸部がイギリス植民地とされ，アシャンティは1900年に敗退し，02年に現在のガーナ全域が植民地・保護領となった。民族運動は19世紀末に始まるが，第二次世界大戦期まではエリート層に限られた。

　1947年に統一ゴールドコースト会議(UGCC)が，さらに49年エンクルマ指導の会議人民党(CPP)が組織され，大衆的基盤をもった民族運動が誕生した。57年3月6日に独立を達成し，エンクルマは社会主義とパン・アフリカ主義を基調として国家建設を進めたが，66年2月，クーデタによってエンクルマ体制は崩壊した。その後，ブシアとリマンによる民政の時期が短期間挟まれ，81年12月にローリングスによるクーデタで，軍部支配が継続した。92年10・12月の大統領・議会選挙では，ローリングスと国民民主会議(NDC)が勝ち，93年1月に民政に移行した。

　1996年12月の複数政党のもとでの大統領選挙において，ローリングスが勝利し，97年1月に再任をはたした。2000年12月の大統領選挙では，3選を禁止する憲法条項から，ローリングスは出馬せず，汚職の蔓延などローリングス長期政権の弊害を露呈し，野党親愛国党(NPP)のクフォーが当選した。01年，クフォーが大統領に就任し，独立以来はじめてクーデタでなく，選挙によって与野党の間で政権が交代した。04年の大統領選挙では，クフォーが勝利し，05年1月，再任をはたした。1983年から対外債務の繰延べのため，IMFと世界銀行の勧告する構造調整策を実施したものの，モノカルチャー経済から脱出できず，2001年には重債務貧困国に認定され，債務そのものの帳消しを申請せざるをえなくなった。

カボヴェルデ共和国　Republic of Cabo Verde

面積：4000km²　人口：50万人　首都：プライア
住民：ポルトガル人とアフリカ人の混血(70%)，アフリカ人(30%)
言語：公用語はポルトガル語。一般にはポルトガル語と民族語が混交したクレオール語
宗教：大部分がローマ・カトリック
沿革：アフリカ大陸の西端にあるセネガルの西北西620kmの大西洋上にあり，10島，5小島によって構成されている。

　カボヴェルデ諸島は1460年にポルトガル人ディオ・ゴメスによって発見され，62年に植民が始まり，1587年にはポルトガル領になった。ヨーロッパとアメリカとを結ぶ航路の中継地として重要であった。1956年にはギニア＝カボヴェルデ独立アフリカ党(PAIGC)が結成されて，両地域の独立・統合を求めて，独立運動が進められ，75年7月5日に独立した。80年11月，ギニア・ビサウとの統合計画が挫折，PAIGCはカボヴェルデ独立党(PAICV)と改称した。ペレイラ大統領・PAICV政権は，91年1月13日の議会選挙で「民主主義のための運動(MPD)」に，2月17日の大統領選挙でアントニオ・マスカレナス・モンテイロに破れ，複数政党制に移行した。

　1996年2月の大統領選挙でもモンテイロが再選された。2001年2月の大統領選では，PAICVのピレス候補が勝利し，1991年以来野党にとどまっていた同党が与党へと復帰した。2006年の大統領選でもピレス候補は政党MPDのベイガ候補を51%対49%で破り勝利した。07年においても同国は，観光収入と島民人口を上回るアメリカを中心に海外に居住しているカボヴェルデ出身者の本国送金に大きく依存し，最貧国でないものの，ヨーロッパ諸国や日本からの援助に頼る低所得国にとどまった。

ガボン共和国　Gabonese Republic

面積：26万8000km²　人口：140万人　首都：リーブルヴィル
住民：ファン人，エシラ人，アドゥマ人，オカンデ人などが主要民族集団
言語：公用語はフランス語。ほかにバンツー系諸語を広く使用，とくに北部ではファン語が広く通用
宗教：キリスト教が過半数(カトリックの比率が高い)，その他は少数のイスラーム教を除き，ほとんどが伝統信仰
沿革：赤道直下に位置する小国で西は大西洋に面し，北はカメルーン・赤道ギニア，北東から東さらに南東にかけてコンゴ共和国と国境を接する。国土の大部分は熱帯雨林に覆われ，木材・石油を多く産出するサブサハラ(サハラ砂漠より南の地域)有数の天然資源国。

　15世紀後半以降ポルトガルが進出し，奴隷貿易や通商活動をおこない，オランダ，イギリスがこれに続いた。19世紀にはいって奴隷貿易が衰退するとフランスの進出が目立ち始め，1890年にはフランス領コンゴの一部となった。1903年に分離されて別個の植民地となり，10年にはウバンギ・シャリ(現中央アフリカ共和国)，中央コンゴ，チャドとともにフランス領赤道アフリカを形成して，その1州となった。第二次世界大戦後の58年11月にフランス共同体内の自治共和国となり，60年8月には共和国として完全独立を達成した。独立初期にはガボン民主ブロック(BDG)を中心とする複数政党制のもとで政情不安が続いたが，フランスの政治的・軍事的テコ入れによって政権の維持が図られ，67年には事実上BDGの一党体制となった。この間，石油，ウランなどの鉱物資源の開発が進み，政権の基盤はしだいに安定していった。68年にはボンゴ大統領のもとでBDGの後継政党であるコンゴ民主党(PDG)の憲法上の一党体制が確立した。ポスト冷戦時代の到来とともに民主化の波が押し寄せると，90年初めには労働者や学生などのデモが続発した。

　こうした状況下で，各界代表約2000人からなる国民会議が民主化プロセスを策定することとなり，ボンゴ大統領もこれを承認した。その結果，1990年9月には複数政党制への移行を定めた憲法修正がおこなわれ，同年10月から91年3月にかけての国民議会選挙によりPDGが過半数を制したものの，他の6政党も議席を獲得して，文字通りの複数政党制となった。しかし政局は安定せず，93年の大統領選挙ではボンゴが5選されたものの得票率はわずか51％であった。98年以降ボンゴ政権は再び支持率を高め，同年末の大統領選挙では66％の得票を得て6選，2005年には7選をはたした。また01年，06年の国民議会選挙でも与党PDGが圧勝したが，政局の安定にまでは至っていない。

カメルーン共和国　Republic of Cameroon

面積：47万5000km²　人口：1660万人　首都：ヤウンデ
住民：エウォンド人，ファン人(南部)，バミレケ人，バムン人，ブーム人，フルベ(フラニ)人(北部)
言語：フランス語，英語(ともに公用語)。ほかにバミレケ語(南部)，フルベ語(北部)など
宗教：キリスト教(主にカトリック)が沿岸部を中心に約半数，イスラーム教が北部を中心に約2割，その他が伝統信仰
沿革：ギニア湾に面し，北はチャド，東は中央アフリカ共和国，東から東南部にかけてコンゴ共和国，西はナイジェリア，南は赤道ギニア，ガボンに接する。北部のチャド湖に接する地域はかつてカネム・ボルヌ王国の版図に含まれていた。

　15世紀以降ポルトガル人が沿岸地域に進出して奴隷貿易その他の通商活動に従事し始め，ついでオランダ・イギリスの進出もみられたが，ともに通商活動やキリスト教の布教活動にとどまった。1884年ドイツの探検家ナハティガルが政府の命を受けてこの地域の諸部族首長と保護条約を結んだ結果ドイツの保護領となったが，第一次世界大戦でのドイツの敗北により，1922年に東カメルーンはフランスの，西カメルーンはイギリスの委任統治領となった。60年1月東カメルーンが独立，西カメルーンも61年の住民投票の結果，北部がナイジェリアと合併し，南部は独立と同時に東カメルーンと合体して連邦共和国を形成した。

　連邦の初代大統領は東カメルーンから，副大統領は西カメルーンから選ばれたほか，国民議会の議席配分も東の40に対して西は10と，面積，人口の違いを反映して東部優位であった。連邦はその後しだいに形骸化し，中央政府が地方に対して強い権限を行使しうる方向で制度改革が進められた。さらに1966年にはカメルーン民族同盟(UNC)の一党体制が確立するなど，独立以来のアヒジョ政権の基盤が強化されていった。結局72年に連邦制は廃止されて単一共和国となり，その後，国名もカメルーン共和国となった。アヒジョは80年の5選後，82年に辞任し，ビヤ首相が大統領に就任した。自身キリスト教徒であるビヤは，アヒジョ時代に政治の中枢部への進出が目立ったイスラーム勢力をしだいに排除して，南部のキリスト教勢力で周辺を固めたため北部が激しく反発し，反政府活動も活発化した。世界的な民主化の90年代にはいると複数政党制へ移行したが，ビヤ政権はいぜん強固でビヤ自身は2004年に6選された。与党のカメルーン人民民主連合(RDPC)も01年，06年の国民議会選挙で圧勝した。しかし英語圏(西部)の独立を推進する勢力も活発化しており，政情は不安定である。

ガンビア共和国　Republic of The Gambia

面積：1万1000km²　人口：160万人　首都：バンジュル
住民：マンディンゴ人(40%)，フラニ人(15%)，ウォロフ人(15%)など
言語：公用語は英語。一般にはマンデ語，フラニ語などの主要民族語
宗教：イスラーム教(60%)，キリスト教(5%)
沿革：アフリカ大陸の西端，西は大西洋に面し，東・南・北はいずれもセネガルに囲まれ，ガンビア川にそって東西に細長く伸びる。大部分がサバンナ地帯。

　15世紀にポルトガル人が訪れ，16世紀後半にイギリス人が交易のために進出，ついでフランス人も進出したが，1843年にセントマリー島がイギリス領となり，89年に現在のガンビア全域がイギリスの支配下にはいった。

　独立運動は，マンディンゴ人を基盤とする人民進歩党(PPP)，ウォロフ族の統一党(UP)とによって進められ，1965年2月18日に独立し，PPPのジャワラが首相に就任した。70年4月に共和制に移行し，ジャワラが初代大統領となった。81年7月，ジャワラ大統領不在中にクーデタが発生したが，防衛協定に基づいてセネガル軍が介入して鎮圧した。この事件によって，セネガルとの合邦計画が進展し，82年2月にセネガンビア国家連合が誕生したが，成果がなく，89年9月に解体した。91年1月に両国間に友好協力協定が結ばれた。92年4月にはジャワラ大統領が6選された。

　1994年7月にジャメ中尉による軍事クーデタが成功し，ジャワラ大統領は隣国セネガルに亡命した。一応民主化を確約したジャメ軍事政権は，96年の大統領選で勝利し，以来，クーデタ未遂事件はあったものの野党や言論界を弾圧し，2006年9月の大統領選で3選をはたした。長らく実質的権威体制を敷いたジャメ大統領は，エイズを自らの手で治癒すると国民に宣言するなど奇異な行動が目立った。

ギニア共和国　Republic of Guinea

面積：24万6000km²　人口：960万人　首都：コナクリ
住民：マリンケ人(35%)，フラニ人(35%)が主要民族集団
言語：公用語はフランス語。ほかにマリンケ語，スス語
宗教：イスラーム教が85%を占め，キリスト教は1%のみ
沿革：北はギニア・ビサウとセネガルに，東はマリとコートディヴォワールに，南はリベリアとシエラレオネに接し，西は大西洋に面する。南部は熱帯雨林地帯，北部はサバンナ地帯。

　19世紀後半にはサモリ・トゥレがこの地域を支配し，フランスの侵略に激しく抵抗したが，1881年にはフタ・ジャロン地区がフランスの保護領となり，95年にはフランス領西アフリカにギニアとして組み込まれた。民族運動は，セクー・トゥレのギニア民主党(PDG)によって進められ，1958年9月，ドゴール憲法に反対し，10月2日に独立を達成した。フランスの報復的措置に対し東欧諸国に接近し，「社会主義」による建設を図った。78年11月に国名をギニア人民共和国と改称し，一党体制を整備した。84年3月，セクー・トゥレの死後，4月3日にコンテ大佐によるクーデタが起こり，憲法を停止し，国名をギニア共和国に変更した。ランサナ・コンテ大統領は経済の再建を図り，89年10月民政移管・複数政党を含んだ移行計画が示され，92年4月3日複数政党制が合法化された。93年12月19日の大統領選挙ではランサナ・コンテが当選した。

　1996年には兵士による待遇改善デモが暴力化し，クーデタにまで発展したが，コンテは未遂に終わらせた。以降，兵士の反乱は周期的に生じ，そのたびに政府と交渉するというパターンが定着した。コンテは98年の大統領選挙で再選され，さらに，2003年に野党を弾圧するなかで3選をはたした。コンテは健康が優れず，大統領としての執務をはたせないにもかかわらず辞任しようとしなかったため，政局は混乱した。07年初頭には大規模な生活改善を求めるゼネストにみまわれ，治安部隊による介入で多くの死傷者をだした。2月には10日にわたり戒厳令が敷かれた。07年に顕著となった食糧と燃料の値上げは，都市住民の不満をさらに高め，08年には07年3月以来のクヤテ首相が更迭され，スアレが新首相に任命されたが，政局は大統領の健康状態が悪化するなかで極めて不安定のままである。

ギニア・ビサウ共和国　Republic of Guinea-Bissau

面積：3万6000km²　人口：160万人　首都：ビサウ
住民：バランテ人(30%)，フラニ人(20%)，マンディヤコ人(15%)など
言語：公用語はポルトガル語。一般にはポルトガル語と民族語が混交したクレオール語
宗教：伝統信仰(65%)，イスラーム教(30%)，キリスト教(5%)
沿革：アフリカ大陸西端部。北はセネガル，東・南はギニアに接し，西は大西洋に面しており，大部分がサヘル・サバンナ地帯に属する。

　15世紀半ばにポルトガル人が渡来し，1879年にポルトガル植民地になり，86年5月のフランスとの協定によって国境を確定した。ポルトガル領の植民地支配に対する反対運動は1950年代後半に始まり，63年にはギニア＝カボヴェルデ独立アフリカ党(PAIGC)による武装闘争が始まった。PAIGCは70年代初頭に大半の地域を解放区として，73年9月24日に独立した。

　PAIGCは，カボヴェルデとの統合を目標としていたが，1980年11月14日のヴィエイラによるクーデタによって，ルイス・カブラル政権は倒れ，統合計画は破棄された。ヴィエイラ大統領は91年5月に新憲法を制定し，複数政党制が導入された。94年の大統領選では，ヴィエイラが選出された。98年には，隣国セネガル南部のカザマンス地方での独立運動組織に武器を横流ししたかどで解任された元国軍参謀長マネが反乱を起こし，圧倒的軍事力で首都を包囲した。西アフリカ諸国経済共同体(ECOWAS)による停戦監視団のもとで，99年ヴィエイラが亡命し，同年末から2000年1月に大統領選挙が2回にわたり開催され，ヤラが大統領に選出されるが，03年のクーデタで辞任した。暫定政権のもとで，04年から05年にかけて議会選挙と大統領選挙が実施され，ヴィエイラが再び大統領に就任した。長びく政情不安定で，国内経済網は崩壊し，コロンビアなどからの麻薬中継基地となるなど，最貧国であり，破綻国家に近い状態ともなった。

ケニア共和国　Republic of Kenya

面積：58万km²　人口：3510万人　首都：ナイロビ
住民：キクユ，ルオ，ルヒア，カンバ，メル，グシイ，カレンジン，マサイ，ボラン，ソマリなど主要民族のほか，多数の民族
言語：英語，スワヒリ語（ともに公用語）。各民族もそれぞれの言語を使用
宗教：キリスト教が最も重要であるが，沿岸部はイスラーム教。伝統信仰も根強い
沿革：アフリカ東部にありインド洋に面する。中央部は高原で赤道直下にありながら冷涼な気候。内陸地域には長い間狩猟民・農耕民が住み小規模の社会組織が数多く存在したが，17世紀頃より牧畜民の拡張が始まった。同時期にオマーン・アラブが沿岸部を支配，1886年ドイツとの協定によりイギリスの勢力範囲とされ，95年東アフリカ保護領となった。1902年モンバサよりキスムまで鉄道開通。白人入植を奨励して，中央高地の大部分がヨーロッパ人入植者保有地となった。20年ケニア植民地（沿岸部は保護領）となったが，この頃より民族主義運動が盛んになり，さらにインド人移民の政治運動も盛んになった。52年「マウマウ」の反乱が始まり，激しい武力抗争のすえ，イギリス軍の出動で鎮圧されるが，民族主義運動は著しい進展をみて，ヨーロッパ人入植者の政治勢力は破られた。

　ジョモ・ケニヤッタに率いられたアフリカ人多数政党のもとに1963年独立達成，政府の指導下に市場経済に基づく工業化を推進した。82年与党のケニア・アフリカ人民族同盟(KANU)は法制上の一党制を導入して政権の権力集中を図ったが，大統領ダニエル・アラップ・モイの強権的な政治に反対する勢力が複数政党制の復活を要求，西欧援助国の援助停止もあり，91年末複数政党制に踏み切った。

　1992年，総選挙を控えて政権担当の期待の高まっていた主要野党の「民主回復フォーラム」が内部分裂し，これに助けられたモイ大統領が再選され，97年の総選挙でも同様の結果に終わった。経済汚職疑惑を払拭できないケニアに対し，IMFや世界銀行は援助を凍結し，経済状況は著しく低迷した。政界再編の動きは活発化し，KANU内部で分裂が起こり，2002年の総選挙を前に，野党の「虹の連合」が実現し，統一大統領候補を立て，選挙で勝利してムワイ・キバキが大統領となった。しかし首相職を新設する新憲法案に大統領派は抵抗，手直しされた新憲法案は05年に国民投票に付されたが否決された。07年12月の総選挙では，キバキとその反対派のオディンガが争い，僅差でキバキが勝ったと発表されたが，反対派は選挙の不正を主張し，市民の暴動に発展，元国連事務総長コフィ・アナンの仲介で，オディンガを首相とする両者の連立内閣が発足した。

コートディヴォワール共和国　Republic of Côte d'Ivoire

面積：32万2000km²　人口：1850万人　首都：アビジャン
住民：バウレ人(25%)，ベテ人(20%)，セヌフォ人(15%)が主要民族集団
言語：公用語はフランス語。バウレ語などのほか，ジュラ語を商用語として使用
宗教：イスラーム教20%，キリスト教20%(ローマ・カトリック15%，プロテスタント5%)
沿革：南は大西洋ギニア湾に面し，東はガーナ，西はギニアとリベリアに接し，北はブルキナ・ファソとマリに接する。

　19世紀末，フランスが内陸部に侵攻し始め，1893年に全地域の植民地化を宣言し，98年に全土がフランスに制圧された。民族独立運動は，ウーフェ・ボアニが組織したコートディヴォワール民主党(PDCI)によって進められ，1960年8月7日に独立を達成した。

　独立以後，ウーフェ・ボアニ大統領・PDCIの一党制支配が続き，1990年10～11月の選挙は複数政党制のもとに実施され，大統領は7選，PDCIが圧勝した。93年12月7日ウーフェ・ボアニが死亡，国会議長コナン・ベディエが暫定大統領として就任した。95年の選挙で正式に大統領となったが，ボワニ時代の利益誘導型バラマキ政治から脱出できず，97年末にコートディヴォワール独立以来はじめてのクーデタがゲイ元参謀総長によって成功を収めた。同クーデタは野党も受け入れたが，2000年の選挙では，開票をめぐり大規模な反ゲイ政権デモが展開され，ゲイは失脚し，野党コートディヴォワール人民党(FPI)のバグボが大統領に就任した。以降，クーデタ未遂など政情不安は続き，02年，一部の国軍の反乱で，同国は南部の政府軍地域と北部の反乱軍地域と支配地域が分断された。04年には国連のPKOも派遣され，たび重なる和平合意のやり直しのすえ，07年3月にはブルキナファソのワガデゥで，中断してきた大統領選挙と総選挙を実施するまでの暫定政権発足に合意し，一応持続的和平への道が開かれた。

コモロ連合　Union of Comoros

面積：2000km²　人口：80万人(マイヨット島を除く)　首都：モロニ
住民：アフリカ人，アラブ人，マレー人，マダガスカル人
言語：コモロ語，アラビア語，フランス語
宗教：大半はイスラーム教スンナ派
沿革：モザンビークとマダガスカルの間のモザンビーク海峡の北に散在する島嶼で，主な島はンジャジジャ(グランド・コモロ)，ムワリ(モヘリ)，ンスワニ(アンジュアン)，マホレ(マイヨット)の4島。農業はサトウキビ，バニラ，サイザル麻栽培のほか，観光が主産業。

　1843年フランスはマイヨットを保護領化し，86年には残り3島も保護領化した。1912年にはフランス植民地マダガスカルの行政区に編入された。第二次世界大戦中，イギリスが一時海軍基地として占領したが，戦後フランスに返還された。58年コモロは国民投票でフランス共同体内の自治領となった。73年から独立交渉がおこなわれ，マイヨット島を除き，残り3島は75年7月，アブダラー大統領のもとに独立した。独立直後の8月，野党連合国民戦線がクーデタを起こし，党首ソイリが大統領に就任した。78年，ソイリはフランス人傭兵のクーデタで暗殺され，アブダラーが復帰した。そして同年10月の国民投票で，コモロ4島からなるイスラーム連邦共和国となった。アブダラー政権はイスラーム化政策を推進したが，同時に最大の島グランド・コモロ中心主義をとった。

　1989年，南アフリカ人傭兵部隊により大統領は暗殺され，90年ジョハルが大統領に就任した。92年新憲法が採択され，96年大統領選挙が実施され，新大統領にタキが就任した。翌97年グランド・コモロ島中心主義に反対するアンジュアン島，モヘリ島の分離運動が起こり，2島はフランス領への復帰か分離を要求した。これに対し，フランスは復帰を拒否しその解決をアフリカ統一機構(OAU)に委ねた。OAUは2島の自治権拡大，予算配分の公正化を提示した。2島では住民投票がおこなわれ同年8月一方的に独立を宣言した。98年11月タキ大統領が急死し，99年には軍がクーデタを起こし，憲法を停止しアザリ大佐が政権を掌握した。大佐は2000年4月に文民政権移管を発表したが遅れ，01年2月，OAUの調停のもとに新憲法採択の国民投票が実施された。コモロでは独立以来軍事クーデタが頻発してきたが，06年5月大統領選挙が実施され，モハメッド・サンビが新大統領に就任した。

コンゴ共和国　Republic of Congo

面積：34万2000km²　人口：410万人　首都：ブラザヴィル
住民：コンゴ人, テケ人, ムボチ人など
言語：公用語はフランス語。ほかにリンガラ語, コンゴ語など
宗教：キリスト教が約半数, イスラーム教がごく少数, その他が伝統信仰
沿革：コンゴ民主共和国(旧ザイール)とガボンに東西を挟まれて南北に長く伸びる国土をもち, 南西部が大西洋に面している。かつてはその南部がコンゴ王国やロアンゴ王国の版図に含まれていたが, これらの王国は17世紀までに衰徴した。

　15世紀末にポルトガル, 17世紀にはフランスが進出して奴隷貿易や象牙の取引に従事した。19世紀末にフランス政府はド・ブラザを派遣してガボンのオゴウェ川流域およびコンゴを支配下に収め, 1884～85年のベルリン会議の結果この地域に対するフランスの領有権が欧米列強によって認められた。1910年フランス領赤道アフリカが編成されると, コンゴはその1州となった。第二次世界大戦後の58年11月にフランス共同体内の自治共和国となり, 60年8月にはコンゴ共和国として完全独立を達成した。独立後数年はユールー大統領のもとで親仏路線が続いたが, 60年代半ば近くからマサンバ・デバ大統領のもとで科学的社会主義路線への転換がおこなわれ, 労働組合と軍部左派を主柱とする革命国民運動(MNR)の一党体制が打ち立てられた。しかし政権は不安定で暗殺, 解任などによる政権の交代が頻繁に起こった。この間69年には新たにコンゴ労働党(PCT)の一党体制が確立し, 70年には国名がコンゴ人民共和国へと変更された。

　ポスト冷戦時代にはいると民主化プロセスが進み始め, 1991年には国名がコンゴ共和国に変更された。92年には複数政党制などを盛り込んだ新憲法が採択され, 同年の国民議会選挙では社会発展パン・アフリカ連合(UPADS)が勝利し, PCTは第3党にとどまった。大統領選挙でもUPADSのリスバが当選したが, その後の政情は不安定で, リスバ派民兵組織(コヨーテ)と前大統領のサスヌゲソ派民兵組織(コブラ)の武力衝突が繰り返され, コレラ前首相派民兵組織(ニンジャ)も絡んで内戦状態にまで発展した。97年10月にサスヌゲソ派が首都を制圧し, サスヌゲソ大統領の国民統一政府が発足したが, 国家再建は容易でない。2002年に新憲法が施行され, 約10年ぶりの大統領選挙でサスヌゲソが再選され, ニンジャも停戦に合意し, 07年の国民議会選挙でPCTなど与党が圧勝したことから, 政局の安定に向けて曙光がみえてきた。

コンゴ民主共和国　The Democratic Republic of the Congo

面積：234万5000km²　人口：5930万人　首都：キンシャサ
住民：コンゴ人，ルバ人，モンゴ人，ルンダ人その他200以上の民族集団
言語：公用語はフランス語。ほかにコンゴ語，リンガラ語，スワヒリ語，ルバ語など
宗教：キリスト教が約7割(大部分はカトリック)，イスラーム教は1割前後，その他は伝統信仰
沿革：中部アフリカの南部に位置するその国土はアフリカ第3位の広さをもち，コンゴ盆地の大部分を占める。コンゴ川河口付近でわずかに大西洋に面し，コンゴ共和国・中央アフリカ・スーダン・ウガンダ・ルワンダ・ブルンディ・タンザニア・ザンビア・アンゴラの9カ国と国境を接する。

　古くはコンゴ川河口周辺部にコンゴ王国が栄えたが，15世紀末にポルトガルが進出して奴隷貿易を開始し，同王国は衰退した。19世紀末著名な探検家スタンレーがレオポルド2世の命を受けてこの地域の首長たちと一連の保護条約を結び，1884～85年のベルリン会議を経て，レオポルド2世の私有植民地「コンゴ自由国」となり，1908年に移管されてベルギー植民地となった。コンゴ自由国時代の苛斂誅求ぶりは想像を絶し，国際的な非難をあびた。60年6月に独立したが，その直後から2度の大動乱を経験した。65年11月のクーデタでモブツ将軍が政権を握り，国名をザイール共和国へと変更するとともに革命人民運動(MPR)の一党体制と「真正」イデオロギーを基礎に，政治・経済・社会・文化全般にわたり「真にザイール的なもの」の回復をめざす独特の国造りに着手した。このザイール化政策は，第1次石油ショックや主要産品である銅の国際価格の下落などのために挫折した。

　1990年代の民主化の時代にはいると一党体制は放棄されるが，モブツ自身は任期満了後も大統領職を手放さず，民主化は遅々として進まなかった。97年コンゴ・ザイール解放民主勢力連合(AFDL)が首都を制圧し，ローラン・カビラAFDL議長が政権を握った。カビラは国名をコンゴ民主共和国へと戻し，民主化の日程を発表したが，しだいに独裁色を強めたため98年にトゥッチ人系バニャムレンゲなどのコンゴ民主連合(RDC)による武力攻撃を受け，周辺諸国も武力介入をおこなって「アフリカ大戦」と呼ばれた。2001年カビラは暗殺されるが，息子のジョセフ・カビラ新大統領のもとで02年に和平が実現し，03年カビラ大統領と各派の閣僚からなる暫定政府が発足した。06年後半には初の民主選挙が実施され，決選投票で勝利したカビラが大統領に就任した。しかし北東部イトゥリの民族紛争など，不安定要因はつきない。

サントーメ・プリンシペ民主共和国 Democratic Republic of Sao Tome and Principe

面積：960km²　人口：14万人　首都：サントーメ
住民：ギニア湾沿岸部，アンゴラ，モザンビーク，カボヴェルデなどから移入した奴隷の子孫や，その後移住してきた労働者など
言語：公用語はポルトガル語，ほかにクレオール語
宗教：キリスト教が大半(ほとんどがカトリック)
沿革：ギニア湾の沖合に位置するサントーメ島とプリンシペ島を中心とする群島国家。アフリカ圏では，面積・人口ともにセイシェルについで2番目の小国である。

　1470年代にポルトガル人がサントーメ島に渡来し，コンゴ王国やベニン王国と交易をおこなう一方，ガボンやその他のギニア湾沿岸諸地域から強制的に移住させたアフリカ人の労働力を使ってサトウキビの栽培をおこなった。16世紀以降奴隷貿易が盛んになると，サントーメ島はその一大中継地となった。19世紀にはいって奴隷貿易が衰退すると，砂糖，カカオ，コプラなどの生産に一層力が投入された。第二次世界大戦後アフリカにも解放運動が高まると，1960年にサントーメ・プリンシペ解放委員会(CLSTP, のちサントーメ・プリンシペ解放運動〈MLSTP〉と改称)が設立され，解放をめざして活動を開始した。74年に宗主国ポルトガルでファシズム政権が倒れると，翌75年7月に独立を達成し，ダ・コスタ大統領のもとでMLSTPの一党体制による国家建設が開始された。しかし経済の悪化から政治的不安定が深刻化し，78年以降は駐留アンゴラ軍によってダ・コスタ政権が維持される事態となった。

　1980年代半ば以降は経済の立直しのため西側諸国に接近し，冷戦終結後の90年には複数政党制の導入，死刑廃止，人権保障，大統領多選制限規定を含む新憲法の採択・施行など，民主化が進行した。91年1月の国民議会選挙では，旧唯一政党サントーメ・プリンシペ解放運動＝民主社会党(MLSTP-PSD, 前年に改称)が惨敗し，民主合同党(PCD)が第1党となり，続く大統領選挙でもPCDの支持するトロヴォアダ元首相が当選した。しかしトロヴォアダ政権は世界銀行の指導下に構造調整政策を導入し，耐乏生活を継続したため国民の不満が増大した。この結果94年の国民議会選挙ではMLSTP-PSDが第1党に返り咲いた。同党は98年，2002年と国民議会選挙に勝利し，内閣の中枢を占めた。なお01年に大統領にはトロヴォアダ系のデ・メネゼスが選出され，ねじれ現象となった。06年の国民議会選挙では与党が第1党となったがねじれ現象は解消せず，苦しい議会運営が続いている。なお同年の大統領選挙ではデ・メネゼスが再選された。

ザンビア共和国　Republic of Zambia

面積：75万3000km²　人口：1190万人　首都：ルサカ
住民：主要民族としてベンバ，マラビ，トンガ，バロツェ
言語：公用語は英語
宗教：キリスト教が約半数で，残りが伝統信仰
沿革：南部アフリカの北辺である内陸国で全土が海抜1000～1300mの高原で，中央部の産銅地帯は世界第2位の産出量をもつ。輸出の90％以上は銅が占める。

19世紀末，特許会社イギリス南アフリカ会社がロジ王国のレワニカから鉱業採掘権を得て会社の支配が始まったが，1924年イギリス直轄植民地へ移行した。25年銅鉱脈が発見され，南アフリカ共和国資本とアメリカ資本がその開発にあたった。この銅資源を目的に南ローデシアは北ローデシアとニヤサランドを合わせローデシア・ニヤサランド連邦を53年結成した。統一民族独立党(UNIP)のカウンダはこの連邦に反対し，63年末連邦は解体し，翌64年10月，北ローデシアは独立してザンビア共和国となった。独立後カウンダ大統領はヒューマニズム社会主義を標榜し，銅鉱業を含む主要産業の国有化をおこなった。さらに憲法改正をおこない，73年UNIP一党制とした。75年の銅価格の暴落により経済危機に陥り，この危機を打開するため85年，IMF，世界銀行の構造調整計画を受け入れた。

一方，一党制下での政治的腐敗は国民の不満を高め，反政府勢力は1990年複数政党制民主主義運動(MMD，チルバ党首)を結成した。91年10月大統領および議会選挙が実施され，チルバが圧勝，議会選挙でもMMDが勝ち，独立後続いたUNIP一党制は崩壊した。しかし，チルバ政権の政治運営のまずさから党内外から批判が起こり，いったん政界からの引退を表明したカウンダは96年の大統領選挙に再出馬すると表明したため，チルバは憲法を改正してそれを阻止した。96年，チルバは再選された。翌97年クーデタ未遂事件が起こり，カウンダがこれに関与していたとされ自宅拘禁となった。この措置に対し，国際社会は援助の削減や停止をおこないザンビアの民主化をうながした。一方，MMD内部，とくに閣僚を含む議員の麻薬，汚職が国民の非難をあびた。2001年12月に大統領および議会選挙がおこなわれ，MMDの擁立したムワナワサ(前副大統領)が当選，麻薬，汚職一掃に積極的に取り組み，外資導入政策など経済再建を図った。06年の大統領選挙を控え，野党3党は合同して連合民主党(UDA)を結成，マゾカを立候補させたが，マゾカの急死で混乱し，ムワナワサが再選された。議会選挙でも与党MMDが勝利した。

シエラレオネ共和国　Republic of Sierra Leone

面積：7万2000km²　人口：570万人　首都：フリータウン
住民：メンデ人(35%)，テムネ人(30%)など
言語：公用語は英語。ほかに主要民族語，クレオ語(英語との混交語)
宗教：イスラーム教(40%)，キリスト教(10%)
沿革：大西洋に面し，北はギニアに，南はリベリアに接する。海岸地帯は熱帯雨林地帯。17世紀には奴隷貿易の中心であったが，1787年にアメリカの解放奴隷が移住してフリータウンを建設し，1808年にフリータウンはイギリスの植民地となり，奴隷貿易阻止のためのイギリス海軍基地となった。96年にイギリスは内陸部を保護領とした。

　民族運動は最初，フリータウンに居住するクレオール・エリート層によって始められ，第二次世界大戦後に内陸部を保護領に拡大し，1961年4月27日独立。78年6月，シアカ・スティーヴンスの率いる全人民会議(APC)の支配する一党制国家に移行した。85年11月にモモ少将が大統領に就任した。91年には民主化要求に応えて，複数政党制を含む憲法改正案を採択した。しかし92年4月，軍人クーデタが起こり，国家暫定評議会議長にストラッサー大尉が就任したが，96年1月のビオ准将によるさらなる無血クーデタを経て，同年2月に大統領選挙を実施した。カバが大統領として選出されたものの，97年5月にやはり軍事クーデタで追放された。98年，西アフリカ諸国経済共同体(ECOWAS)の監視団が軍事介入し，クーデタによる政権を排除し，カバ大統領を復帰させた。以降，国連のPKOやECOWASの支援で，2000年11月，政府とダイアモンド生産地域を支配してきた反政府軍の革命統一戦線(RUF)との和平合意が実現した。02年5月の大統領選でもカバが再選されたが，07年8月の大統領選挙では，カバは出馬せず，野党のコロマが新大統領となった。10年にわたる内戦において，少年兵や身体の切除などの戦争犯罪による多くの人権侵害が生じ，これらを裁くシエラレオネ特別法廷が設置された。

ジブチ共和国　Republic of Djibouti

面積：2万3000km²　人口：80万人　首都：ジブチ
住民：アファル人と，ソマリ人系のイッサ族がほぼ同数。ほかに約3000人のフランス人(駐留軍を含む)やアラブ人など
言語：公用語はフランス語，ほかにアラビア語が重要
宗教：定住民はほとんどイスラーム教
沿革：アフリカ東北部にあり，紅海に面した砂漠気候をもつ小国。1862年にフランスがオボク港を租借し，その近辺に勢力を広げて，96年にフランス領ソマリランドとなった。20世紀初めにジブチ港からエチオピアの首都アディス・アベバを結ぶ鉄道が建設され，ジブチはエチオピアの海外への出入り口として重要性を増した。

　1967年住民投票がおこなわれ，フランス植民地としてとどまる意見が多数を占め，同年，住民グループの名をとって名称をフランス領アファル・イッサと変えた。75年フランス大統領との会談で独立を決定。77年にジブチ共和国として独立を達成したが，フランス軍の駐留は続いている。91年アファルに基盤をおく統一民主回復戦線(FRUD)が政府に対し武力闘争を開始し，94年に政府とFRUD穏健派とが和平協定に調印して，与党の進歩人民連合(RPP)と連立内閣を組んだ。99年になってハッサン・グーレド大統領は引退を表明，4月におこなわれた大統領選挙にはRPPは後継者としてイスマエル・ゲレを選び，選挙に勝ってゲレが大統領に就任した。2001年には，政府とFRUDの間に和解が成立した。

ジンバブウェ共和国　Republic of Zimbabwe

面積：39万1000km²　人口：1310万人　首都：ハラレ
住民：主要民族はショナ人，ンデベレ人，チュワ人
言語：公用語は英語，民族語も使用
宗教：キリスト教(プロテスタント25％，独立教会15％，カトリック5％)
沿革：ジンバブウェ共和国は北の国境をザンベジ川，南の国境をリンポポ川に挟まれ，東部はサビ川の支流が扇状に流れる内陸国。気温は温暖で雨量もあり農業に適しているので白人入植者が多い。鉱産資源も豊富。

19世紀末，特許会社イギリス南アフリカ会社がンデベレ人のローベングラ王から鉱業採掘権を得て以来，会社の支配が始まり，1923年自治植民地となった。53年南・北ローデシアとニヤサランドが合併し連邦をつくったがわずか10年間で解体した。ローデシアの白人入植者政権(スミス政権)は，イギリスとアフリカ人の反対を押し切り，65年11月一方的に独立を宣言。これを契機にアフリカ人の民族独立闘争が高まった。アフリカ人の闘争はショナ人に基盤をおくジンバブウェ・アフリカ民族同盟(ZANU-PF，ムガベ党首)，ンデベレ族の支持するジンバブウェ・アフリカ人民同盟(ZAPU，ンコモ党首)ほかに分かれ，激しい武力闘争を展開したが，79年のランカスターハウス会議により，イギリスは独立を承認，総選挙の結果，ムガベZANU-PF政権が80年4月に誕生した。ムガベは社会主義を標榜し，ZAPUとの内戦に勝ち，87年両党は統合した。この間，国土の約40％を占める白人入植地の返還によるアフリカ人再入植計画を進めたが，進展しなかった。

一方，党内の政治腐敗に対する国民の非難は高まり，また冷戦構造の崩壊の影響を受けて一党制批判が起こり，1990年にはムガベ大統領はついに一党制を放棄した。同時に91年経済改革のための枠組みを発表し，これまで進めてきた社会主義路線に変わって，IMF，世界銀行の主導する構造調整計画を受け入れた。2002年に大統領選挙がおこなわれたが，この選挙は元ゲリラ兵士たちの白人農場占拠を認めるムガベと長年の失政，政治腐敗を批判する野党民主変革運動(MDC)のツァンギライ議長との間で戦われた。選挙結果はムガベが再選(4期目)されたが，国際社会は公正な選挙とはいえないと非難，白人農場占拠に対する批判も含めイギリス連邦はジンバブウェの一年間の資格停止(のち無期延期)の措置をとり，ジンバブウェはイギリス連邦を脱退した。ムガベ大統領の強引なやり方に対する国際社会の非難は高まり，経済は混乱した。この状況下，教会が中心となり，野党・市民団体に呼びかけ，救国連合を結成したが，政府はそれを弾圧した。

スーダン共和国　The Republic of the Sudan

面積：250万6000km²　人口：3700万人　首都：ハルトゥーム
住民：アラブ人が主(40％)。ほかに南部のナイル語系のディンカ人，ヌアー人などの黒人，中部のヌバ地方の人々，西部のフール人，東部のベジャ人などアラブ人以外も多い
言語：公用語はアラビア語。英語も重要。各民族語の数は100程
宗教：イスラーム教が主で，70％(主として北部の州)。南部では伝統信仰が強く，キリスト教の存在も大きい。
沿革：アフリカ東北部にあり，アフリカ最大の国土面積をもつが，その大部分は砂漠か，それに近い乾燥地帯である。しかし南部は雨量が多い。

　古代にクシュ王国が栄えたスーダンは，1820年代にエジプトの支配下にいれられた。85年にはスーダン全土がマハディに率いられた革命政権の統治下にはいったが，98年イギリス・エジプト連合軍に大敗し，二国統治の支配が続くことになった。1953年，イギリス・エジプト協定によりスーダン独立の決定がなされ，56年に独立を達成した。58年より軍政と民政を繰り返し，69年に再びクーデタによって軍政にはいり，大統領となったニメイリの統治が85年まで続いた。その後，民間への政権移譲がなされたが，89年またもアル・バシールの率いる軍部が政権を握った。83年にニメイリ政権がイスラーム法全土適用を決定して以来これに反対して南部のスーダン人民解放運動(SPLM)およびその軍事部門(SPLA)が武装蜂起し，20年をこす内戦が続いてきた。

　この間，経済を北部の綿花に頼ってきたスーダンに南部で石油が開発され，政府は外資の要請を受け1991年になってSPLMとの和平交渉に乗り出した。一方南部に対する武力攻勢を強め，SPLM内部に対立があって弱体化したのを利用して，南部の都市を奪回した。和平交渉は，アフリカ諸国が仲介したが，南部側の分裂もあって戦闘はやまず，この間に政府は98年に新憲法を制定し，翌年総選挙をおこなった。南部での選挙は延期された。政府に対する内乱は，西部のダルフールや北コルドファンに広がるなかで，2002年7月にケニアでマチャコス合意が成立し，6年後に住民投票をおこない南部の帰属を決めること，南部の代表を国民統合の中央政府にいれることを決定した。この合意に基づき05年1月に「包括和平協定」が成立，長年の南部の戦闘が終結して南部に自治政府が誕生した。ただ03年には，西部のダルフールで政府の支持を受けているといわれる住民の虐殺事件が起こり，200万人が難民化し，国際問題となって，04年の国連安全保障理事会による非難決議，アフリカ連合(AU)軍の介入に発展している。

スワジランド王国　Kingdom of Swaziland

面積：1万7000km²　人口：100万人　首都：ムババネ
住民：若干の白人とカラードのほか，すべてスワジ人
言語：公用語は英語，スワジ語も使用
宗教：国民の7割はキリスト教，残りが伝統信仰
沿革：東側でモザンビークと国境を接しているほか残りすべてを南アフリカ共和国に囲まれた内陸国。地勢は西側から海抜1200～1600mの山岳地帯，ついで600mの高原地帯，さらに低地帯に分かれており，山岳地帯を除き地味も豊かで農業・牧畜に適している。低地帯では石炭を産出。

　19世紀初めスワジ人はズールー人のムフェカネ（衝突）の影響を受け，現在地に移住，その後，トランスヴァール共和国に一時期併合されたが，ボーア戦争後の1907年イギリス保護領となった。イギリスは間接統治方式によってスワジ人の伝統的制度を利用しながら支配した。21年即位したソブフザ2世は白人に奪われた土地の奪回に努力したが不成功に終わった。60年代アフリカ諸国の独立の影響を受け，64年の総選挙で国王を党首とするインボコドボ党が圧勝した。67年に自治権を獲得，翌68年9月に独立を達成し，立憲君主国となった。独立後，二院制議会（全議席与党）で運営されたが，72年選挙で野党ングワネ民族解放会議（党首ズワネ）が3議席を獲得すると，国王は翌73年非常事態宣言を発令し，憲法を廃止，議会を解散し，政党活動を禁止した。代わって国王は族長会議（チンクンドラ）の諮問のもとに三権を独占した。77年国王独裁に対し学生が反抗，78年に新憲法が公布されたが，議会は国王の任命議員と間接選挙による議員からなり，事実上国王独裁は続いた。82年ソブラザ2世が死去し，後継者争いが王室内部で起こり，86年ムスワチ3世が即位した。しかし，新国王と即位に反対した閣僚たちとの確執は続き，87年，国王は間接選挙（チンクンドラ）による議会を復活した。

　このような国王独裁政治に対し国民の不満は高まり，反政府組織が結成された。これら組織は1973年以来続いている非常事態宣言の解除，王制の廃止，複数政党制の実施を要求した。国王は91年チンクンドラ制度の見直しに同意し，委員会を設置した。同委員会の勧告案に基づく議会選挙が93年に20年ぶりに実施されたが，いぜんとして政党活動が禁止されているなど民主化には程遠い。その後，毎年のように労働組合，学生による抗議ストが起こっており，彼らの要求は新憲法の制定を最大の課題としている。2005年7月，ムスワチ3世は新憲法に署名した。新憲法は基本的人権は認めているものの，政党の結成は禁じているため，市民団体・労働組合は反対している。

セイシェル共和国　Republic of Seychelles

面積：500km²　人口：8万人　首都：ヴィクトリア
住民：クレオール(アジア人，アフリカ人，ヨーロッパ人の混血)が大半
言語：憲法上の国語はクレオール語。ほかに英語，フランス語使用
宗教：カトリックが大半。ほかにプロテスタント，ヒンドゥー教
沿革：マダガスカルの北約1000kmのインド洋上に点在する大小92の島々からなり，最大の島はマヘ島。アフリカ圏では面積・人口が最小。主要産物はコプラ，シナモン，バニラで食糧は輸入に依存。観光業も盛ん。

　18世紀中葉，当時フランス領であったモーリシャスのマヘ総督の命令で探検隊がだされ，島嶼全体を当時のフランス蔵相の名にちなみセイシェルと命名。1756年正式にフランス領となったが，ナポレオン戦争期の94年イギリス海軍に占領され，1815年のウィーン会議でイギリス植民地となった。1970年の制憲会議後，セイシェル民主党(SDP)のマンチャム党首が自治政府の首相となったが，国連は無選挙の任命に反対し，完全独立をめざす社会主義的なセイシェル人民連合党(SPUP)のルネを支持した。75年の制憲会議で両党の連立が合意され，76年憲法が採択され，76年6月に独立した。独立後，マンチャム大統領，ルネ首相の共和政が続いたが，77年大統領がイギリス連邦首脳会議に出席中，ルネがクーデタを起こし新大統領となった。ルネは憲法を停止し，議会を解散し，翌78年社会主義路線をとり，セイシェル人民進歩戦線(SPPF，旧SPUP)一党制に移行した。この動きに対し，南アフリカ共和国の傭兵による政府転覆の企てがあったが失敗した。84年ルネ大統領は再選，89年には3選された。

　しかし，冷戦終結後の民主化の影響はセイシェルにもおよび，1991年ルネ大統領は複数政党制を認めた。さらに新憲法が制定され，93年大統領および議会選挙が実施され，ルネ大統領は4選され，SPPFは圧勝した。選挙後，ルネ大統領はこれまでの社会主義路線を放棄し，経済も自由化した。98年大統領および議会選挙がおこなわれ，ルネ大統領は5選，SPPFは圧勝した。さらに2001年ルネ大統領は任期中に大統領選挙をおこない6選をはたした。しかし，この選挙には不正があったと主張する野党セイシェル国民党(SNP，テムカラワン党首)に対し，政府は党員の逮捕など弾圧を加えた。02年に実施された議会(34議席)選挙で，SNPは議席数を1から11に伸ばし，残り23議席を与党SPPFが確保したもののルネ大統領の長期政権に対する国民の不満は高まった。04年ルネ大統領は引退を表明，後任にミッシェル副大統領が就任した。同年12月のインド洋大津波で大打撃を受けたが，ミッシェル大統領は観光と漁業の振興に力をいれている。

赤道ギニア共和国　Republic of Equatorial Guinea

面積：2万8000km²　人口：50万人　首都：マラボ
住民：大陸部のムビニ地区が人口の4分の3を占め，その80％がファン人。そのほかコンベ人，バレングェ人，ブジェバ人など。ビオコ島にもファン人が移住し，ほかに先住民のブビ人
言語：公用語はスペイン語。その他ビオコ島でブビ語，ムビニ地区ではファン語
宗教：キリスト教(主としてカトリック)が大多数。その他は伝統信仰
沿革：ギニア湾に面した大陸部のムビニ地区(旧リオ・ムニ地区)とギニア湾上のビオコ島(旧フェルナンド・ポー島)などからなる小国家。ムビニ地区はカメルーンおよびガボンと国境を接している。

　15世紀後半ポルトガル人のフェルナンド・ポーがビオコ島に渡来し，やがて島はポルトガルの支配下に組み込まれたが，1778年に大陸部のムビニ地区とともにスペインに割譲された。スペインは1920年代後半からムビニ地区の内陸部へと勢力を広げ始め，植民地としての実質をつくりあげた。スペイン領赤道ギニアの経営は大農園方式による農業開発が中心で，ことにビオコ島ではカカオの栽培が進められ，必要な労働力の調達のために強制労働政策さえ導入された。第二次世界大戦後の68年10月赤道ギニアは独立したが，79年まで続いたマシアス・ヌゲマ大統領時代の恐怖政治によって，全人口の3分の1が国外に逃れるといった異常事態を引き起こした。79年8月の軍事クーデタでマシアス・ヌゲマ政権は打倒され，ヌゲマ・ムバソゴ中佐が大統領職を継いで国の再建に乗り出した。

　ヌゲマ・ムバソゴは1982年に大統領に再選されると，閣僚の一部に文民を起用するなど軍事政権色を薄めていった。民政復帰への歩みはクーデタ未遂事件の多発などの影響もあって頓挫したが，87年に政党活動禁止措置が解除され，赤道ギニア民主党(PDGE)が唯一政党として創設された。公務員や軍の上層部を自分の属するサンギ人で固めたヌゲマ・ムバソゴ大統領は89年に3選されたが，90年代にはいって内外の民主化圧力が強まると，91年には複数政党制の実施，92年には集会やデモの自由の容認など，見かけ上は民主化が進行した。ヌゲマ・ムバソゴ大統領は野党がボイコットするなかで，96年に4選，2002年に5選されたが，野党の不満を解消するためもあって，03年には野党8党を含む挙国一致内閣を組織した。最大の野党社会民主主義集合(CPDS)はこれに参加しなかった。04年の国民議会選挙ではPDGEが100議席中68議席を獲得し，地方選挙でも圧勝した。しかし，野党指導者がスペインに亡命政府を樹立するなど，政情は安定していない。

セネガル共和国　Republic of Senegal

面積：19万7000km²　人口：1170万人　首都：ダカール
住民：ウォロフ人(35%)，セレル人(20%)，トウコロール人(15%)など
言語：公用語はフランス語。ほかにウォロフ語，その他の主要民族語
宗教：イスラーム教(80%)，キリスト教(10%)
沿革：アフリカ大陸の西端，東はマリ，南はギニアとギニア・ビサウ，北はモーリタニアに接し，西は大西洋に面する。南部ではガンビア川にそってガンビアが東西に細長く食い込んでいる。

　15世紀にポルトガル商人が渡来し，フランス人がセネガル川河口にサンルイを1659年に建設した。19世紀にはジハードによって形成されたイスラーム王国が内陸部でフランスの侵攻に抵抗したが，1895年には現在のセネガル全域がフランス植民地に組み込まれた。民族運動は，戦間期に少数のエリートによって進められ，第二次世界大戦後，黒人文化を強調するサンゴールを中心に発展し，1959年に「マリ連邦」を結成したが，60年8月20日に分離独立した。独立後，サンゴール大統領のセネガル進歩同盟(UPS)による一党支配が続いたが，76年に複数政党制を導入し，80年12月にサンゴールは辞任し，副大統領ディウフが昇任した。ディウフは83年，88年，93年の大統領選挙で野党指導者ワドを破って当選した。83年から南部のカザマンス地域の分離主義運動が激しくなり，また，ワドのセネガル民主党(PDS)が都市部を基盤に発展し，社会の不満は高まった。89年には，モーリタニアとの関係が悪化し，8月に外交関係を断絶したが，91年7月に復交した。

　1980年代初頭から南部のガンビアとギニア・ビサウと国境を接し飛び地を形成しているカザマンス地方で，ディオラ人によるカザマンス民主勢力運動(MFDC)が分離独立を求め，しばしば，セネガル軍と武力対立を続けた。以来，政府との間で和平合意が繰り返されたが，MFDC内部の分裂もあり，2007年1月，カリスマ指導者のディアリマン神父が死亡し，和平への展望は一層不透明になった。1993年，ディウフは，ワド野党セネガル民主党(PDS)党首を破り，3選をはたしたが，長期化する経済停滞のなかで不満を蓄積した都市若年層は，選挙の公正さに疑念を表明し，暴動化した。2000年には，左翼政党を含む連立政権をめざすワドが大統領選挙に勝利し，独立以来の社会党政権は終焉した。07年の大統領選挙でもワドは再選され，終身大統領への野望が懸念されている。

ソマリア民主共和国　Somali Democratic Republic

面積：63万8000km²　人口：850万人　首都：モガディシュ

住民：ソマリ人が大多数，うちダロッド，イサーク，ハウィエ，ディルなどの氏族(クラン)は牧畜民で多数派，ラハンウェイン，ディギルなどの氏族は農耕民で少数派

言語：公用語はソマリ語。最近までアラビア語，英語，イタリア語を文書で使用，1972年にはソマリ語にローマ字表記を採用。大学ではイタリア語，英語を使用

宗教：ほとんどイスラーム教

沿革：アフリカ東北部の，いわゆる「アフリカの角」の部分を占め，インド洋に面した国土をもつ。牧畜民である先住民に加えて，9～10世紀にアラビア半島より渡来したアラブ人が沿岸都市を建設していった。これらの都市は18世紀にはオマーンのアラブ人の支配下にはいったが，19世紀後半になるとイタリアがオマーンのスルタンより租借権を得た。アデン湾に面した地域は1886年にイギリスが保護領化し，南部は89年よりイタリアの保護領となった。第二次世界大戦中イギリス軍はイタリア領ソマリアを占領し，1950年まで統治を続け，同年イタリアはソマリアを10年の期限つきで信託統治することになり，60年イギリス領ソマリランド，イタリア信託領ソマリアは合邦して単一の独立国となった。

　独立後の政権は大ソマリ主義を主張し，1977年にはエチオピアのオガデン地方に兵を進めたが敗北し，シアド・バーレ大統領の政府は致命的に弱体化した。88年にはソマリア北部の解放運動が起こり，ソマリ国民運動(SNM)を創設して北部の都市を占領したが，政府軍の激しい爆撃にあった。90年には多数政党制を認める新憲法の国民投票が予定されたが，91年にモハメッド・アイディード将軍の率いる統一ソマリ会議(USC)のゲリラによってバーレ大統領は追放された。この間に北部ではSNMが91年5月にソマリランド共和国の名で独立を一方的に宣言，しかしいまだにどの国の承認も得られていない。中・南部では内戦が激化したため，92年国連安全保障理事会の介入決議により，国連平和維持軍が送られることになった。2003年9月になってケニアにおいてソマリア国民融和会議が開かれ，暫定連邦憲章を採択，暫定国民会議(TNA)を設立した。翌04年大統領と議会はソマリアのバイドアに移る。ソマリア内ではこの間，都市での治安回復に乗り出したイスラーム法廷連合(UIU)が力を得たが，アルカーイダとの関係を疑うアメリカはその拠点を空爆し，06年12月エチオピア軍がモガディシュに侵攻し占拠，しかしTNAの実効支配のないままソマリアでは無政府状態が続いている。

大リビア・アラブ社会主義人民ジャマーヒリーヤ国　Great Socialist People's Libyan Arab Jamahiriya

面積：176万km²　人口：600万人　首都：トリポリ
住民：アラブ人
言語：アラビア語
宗教：イスラーム教スンナ派
沿革：エジプトとチュニジア，アルジェリアに挟まれた北アフリカの共和国。国土の南部をサハラ砂漠が，東部をリビア砂漠が占めており，人口は地中海沿岸のトリポリやベンガジなどの都市に集中している。

　紀元前にはトリポリを中心とするトリポリタニア地方とベンガジを中心とするキレナイカ地方にそれぞれフェニキア人やギリシア人が入植し，彼らの植民都市が栄えた。7世紀半ばにはアラブ軍が進出，アラブ化・イスラーム化が進んだ。その後，ファーティマ朝がリビア全域を支配下に収めたが，その後のアイユーブ朝，マムルーク朝はキレナイカ地方にまで勢力をおよぼすにとどまり，トリポリタニア地方はムワッヒド朝やハフス朝の勢力下にはいっていた。

　16世紀初頭から半ばにかけて徐々にオスマン朝の支配下にはいったが，1711年にオスマン朝軍人アフマド・カラマンリーが権力を獲得，トリポリタニアを支配した。1835年にオスマン朝の支配が回復したが，1912年にイタリアの植民地となる。一方，1837年にメッカで創設されたサヌースィー教団が40年代からキレナイカ一帯で活動を繰り広げ，イタリアの植民地支配への抵抗運動を指導した。そして，1951年に同教団3代目の長ムハンマド・イドリースを国王とするリビア連合王国を成立させ，独立をはたした。

　1969年ムアンマル・ガッザーフィー（カダフィー）大佐によるクーデタ（リビア革命）が起こり，王制が廃止された。カダフィーは，イスラーム教を基礎とした独自の直接民主制「ジャマーヒリーヤ」を打ち出し，『緑の書』を執筆，その理念をまとめている。彼は世界各地のイスラーム運動や暴力革命主義運動を公然と支援し，そのためアメリカによってテロ支援国家と規定され，80年代には領土爆撃を受けた。さらに88年パンナム機爆破事件の容疑者をかくまったため，92年に国連の経済制裁決議を受け，国際社会から孤立した。

　しかしその後容疑者を引き渡し，1999年には国連安全保障理事会で対リビア制裁の停止，2003年には制裁の解除が決議された。さらに04年には包括的核実験禁止条約（CTBT）を批准，化学兵器禁止条約（CWC）に参加，またアメリカが対リビア経済制裁措置を解除するなど，国際社会への復帰が急速に進んでいる。

タンザニア連合共和国　United Republic of Tanzania

面積：94万5000km²　人口：3900万人　首都：ダルエスサラーム（事実上の首都，ただし正式の首都はドドマで，国会議事堂と首相府がある）
住民：スクマ，ニャムウェジ，チャガ，ハヤ，ニャキューサ，マコンデなど多数の民族
言語：国語はスワヒリ語。英語もいぜん公用語。中等・高等教育は英語。民族語もあるが，スワヒリ語が全土で通用
宗教：イスラーム教(40%)，キリスト教(40%)，伝統信仰(20%)
沿革：アフリカ東部のインド洋岸にあり，海岸地帯は古くからザンジと呼ばれ，インド洋交易圏の一部をなしてきた。19世紀にはオマーン・アラブのスルタンがザンジバルに移住して沿岸一体を支配。1884年ドイツの内陸進出が始まり，90年ドイツ領東アフリカ設立。同年ザンジバルはイギリスの保護領となった。第一次世界大戦後，ドイツ領東アフリカはタンガニーカとなり，イギリスにより委任統治（のち信託統治）された。

　1961年タンガニーカ，63年ザンジバル独立。64年，ザンジバルに革命が起こり，スルタンは追放され，タンガニーカとザンジバルは合邦してタンザニアとなった。67年に唯一政党のタンガニーカ・アフリカ人民族同盟(TANU)によるアルーシャ宣言採択により社会主義路線を明確にし，ウジャマーと呼ぶ独特の共同体的社会主義を推進，また南部アフリカの民族主義運動を強力に支援した。85年に初代のジュリアス・ニエレレ大統領が引退，ザンジバル出身のハッサン・ムウィニが大統領となった。同大統領のもとでタンザニアは経済自由化を骨子とした構造調整政策を受け入れ，公社公団は解散させられ，価格統制は撤廃されて，市場経済が進展した。

　1992年に単一政党の革命党(CCM)は複数政党制導入に踏み切り，国会で憲法改正が採択された。95年には新憲法下ではじめての総選挙がおこなわれ，CCMが勝利を収め，ベンジャミン・ムカパが大統領に選ばれた。しかしザンジバルにおける選挙に不正があったとして，野党の市民統一戦線(CUF)を中心にザンジバル議会のボイコットが続いた。98年にはCUFに属する17人が国家反逆罪に問われて拘束され，島では暴動が続いた。2000年の総選挙ではムカパは容易にタンザニア大統領再選をはたしたが，ザンジバルでの選挙は混乱し，16選挙区で再選挙となった。05年の総選挙でもCCMが圧勝し，CUFは本土部での議席を失い，CCMのキクウェテが大統領に選ばれた。

チャド共和国　Republic of Chad

面積：128万4000km²　人口：1000万人　首都：ンジャメナ
住民：サラ人(南部)，トゥブー人，アラブ系(北部)
言語：フランス語，アラビア語(ともに公用語)。ほかに多数の民族語
宗教：イスラーム教が半数，キリスト教が約3割，残りは伝統信仰
沿革：中部アフリカの北端に位置し，北はリビア，東はスーダン，西はニジェール，ナイジェリア，カメルーン，南は中央アフリカ共和国と国境を接する内陸国。北部はサハラ砂漠の一部を形成し，南部にはサバンナが広がる。北端のティベスティ高原は海抜4000mに達し，南西部に位置するチャド湖はアフリカ第4の大湖である。

　古くはチャド湖周辺にカネム・ボルヌ，バギルミ，ワダイなどの諸王国が栄えたが，19世紀以降しだいにフランス勢力が侵入し始め，1900年にラビーフ帝国が敗れたのち，この地域はフランスの軍政下におかれた。10年にはウバンギ・シャリ，ガボン，中央コンゴとともにフランス領赤道アフリカを形成。58年11月にフランス共同体内の自治共和国となり，60年8月に完全独立をはたしたものの，南部のサラ族主導の政府に北部が反発し，66年以降チャド民族解放戦線(FROLINAT)の武装闘争が続いた。

　1979年に和平が実現したが，80年代にはFROLINAT系のグクーニ派とハブレ派の武力衝突が再発。かつての南北対立に代わる北北対立の様相を呈した。結局82年にハブレ政権が成立したが，グクーニ派はリビアの支援を得て，武力攻撃を続けた。ハブレ政権は，90年代末の内戦で救済人民運動(MPS)に敗れ，代わってデビ政権が成立した。その後も発展民主主義運動(MDD)，連邦共和国武装勢力(SARF)など反政府勢力の激しい武力攻撃が続いたが，96年に新憲法が施行され，初の複数政党制選挙でデビ大統領が当選した。なお97年の国民議会選挙では与党MPSが過半数を獲得した。さらに2001年の大統領選挙でもデビが再選され，02年の国民議会選挙でもMPSが3分の2以上の議席を獲得して，政権の基盤は強化された。この間01年8月以降，政府による反政府武装勢力への呼びかけがおこなわれ，02年にその一部が議会選挙への参加を表明したことも，政権の基盤強化に役立った。その後03年，東南部で1996年以来武装闘争を続けてきた国民抵抗同盟(ANR)もガボン政府の仲介で和平に合意した。2004年に大統領の多選禁止条項を廃止する憲法改正がおこなわれたため，06年にはデビが3選をはたした。同年スーダンを拠点とする反政府勢力との和平も実現した。

中央アフリカ共和国 Central African Republic

面積：62万3000km² 人口：410万人 首都：バンギ
住民：バンダ人，バヤ人，マンジャ人，ウバンギ人，サラ人など
言語：フランス語，サンゴ語（ともに公用語）。地域によってはアラビア語，ハウサ語も使用
宗教：キリスト教が半数（カトリック，プロテスタントが各25%），イスラーム教が15%，残りは伝統信仰
沿革：中部アフリカの中央に位置する内陸国で，北はチャド，東はスーダン，西はカメルーン，南はコンゴ民主共和国・コンゴ共和国と国境を接する。

　1890年代にフランスが進出し，94年に正式の植民地とされ，域内を流れる2つの川の名をとってウバンギ・シャリと呼ばれた。1910年にフランス領赤道アフリカ（AEF）が形成されるとその一部として組み込まれ，第二次世界大戦後の58年12月にフランス共同体内の自治共和国となった。60年8月完全独立を達成。その後65年12月のクーデタでダッコを失脚させ政権を握ったボカサは，72年に終身大統領に就任しただけでは足りず，76年12月には共和制を廃止して帝制を宣言し，自ら皇帝の位についてボカサ1世と称した。しかしその暴政は長くは続かず，79年9月のクーデタで失脚した。復活したダッコは共和制を回復させたが，81年の軍事クーデタで再び失脚し，コリンバ参謀総長の国家再建軍事委員会が政権を握った。

　コリンバは1986年に中央アフリカ民主会議（RDC）の一党体制を敷いたが，ポスト冷戦時代の92年には民主化のための憲法改正がおこなわれ，93年の大統領選挙では中央アフリカ人民解放運動（MLPC）のパタッセが当選し，コリンバは4位に低迷した。なお国民議会選挙ではMLPCは第1党になったが，過半数を大幅に割り，政権基盤は脆弱なものとなった。そのためパタッセはダッコ元大統領派やその他の政党との連立内閣を組織して，ひとまず多数派を形成した。しかし政局は安定せず，96年には軍の反乱が起こったが，フランス軍の介入で鎮圧された。96年には政府軍と反乱軍が再び衝突し内戦状態に陥ったが，97年に和平合意が成立し，アフリカ6カ国の平和維持部隊（MISAB）が派遣された。99年には国民和解協定締結後の大統領選挙でパタッセが再選されたが，2003年には政敵ボジゼ元将軍派のクーデタで打倒された。ボジゼは暫定大統領に就任し，国家暫定評議会による政権運営を開始した。暫定政権は18〜20カ月の暫定期間中に憲法改正，総選挙の準備をおこなうことを声明した。04年末公布の新憲法に基づき，05年前半に大統領選挙がおこなわれて，ボジゼが当選し，同時期に実施の国民議会選挙でも与党の「クワナクワ」が第1党となった。

チュニジア共和国　Republic of Tunisia

面積：16万4000km²　人口：1020万人　首都：チュニス
住民：アラブ人
言語：アラビア語(公用語), フランス語
宗教：イスラーム教スンナ派
沿革：地中海に面する北アフリカ中央部の共和国。前9世紀後半にフェニキア人都市国家テュロスの植民都市としてカルタゴが建設され, 以後前2世紀半ばまで, カルタゴはチュニジア一帯を中心に, スペイン, 北アフリカ, シチリア西部にまで勢力をおよぼした。はじめローマとは友好関係を保っていたが, 前3世紀頃から3度にわたるポエニ戦争を経て, 前146年にカルタゴは滅亡し, チュニジア一帯はローマの支配下にはいった。5世紀前半に東ゲルマン系のヴァンダルが北アフリカに侵入し, チュニジアを中心に強勢を誇ったが, 534年にビザンツ帝国に滅ぼされた。

7世紀半ばのアラブの第1次遠征により, ビザンツ帝国の影響が排除され, 軍営都市カイラワーンを中心にイスラーム化が進んだ。800年にアッバース朝の総督アグラブにより, アグラブ朝が建国, チュニスが首都とされ, ザイトゥーナ・モスクが建立された。その後909年にファーティマ朝が同地に建国され, 北アフリカ一帯に大勢力を築いた。ファーティマ朝治下の11世紀にはヒラール部族およびスライム人がそれぞれチュニジアの地に移住し, ベルベル系住民の多かった北アフリカのなかでは, 最もアラブ化が進んだ地域となった。

1229年に成立したハフス朝のもとで, それまでの呼称である「イフリーキヤ」に変えて, 「チュニス」という地域名が採用された。1574年にオスマン朝に征服されたが, 1705年に事実上オスマン朝から独立したフサイン朝が成立。その後, 1883年にフランスの保護領となった。

1956年フランスより独立し, 翌年共和制に移行。ブルギーバ大統領のもと, シャリーア法廷の閉鎖, ワクフ(ハブス)制度の廃止, 宗教教育の縮小など近代化を推進する政策がとられた。87年にベン・アリー現大統領が就任し, ブルギーバ前大統領の近代化路線を踏襲, さらに民主化に取り組む姿勢をみせている。

1982年より, レバノンを追われたPLOの本部がチュニスにあったが, 94年にはパレスティナ暫定自治区のガザに移っている。

トーゴ共和国　Republic of Togo

面積：5万7000km²　人口：630万人　首都：ロメ
住民：南部のエヴェ人(20%)・北部のカブレ人(15%)が最も大きい民族集団
言語：公用語はフランス語。エヴェ語やカブレ語なども使用
宗教：キリスト教(25%)，イスラーム教(10%)
沿革：南は大西洋ギニア湾に面し，東はベナン，西はガーナに接し，北はブルキナファソに接して，南北に細長く伸びる。東西国境間の距離は52kmにすぎない。

　15世紀にポルトガルが進出したが，1884年にドイツが進出し，保護領トーゴランドとした。第一次世界大戦後，東部はフランス領に，西部はイギリス領となり，それぞれ国際連盟委任統治領・国際連合信託統治領となった。独立運動はエヴェ人の統一化を主張するオリンピオ，同じくエヴェ人出身ではあるが，親仏派であったグルニツキーによって進められ，1958年4月の国連監視下の選挙では，オリンピオが勝利を獲得し，60年4月27日に独立して，オリンピオが大統領に就任した。63年1月，オリンピオが暗殺されたのち，グルニツキーが大統領に就任したが，汚職・経済不安のために，67年1月軍部クーデタが発生し，エヤデマが国家元首となった。エヤデマは69年に，トーゴ人民連合(RPT)を組織し，単一政党を確立した。

　1990年代にはいり，エヤデマ体制の汚職および人権侵害に対する内外の非難と援助停止の圧力が一層強まり，エヤデマは91年には複数政党制の導入に合意せざるをえなくなった。同年7月，民主化の枠組みを決める「国民会議」が開催され，暫定首相にコフィゴーが選出された。93年8月に複数政党制による大統領選挙が実施されたが，野党はボイコットしてエヤデマが当選した。94年2月の国民議会選挙では，野党が過半数を制し，大統領は野党を含む連立政権を発足させた。98年6月の大統領選挙でも，エヤデマは私物化した公的資金を巧みに配分し再選をはたした。さらにエヤデマは2002年12月，大統領3選を禁止した大統領選挙法を議会で改正し，03年6月に3選を実現した。やむことのない人権侵害のため，欧米の援助は停止された。05年2月エヤデマが急死し，与党は過半数を占める議会で憲法修正案を可決させ，息子のニャシンベが大統領に就任した。政情不安で難民がでたが，06年8月，与野党和解が成立し，一応は平和を取り戻した。

ナイジェリア連邦共和国　Federal Republic of Nigeria

面積：92万4000km²　人口：1億3400万人　首都：アブジャ
住民：ハウサ人(20%)，ヨルバ人(20%)，イボ人(20%)，フラニ人(10%)など
言語：公用語は英語。ハウサ語，ヨルバ語，イボ語も広く使用
宗教：北部は圧倒的にイスラーム教で，南部はキリスト教。全体としては，イスラーム教が45%，キリスト教諸派は50%
沿革：南はギニア湾に面し，東はカメルーン，東北はチャド，北はニジェール，西はベナンに接する。南部は熱帯雨林中心，北部はサバンナ地帯。

　北部ではカネム・ハウサのイスラーム諸王国が栄え，南部のニジェール川デルタ地帯にはベニン王国，西部ではヨルバ族の諸王国が栄えた。ニジェール川デルタ地帯は奴隷貿易の中心地であったが，1861年にイギリスはラゴスを植民地とし，1900年にはナイジェリア全域を植民地・保護領とした。民族運動は20年代から始められ，第二次世界大戦以後，東部，西部，北部(ハウサ・フラニ)の地域的性格を強くもちながら発展し，60年10月1日，ナイジェリア連邦として独立した。独立直後期は，バレワ首相のもとでNPC-NCNC連合が政権を担当したが，政情は不安定であり，66年1月に軍部クーデタが起こった。70年1月に内戦は終結し，ゴオン・ムハマッド・オバサンジョの軍部政権ののち，79年10月，シャガリ大統領による第二共和政に移行。83年12月，軍部クーデタによってブハリ政権が生まれ，さらに85年12月にババギンダによる軍部政権に移行したが，80年代後半から民政移管計画が進められた。93年8月，ショネカンが暫定国民政府首班に就任したが，11月に辞任し，軍部のサニ・アバチャに交代した。

　アバチャ軍事政権は人権侵害はもとより，膨大な公金横領を実行し，内外の批判をあびたにもかかわらず，アバチャ自身は民政移行の名のもとで大統領の座をねらったが，1998年6月急死した。後任の軍人アブバカールは，本格的民政移管を内外に打ち出し，99年2月は元軍人国家元首であったオルグセン・オバサンジョが大統領に選ばれ，16年間続いた軍事政権に終止符を打った。汚職の追及を政治目標の一つとし，アバチャ議長の公金回収の一部を実現した。オバサンジョは2003年の4月の大統領選挙でも再選をはたした。アフリカ大陸最大の人口を有する国民統合は，2000年代にはいっても困難を極め，周期的に暴動や武力対立が生じている。なかでも05年以来，南部の原油生産地帯で石油収入の公平な分配を要求する武装住民運動が活発化した。07年4月の大統領選挙では，3選を禁止した憲法を修正してまで出馬しようとしたオバサンジョは修正案が議会によって否決され，与党の人民民主党(PDP)のウマル・ヤラデゥア候補が当選した。

ナミビア共和国　Republic of Namibia

面積：82万4000km²　人口：210万人　首都：ウィントフーク
住民：最大民族はオバンボ人。レホボス(混血)，ヘレロ人，ナマ人のほか少数白人
言語：英語，アフリカーンス，民族語も使用
宗教：プロテスタントが半数，ほかにカトリック，独立教会など
沿革：南アフリカ共和国の北西部にあり，国土の大半が1000m以上の高原。海岸部にナミブ砂漠，東側はカラハリ砂漠の一部をなしている。ダイアモンド，ウランなど鉱産資源が豊富だが，それは外国企業により採掘されている。

　19世紀末のベルリン会議でドイツ領南西アフリカとなったが，第一次世界大戦中，南アフリカが占領し，戦後国際連盟により南アフリカの委任統治領となった。第二次世界大戦後，国際連合は南西アフリカの信託統治領移行を主張したのに対し，南アフリカはそれを拒否し，国際司法裁判所もそれを認めた。これに対し，アフリカ人は1950年代末に北部オバンボを中心に反政府組織南西アフリカ人民機構(SWAPO)を結成，武力解放闘争を開始した。一方，国連は67年南西アフリカ理事会を設置し，68年には呼称もナミビアと改め，国連安全保障理事会も南アフリカ共和国のナミビア統治を不法とした。南ア政府は75年9月，ターンハレ会議を開き，オバンボを除き残りのホームランドと連邦を結成した。SWAPOと国連はこれを拒否し，国連監視下での公正な選挙を主張し，国連安全保障理事会を構成する西側5カ国は南ア政府，SWAPOと何度も交渉したが失敗した。

　1978年南ア政府は国内解決のための選挙を一方的に実施し，傀儡的制憲議会をつくったが，SWAPOと国連はこれを認めず，SWAPOのゲリラ闘争は一層激しくなった。ナミビア問題の解決の動きはレーガン・ゴルバチョフのレイーキャヴィーク会談で，隣国アンゴラからのキューバ兵の段階的撤退に基づき南ア軍のナミビアからの撤退が合意されたことである。この結果，89年4月，国連安保理決議435号がナミビアに適用され，国連監視下での選挙が同年11月に実施され，SWAPOが勝利し，翌90年3月，ナミビアは独立した。初代大統領になったヌジョマは政治的には民族和解，経済面では自由経済路線をとった。94年独立後最初の大統領および議会選挙でヌジョマが再選され，SWAPOも圧勝した。99年の大統領選挙では3選を禁止する憲法を改正し，野党の強い反対にもかかわらず，ヌジョマは3選された。2004年5月のSWAPOの臨時党大会でヌジョマは引退を表明，後継者にポハンバ土地・再定住相を指名，11月の大統領選挙でポハンバは大統領に就任したが，ヌジョマはSWAPO党首のままとどまった。

ニジェール共和国　Republic of Niger

面積：126万7000km²　人口：1440万人　首都：ニアメ
住民：定着民であるハウサ人(55%)，ジェルマ・ソンガイ人(25%)が主要民族集団。遊牧民もフラニ人(10%)，テゥアレグ人(5%)など
言語：公用語はフランス語。ハウサ語も広く使用
宗教：イスラーム教が85%を占め，キリスト教は1%のみ
沿革：アフリカ大陸の中央部，北はアルジェリアとリビアに，東はチャド，南はナイジェリアとベナンに，西はブルキナファソとマリに囲まれた内陸国。北部はサハラ砂漠で，農耕は南西部のニジェール川流域地域，東南部のチャド湖周辺地域に限定される。

　17世紀から19世紀にかけてテゥアレグ人・フラニ人が支配していたが，19世紀後半にフランスが進出し始め，1922年に完全にフランス領西アフリカに編入された。第二次世界大戦後，独立運動はニジェール進歩党(PPN)とニジェール民主同盟(UND)によって進められ，親仏派のハマニ・ディオリのPPNが政権を獲得して，60年8月3日に独立を達成した。69～74年のサヘル大旱魃は大きな経済的打撃を与え，援助食糧の配分をめぐる腐敗によって政治的不満が拡大し，74年4月以降，クンチェによる軍事政権が87年11月まで続いた。彼の死後，アリ・セイブが議長に就任し，89年12月の単一政党体制に基づく大統領選挙では「社会と発展のための国民運動(MNSD)」のアリ・セイブが勝利を得た。

　1990年には民主化要求が激化し，90年末に複数政党制が導入された。91年7～11月にかけて，「国民会議」が開催され，自ら国権の最高機関とし，首相アマドウ・シェイフウに，民主政移行期間の行政権が委任された。93年2月の総選挙では，MNSDが第1党となり，3月の大統領選挙では，ウスマンが選出された。96年1月，マイナサラ参謀長による軍事クーデタが成功。同年5月に新憲法が採択され，7月の大統領選挙で，マイナサラが選ばれたが，99年4月に暗殺された。同年7月に国民投票で新憲法を制定し，11月に大統領選挙と国民議会選挙が実施され，タンジャが大統領に選ばれた。2004年12月の大統領選挙でもタンジャが再選された。

　サハラ砂漠に位置する北部では，1990年代から遊牧民族のテゥアレグ人社会において，中央政府の北部開発軽視に抗議して，武装集団を形成し，国軍と衝突を繰り返してきた。2007年，08年とも北部のウラニウム鉱山からの収入の分配を求めるテゥアレグ人によるニジェリア人正義運動(MNJ)が国軍と交戦した。

ブルキナファソ　Burkina Faso

面積：27万4000km²　人口：1360万人　首都：ワガドゥグ
住民：モシ人が最も多く50%を占め，ほかにマンデ人・フラニ人など
言語：公用語はフランス語
宗教：イスラーム教(45%)，キリスト教(5%)，その他は伝統信仰
沿革：北と西はマリに，東はニジェール，南はベナン，トーゴ，ガーナ，コートディヴォワールに囲まれた内陸国。大部分がサバンナ地帯。

　モシ人の王国が15世紀頃から形成されていたが，1897年にフランスの保護領となり，1919年にフランス領西アフリカにオートヴォルタとして編入され，33年に近隣所領間に分割されたが，47年に再びオートヴォルタ領として復活した。独立運動はモーリス・ヤメオゴのヴォルタ民主同盟(UDV)によって進められ，60年8月5日に独立を達成した。独立直後に，ヤメオゴは野党を抑圧する政策をとって大衆の不満が深まり，66年1月に軍部が秩序安定のために介入し，ラミザナ中佐が国家元首となった。

　1970年の選挙で民政に復帰したが，74年2月に軍政に復帰し，78年4月に再度民政に復帰して，ラミザナが大統領に就任した。しかし，80年11月にゼルボ大佐によるクーデタ，82年11月にウェドラオゴ少佐によるクーデタがあいついだ。さらに，83年5月左派のサンカラ大尉がクーデタを起こして民族革命評議会(NRC)議長に就任し，84年8月に国名をブルキナファソ(「高潔な人々の国」)と改称した。サンカラは民族主義的政策・緊縮経済政策をとったが，NRC内部に対立があらわれ，87年10月15日，コンパオレ法相のクーデタによってサンカラは暗殺された。コンパオレは現実路線に切り替え，民政復帰に努め，91年12月の大統領選挙，92年5月の総選挙では，コンパオレ議長が当選，与党人民民主主義労働運動機構(ODPMT)が107議席のうち78議席を占めた。97年の議会選挙でも与党が圧勝し，98年の大統領選挙でもコンパオレが再選された。

　しかし，1998年末，コンパオレの実質的独裁体制を詳しく調査し，告発をいとわなかった独立系新聞のジャーナリスト，ノルベール・ゾンゴが乗用車で移動中に爆破され死亡した。ゾンゴは，大統領の弟フランソワ・コンパオレの運転手が拘留中に死亡した事件を解明しようとしていた矢先であった。99年4月には，事件の徹底的解明を求め大規模なデモが生じ，6月にはゼネストの指令まででた。内閣改造で事態は一応収まったが，サンカラの暗殺につぐ同事件は，コンパオレ体制のもつ闇の部分としてその後尾を引いた。2002年の議会選挙でも与党が過半数を得て，05年の大統領選挙でもコンパオレは圧勝した。経済は，木綿を主要輸出品とする最貧国にとどまっている。

ブルンディ共和国　Republic of Burundi

面積：2万8000km²　人口：780万人　首都：ブジュンブラ
住民：旧来の牧畜民で支配者層のトゥチ人が約14％，農耕民のフツ人が約85％，狩猟民のトゥワ人が約1％
言語：フランス語，ルンジ語（ともに公用語）。スワヒリ語も広く通用
宗教：主としてキリスト教
沿革：アフリカ大陸中央部にあり，インド洋から約1200km，大西洋から約2000kmの内陸にある人口密度の高い小国。14世紀頃トゥチ人の侵入者がフツ人など先住民を従えルワンダとは別の王国をつくった。1890年ドイツ領東アフリカの一部となり，第一次世界大戦後ルアンダ・ウルンジとしてベルギーの委任統治領（第二次世界大戦後は信託統治領）とされた。

　1959年民族主義運動の高まりのなかで，ブルンジと名称を変え国連監視下に総選挙がおこなわれ，62年に王国として独立。66年には軍部クーデタにより王制を廃止し，共和制に移行。76年，87年にも軍部クーデタが起こった。88年軍部のブヨヤ政権は自ら民主化を掲げ92年に複数政党制を許可したが，93年の総選挙の結果，野党のブルンジ民主戦線(FRODEBU)が勝ち，はじめてフツの大統領が生まれた。しかし3カ月後軍部急進派のクーデタ未遂事件で大統領は暗殺され，つぎの大統領は94年4月に殺され，つぎの大統領も同年，92年憲法の事実上の停止を意味する「政府協約」締結をよぎなくされ，FRODEBUは完全に影響力を失墜した。この頃同党の中心メンバーが海外に逃れて「民主主義擁護国民会議(CNDD)」を創設，その軍事組織(FDD)によるゲリラ闘争を始めた。

　1996年になって，国連とアフリカ統一機構(OAU)は，タンザニア前大統領のニエレレを仲介者として周辺国による平和構築に乗り出したが，ニエレレの死去ののち，南アフリカ共和国の前大統領ネルソン・マンデラが後任調停者となり，2000年8月のアルーシャ会議において強いリーダーシップを発揮して紛争を停止するよう説得，01年になって，ブヨヤ大統領は18カ月任期を務め，つぎの18カ月はFRODEBUのンダイゼィェが大統領に就き，その後総選挙をおこなうという合意をまとめた。南アフリカの国軍を中核として03年にアフリカ・ブルンディ派遣軍(AMIB)が結成されたが，武装闘争はやまず，同年後半になって南アフリカ大統領タボ・ムベキの努力が実り，ようやくCNDD-FDDは武装闘争を放棄して政府に合流することとなり，04年には国連軍が平和維持にあたることとなった。新憲法に対する国民投票は05年2月におこなわれ成立。同年5月の国民議会選挙ではCNDD-FDDがFRODEBUと国民統一進歩党(UPRONA)を抑えて59％の議席を得，大統領にはンクルンジザが選出された。

ベナン共和国　Republic of Benin

面積：11万3000km²　人口：870万人　首都：ポルト・ノヴォ
住民：フォン人(65%)が最も多く、バリバ人(10%)、ヨルバ人(10%)など
言語：公用語はフランス語。フォン語、ヨルバ語なども使用
宗教：伝統信仰(60%)、キリスト教(25%)、イスラーム教(10%)
沿革：南はギニア湾に面し、東はナイジェリア、西はトーゴ、北はブルキナファソとニジェールに接し、南北に長く伸びる。

　17世紀にフォン人が、ダホメ、ポルト・ノヴォなどの王国を形成し、ダホメ王国は18・19世紀前半に栄えた。15世紀頃からフランスが海岸地帯に進出して、奴隷貿易の基地とした。1894年にフランスはダホメ王国を攻撃して植民地とし、その後領土を拡大して、1904年にフランス領西アフリカに編入した。植民地期には、他のフランス領植民地の官吏として雇用された者が多かった。

　1960年8月1日、マガ大統領のもとに、ダホメ共和国として独立。60年代、クーデタがたび重なり、政治的不安定が継続し、72年10月にニケレクによるクーデタが起こり、軍部支配体制となった。74年11月、マルクス・レーニン主義に基づく社会主義建設を目標とし、75年11月に国名をベニン人民共和国と改称した。89年12月、マルクス・レーニン主義の放棄を宣言。90年2月、ソグロ首相の「民主主義再生勝利同盟(UTRD)」が第1党となり、3月の大統領選挙では、ソグロとケレクの決選投票でソグロが勝利を獲得し、91年3月の大統領選挙でも、ソグロが勝利した。90年の国民革命評議会解散にともない、国名を旧名のベナン共和国に戻した。96年の大統領選挙では、元世界銀行理事であったソグロの権威主義的統治に国民が不満をもち、ケレクが大統領に選ばれた。2001年の大統領選挙でも選挙プロセスに対する抗議の高まりにもかかわらずケレクが再選された。06年3月の大統領決選投票では、ケレクもソグロも3選を禁ずる憲法に従い出馬せず、開発銀行元西アフリカ総裁のボニが勝利した。ギニア湾に面する資源のない商業国家だが、民主化が最も早くから導入され、進展している国となった。

ボツワナ共和国　Republic of Botswana

面積：58万2000km²　人口：180万人　首都：ガボローネ
住民：ツワナ語系アフリカ人のほか，カランダ人，ンデベレ人，サン人，少数の白人
言語：公用語は英語。ツワナ語も使用
宗教：伝統信仰のほか，独立教会，プロテスタント，カトリック
沿革：南アフリカ共和国の北に位置する内陸国。南部の大半はカラハリ砂漠，北部はオカバンゴ川が流れ，雨季にはヌガミ湖，マカリカリ塩湖が満水になる。牧畜が主産業。鉱産資源も豊富でダイアモンド，銅，ニッケルを産出。

　19世紀前半，南方のズールー人，トランスヴァールのボーア人の侵略を受け，カーマ3世はイギリスに保護を求め1885年イギリス保護領ベチュアナランドとなった。95年ケープ植民地に編入され，1910年の南アフリカ連邦の成立とともに，同連邦駐在のイギリス高等弁務官の管轄下におかれた。イギリスは間接統治方式によりツワナ人の伝統制度を残した。カーマ3世の孫セレツェ・カーマはイギリス留学中に白人女性と結婚し，1950年帰国したが，人種主義の南アフリカ共和国政府に拒否され追放された。56年最高首長位を捨てて帰国したカーマは62年に反人種主義を掲げるベチュアナランド民主党（現ボツワナ民主党，BDP）を結成し独立を要求した。65年自治を許され，総選挙でBDPが圧勝し，カーマは首相となった。66年制憲会議を経て，同年9月ボツワナ共和国として独立，カーマは初代大統領になった。

　独立後，複数政党制が続いたが，実際は与党BDPが議会で圧倒的多数を占めた。1980年カーマ大統領の死にともない副大統領のマシレが後継者となった。そして84年，89年の総選挙でもBDPは圧勝した。90年代初め，閣僚汚職が発覚しマシレは罷免されたが，こうした政治腐敗のなかでおこなわれた94年の総選挙で，野党ボツワナ国民戦線（BNF，コマ党首）がはじめて議席の3分の1を獲得した。BNFは，BDP長期政権の腐敗と経済停滞，それにともなう失業の増大に対する都市住民の批判に応えた党であった。BNFはさらに98年選挙に向けて，(1)選挙管理委員会の中立性，(2)有権者年齢の引下げ，(3)大統領任期を5年2期までとする要求を政府に提出，政府もそれを承認した。99年，18年間大統領の座にあったマシレはモガエ副大統領にその座を譲り，カーマ中将（カーマ初代大統領の息子）が副大統領となった。2006年は独立40周年にあたり，ボツワナのGDPは独立時の100ドル未満から5000ドルとなった。とくに中国の需要する鉱山物の生産拡大が経済発展に寄与している。

マダガスカル共和国　Republic of Madagascar

面積：58万7000km²　人口：1910万人　首都：アンタナナリヴ
住民：マダガスカル人(主な民族としてメリナ人，ベシミサラカ人など)
言語：公用語はマダガスカル語とフランス語，英語
宗教：キリスト教と伝統信仰
沿革：アフリカ大陸からモザンビーク海峡を挟んで約400kmのインド洋上にある世界で4番目に大きな島。島の南北を背稜山脈がはしり，気候は熱帯に属する。

　19世紀末のベルリン会議によりフランス植民地となったが，フランスの支配に対し住民は抵抗したが鎮圧された。第二次世界大戦中，ヴィシー政権を支持したため，一時イギリスが占領したが，1943年ドゴールの自由フランス政府に返還された。フランスは56年，植民地に大幅な自治を認める基本法を制定，マダガスカルは58年10月フランス共同体内の自治国となり，60年6月に独立した。初代大統領には社会民主党のチラナナが就任した。独立後，チラナナの親仏政策に反対する動きが起こり，72年ラマナンツォア少将がクーデタを起こした。軍事政権は議会の代わりに人民国家開発評議会をおき，73年には駐留するフランス軍の撤退を要求，社会主義路線をとった。75年軍内部の抗争でラチマンドラバ大佐が権力を握ったが，6日後に暗殺，アンドリアマハゾ将軍が全権を握り軍評議会を設置した。軍評議会はラチラカ少佐を国家元首に任命し，新憲法を制定，軍評議会を解散して国名をマダガスカル民主共和国に改め社会主義国家をめざした。

　その後ラチラカは1982年，89年の大統領選挙に圧勝，議会選挙では与党マダガスカル革命前衛党(AREMA)が大勝したが，経済がふるわず，たびたび暴動が発生した。90年代，政治的民主化を求める反政府勢力の力が強まり，ザフィは行動する勢力党(FV)を結成，改憲を要求した。91年，政府とFVは暫定政府樹立に合意，新憲法下での選挙を約束し，92年マダガスカル共和国となった。93年大統領選挙でザフィが大統領に就任。同年の議会選挙でもFVが勝った。新政府は市場経済政策を採択した。96年大統領選挙でラチラカが返り咲いた。しかし2001年の大統領選挙ではラチラカと対立候補ラベロマナナ(首都アンタナナリヴ市長)が選挙結果をめぐり対立，ラベロマナナは一方的に大統領就任を宣言した。ラチラカはフランスに亡命した。マダガスカルは最貧国のひとつで，国民の大半は1日1ドル以下で生活している。ラベロマナナ大統領は貧困削減戦略文書を作成し，世界銀行，IMFの支援をあおいだ。また，05年には南部アフリカ開発共同体(SADC)に加盟した。

マラウィ共和国　Republic of Malawi

面積：11万8000km²　人口：1320万人　首都：リロングウェ
住民：主要民族はチュワ人，マラビ人，ンゴニ人，ヤオ人
言語：公用語は英語，チュワ語も使用
宗教：キリスト教50％，イスラーム教20％など
沿革：ジンバブウェの北東にある内陸国で，南北840km，東西80～160kmの細長い国土で東側の大半はマラウィ湖(旧ニヤサ湖)が占める。植民地期，南部シレ高地には白人が入植し，タバコ，茶を栽培した。19世紀半ば，リヴィングストンがニヤサ湖を発見して以来，スコットランド伝道協会，アフリカ湖沼会社が入植・開発に乗り出した。

　1891年イギリスがニヤサランドを保護領化し，93年イギリス領中央アフリカと呼ばれたが，1907年再びニヤサランドに改称。第一次世界大戦中の15年アフリカ人徴兵に反対したチレンブエの反乱が起きた。53年のローデシア・ニヤサランド連邦結成に対し，44年に結成されたアフリカ人民族主義組織ニヤサランド・アフリカ人会議(NAC)は58年に医師バンダの帰国とともに連邦を離脱，独立を主張した。59年NACは非合法化され，バンダは投獄されたが，残った会員によりマラウィ会議党(MCP)が結成された。バンダの釈放後，63年には自治権を獲得，63年12月には連邦も解体し，翌64年7月，ニヤサランドは独立してマラウィとなり，バンダは首相に就任した。翌66年の共和国移行とともにバンダは初代大統領となった。バンダ政権はMCPの一党独裁体制をとり，内閣，議会は存在したが，マラウィは事実上大統領の家父長支配をおこなった。また，外交面でも南アフリカ共和国，モザンビーク，ローデシアなど白人支配国と友好関係を維持した。71年憲法改正によりバンダは終身大統領になった。

　冷戦終結後，マラウィでも民主化の動きは高まった。まず，教会グループが複数政党制の是非を問う国民投票を政府に要求，これを契機に反政府組織民主同盟(AFORD，チハナ議長)，連合民主戦線(UDF，ムルジ議長)が結成された。バンダ大統領は1992年に翌年の国民投票実施を公約した。93年6月の国民投票の結果，複数政党制は支持され，それに基づき総選挙実施が約束された。94年5月大統領および議会選挙が実施され，大統領選挙ではムルジ，議会選挙ではUDFが圧勝した。ムルジ新大統領はAFORDとの連合を呼びかけ，チハナは副大統領に就任した。さらに，99年選挙でもムルジ大統領は再選された。2004年大統領選挙で，UDFのムサリカが大統領に就任。しかし，翌05年2月，ムサリカは閣僚の汚職を理由にUDFを離党，新党民主進歩党(DPP)を結成した。これに対し，UDF議員は大統領を弾劾した。

マリ共和国　Republic of Mali

面積：124万km²　人口1390万人　首都：バマコ
住民：バンバラ人(30％)，フラニ人(15％)，セヌフォ人(10％)，ほかにソニンケ人，テュアレグ人など
言語：公用語はフランス語。バンバラ語など主要部族語も使用
宗教：イスラーム教が65％を占め，キリスト教は5％のみ
沿革：アフリカ大陸の北西部，北はアルジェリアに，東はニジェールに，南はブルキナファソ，コートディヴォワール，ギニアに，西はセネガルとモーリタニアとに囲まれた内陸国。中央部にニジェール川が湾曲しており，北部は砂漠でニジェール川流域はサバンナ地帯。

　ガーナ帝国，マリ帝国などの古代アフリカ王国の中心地であり，11世紀頃からイスラーム教が浸透した。19世紀後半にフランスが侵略し始め，1904年にスーダンとしてフランス領西アフリカに編入された。民族独立運動は第二次世界大戦後，スーダン同盟(US)を中心に進められ，59年にセネガルとともにマリ連邦を形成したが崩壊し，60年9月22日に独立し，USのモディボ・ケイタが大統領に就任した。

　ケイタは社会主義路線をとったが，経済は不安定で，1968年11月，軍部クーデタによってトラオレ中尉が政権の座に就いた。79年6月の民政移行後，トラオレは大統領に就任し，85年6月に再選された。91年3月，トゥーレ中佐によるクーデタが成功し，トゥーレ中佐は「国民会議」を開催，民主化への移行を計画し，92年2〜3月の総選挙の結果，マリ民主同盟(ADEMA)が勝利し，4月の大統領選挙では党首のアルファ・コナレが当選して，92年6月に民政移管は完了した。

　1995年5月の大統領選挙では，コナレが再選されたが，2002年の大統領選挙では，大統領は3期できないという1992年新憲法に基づき，コナレは出馬せず，91年のマリ民主化のイニシアティヴをとった軍部出身のトゥーレが大統領に選ばれた。2007年4月の大統領選挙で，トゥーレは最後の任期をめざし，再選された。2000年にはいっても，サハラ砂漠地域の北部では，独立以来続いている遊牧系少数民族のテュアレグ人の中央政府への帰順問題がくすぶり，06年5月以来，反政府武装活動が再燃した。以降，アルジェリアとリビアによる調停努力にもかかわらず，反政府武装組織と中央政府との和平は定着せず，08年5月には反政府組織による攻撃が再発した。経済は05年以来，年率成長率5％前後を実現しており，主要輸出品目である木綿を中心に順調に進展している。

南アフリカ共和国　Republic of South Africa

面積：122万1000km²　人口：4760万人　首都：プレトリア
住民：人種構成は白人，カラード(混血)，アジア人，アフリカ人からなり，アフリカ人は主要9民族に分かれる
言語：公用語は英語，アフリカーンスのほか，9民族語の合計11言語
宗教：キリスト教が8割，ほかに伝統信仰など
沿革：アフリカ大陸南端部。地勢は東・東南海岸から内陸に向かって急に高くなり山脈・高原(カルー)を形成し西海岸にゆるく傾斜している。気候は温暖であるが農業に適す地域は海岸部に限られている。

　17世紀中葉のオランダ人の入植以降，19世紀初めにイギリス植民地となり，オランダ人(ボーア人)は内陸に移動してトランスヴァールとオレンジ自由国を建国。19世紀末，金鉱の所有をめぐってボーア戦争が起こった。第一次世界大戦後，工業化が進んだ。第二次世界大戦後，ボーア人系の国民党政権誕生以来，極端なアパルトヘイト政策がとられ，それに対するアフリカ民族会議(ANC)の抵抗も高まった。1960年のシャープビル事件後，ANCとパン・アフリカニスト会議(PAC)は非合法化され，国外からゲリラ活動を開始した。一方，国内ではANCに代わって学生が中心となり76年ソウェト蜂起が起こった。国際社会からの強い非難を受けて，ボータ国民党政権は84年人種別三院制議会をつくったが，それを契機に統一民主戦線(UDF)は抵抗を強めた。政府はそれを弾圧したため，国際社会は対南アフリカ共和国経済制裁の強化をもって応じた。

　1989年デクラーク政権はこれまでの国民党路線を転換し，アフリカ人との対話による解決をめざし，90年ANC，PAC，南アフリカ共産党を合法化し，マンデラを釈放した。ついでANCとの2回の予備交渉ののち，第1回民主南アフリカ会議を91年12月と翌92年5月に開催し，アパルトヘイト廃止後の南アフリカの青写真について協議した。しかし，この過程で，白人では保守党，右翼，アフリカ人ではインカタ，PAC，アザニア人民機構(AZAPO)などがそれに反対した。さらに93年4月と7月に多党交渉フォーラムが開催され，暫定政府の樹立，暫定憲法が制定され，94年4月南アフリカ史上初の全人種参加選挙がおこなわれた。この選挙でANCが勝ちマンデラ連立政権が成立した。新政権は民族和解，復興開発計画(RDP)を掲げ，国際社会に復帰した。99年第2回総選挙が実施され，引退したマンデラに代わって副大統領ムベキが大統領となり，経済格差の是正，失業対策，エイズ対策に取り組んでいる。2005年，ムベキ大統領は汚職容疑でズマ副大統領を解任し，ANC内の対立が高まった。外資の導入により経済成長は続いているが，経済格差は解決していない。

モザンビーク共和国　Republic of Mozambique

面積：80万2000km²　人口：2020万人　首都：マプト
住民：主要民族としてマクアナ人，マクア人，トンガ人，セナ人など
言語：公用語はポルトガル語
宗教：伝統信仰が半数，ほかにキリスト教，イスラーム教など
沿革：南部アフリカのインド洋に面する国。地勢は海岸平野，内陸の高原，山岳地域に分かれ，国の中央部をザンベジ川が東流している。主産業は農業で綿，砂糖，カシューナッツを栽培。

　19世紀末のベルリン会議により正式にポルトガル領となり，初期のアフリカ人の抵抗を経て，共和国期，サラザール政権期に強制労働と同化政策による植民地支配体制が確立した。また隣国南アフリカ共和国との協定により毎年10万人のモザンビーク人が南アフリカ金鉱山に送り出された。1962年モンドラーネの率いるモザンビーク解放戦線(FRELIMO)が結成され，タンザニアを基地として64年から武力解放闘争を開始した。69年モンドラーネは郵便爆弾で死亡し，代わってマシェルが議長となった。70年代には中国，ソ連の支援を受けてザンベジ川の南側まで進出した。74年4月の本国リスボンのクーデタにより新軍事政権は植民地放棄を宣言，翌75年6月，モザンビークは独立した。

　独立後，フレリモ政権は1977年の第3回党大会でマルクス・レーニン主義を採択し，農業の集団化を進めた。しかし，そのあとに起こった反政府組織モザンビーク民族抵抗(RENAMO，ドラカマ議長)との内戦，農業集団化の失敗により，早くも83年4月の第4回党大会で社会主義路線を修正し，89年7月の第5回党大会ではマルクス・レーニン主義を放棄した。反政府組織レナモは反共産主義，経済の自由化を掲げ，小学校，病院など公共施設の破壊をおこなったが，その際南アフリカが軍事的に支援した。フレリモが社会主義を放棄したことから両者の対立点はなくなり，90年7月以降，ローマで一連の和平交渉がおこなわれた。この交渉は12回おこなわれ，最終的に92年10月合意をみた。この合意に基づき国連監視下で武装解除，選挙が実施されることになり，国連安全保障理事会は特別代表をモザンビークに派遣し，その指揮下で国連平和維持軍は，まず武装解除をおこなったが，武装解除の完了は遅れた。94年その完了とともに国連は選挙監視団を派遣し，選挙準備に着手，94年10月に大統領および議会選挙を実施，フレリモのシサノ党首が大統領に就任，フレリモも勝利した。2005年大統領選挙では，ゲブーザが新大統領に就任した。翌06年初め，モザンビークは大洪水と大地震にみまわれ，大きな被害を受けた。

モーリシャス共和国　Republic of Mauritius

面積：2000km²　人口：130万人　首都：ポート・ルイス
住民：インド・パキスタン人のほか，クレオール(混血)，中国人
言語：公用語は英語
宗教：ヒンドゥー教が半数，ほかにイスラーム教など
沿革：マダガスカルの東方750kmのインド洋の島。農業はサトウキビが主に栽培されているが，1970年代初め，政府は輸出加工区をつくり，積極的に外国資本を導入し，工業化をめざした。

　10世紀以前からアラブ人航海者に知られ，15世紀にはマレー人も訪れているが，ヨーロッパ人に知られたのは1510年のポルトガル人が最初であった。しかし最初の植民はオランダ人で98年インド航路の補給地として入植，当時オランダ独立戦争の指導者マウリッツの名にちなみマウリティウスと名づけた。しかし，オランダは1710年島を放棄し，代わって15年フランス人が入植した。その後，ナポレオン戦争中の1810年イギリスが占領し，15年のウィーン会議でイギリス領となった。33年の奴隷解放令により，イギリスはサトウキビ・プランテーション労働者にインド人を導入，19世紀後半には中国からの移民もふえた。1967年の制憲会議の結果，モーリシャスは翌68年3月に独立した。

　独立後の政権はインド系を基盤とする労働党(LP)，クレオールを基盤とする社会民主党(PMSD)，イスラーム系を中心とするムスリム行動委員会(CAM)の連立政権であったが，労働組合を基盤とする野党モーリシャス闘争運動(MMM)がストライキを打ったため非常事態宣言をだし指導者を逮捕した。1974年PMSDが連立政権から離脱したが，76年選挙で野党MMMが与党LPを上回ったため，LPは再度PMSDと連立を組んだ。82年選挙ではMMMがモーリシャス社会党(PSM)と連合して圧勝し，ジュグノートMMM党首が首相に就任した。しかし，83年MMMはPSMと対立し，ジュグノート首相はPSMの一部と連合して新党戦闘的社会主義運動(MSM)をつくった。95年12月の総選挙でLPとMMMの野党連合が与党連合を破り，ラムゴーラムLP党首が首相に就任。その後1年間続いた連合政権は97年に終わった。2000年の選挙に先立ち，ベレンガMMM党首とジュグノートMSM党首の間の権力分担合意に基づき，ベレンガはジュグノートの後任の首相となり，ジュグノートは名誉職である大統領になり，大統領の息子プラバンド・ジュグノートが父親に代わってMSM党首兼副首相となった。04年12月のインド洋大津波で被害を受けたモーリシャスで，翌05年1月，51の島嶼国が集まり，早期警戒システムの達成を協議した。

モーリタニア・イスラーム共和国　Islamic Republic of Mauritania

面積：102万6000km²　人口：320万人　首都：ヌアクショット
住民：モール系（アラブとベルベルの混血），少数の黒人系
言語：アラビア語，フランス語（ともに公用語）
宗教：イスラーム教
沿革：西アフリカのサハラ砂漠南部に位置し，大西洋に面しているが，南部のセネガル川流域を除いて国土は乾燥し，オアシスが散在している。アラブ・ベルベル系遊牧民の広域支配集団が割拠していたが，20世紀初頭フランス領西アフリカに編入され，1960年に独立した。74年，スペインが西サハラ植民地を放棄するにあたり，モロッコと西サハラ分割協定を調印したが，西サハラの独立運動組織ポリサリオ戦線の強い軍事抵抗を受け，以降，領土請求権を放棄した。ダッダー大統領とモーリタニア人民党の強力な指導体制が敷かれたが，78年のクーデタで失脚。以来軍事政権が続いた。

　1989年，セネガル川左岸においてモーリタニア人の牧畜民とその家畜の畑への侵入に怒ったセネガル人農耕民との間での暴力事件をきっかけに，セネガルの首都ダカールなどでは，大規模な暴動にまで発展し，国交は91年まで断絶した。

　1990年代にはいって，冷戦終焉にともなうアフリカ大陸の民主化の波のもとで，軍事政権は複数政党制へ移行せざるをえなくなり，91年に憲法を改正し，92年の大統領選挙で軍出身のタヤが選出された。97年には，イスラエルと外交関係を樹立した。90年に始まるイラクのクウェート侵攻による湾岸戦争では，イラクを支持した。タヤは97年も再選され，2003年6月には反体制弾圧を不満とする一部の軍人がクーデタを試みたが失敗に終わり，03年に3選を実現した。05年8月，タヤ大統領のサウジアラビア訪問時に無血軍人クーデタが実行された。国民の多くは歓迎したが，アフリカ連合（AU）や主要援助供与者であるEUなどの民政復帰への圧力が強まった。07年3月，独立以来はじめてと評された自由な大統領選挙が実施され，タヤ政権時代の閣僚のアブダライが選出された。しかし，08年8月，軍事クーデタが起こり，欧米およびアラブ連合は非難声明をだした。9・11事件以降のアメリカ合衆国による反テロ戦争の一環として打ち出されたアメリカのモーリタニアを含むサヘル諸国へのプレゼンスの強化は，08年2月の首都でのイスラエル大使館襲撃事件などイスラーム人口が圧倒的な同国において，社会の分裂要因となった。経済面では，05年から大西洋岸の沖合油田開発が本格化し，従来の鉄鉱石と水産品の輸出に加えて，あらたな外貨収入源として期待されたが，実際の埋蔵量は低レベルにとどまった。

モロッコ王国　Kingdom of Morocco

面積：44万7000km²　人口：3190万人　首都：ラバト
住民：アラブ人，ベルベル人
言語：アラビア語(公用語)，フランス語
宗教：イスラーム教
沿革：アフリカ大陸北西端にあり，地中海と大西洋に面する王国。国土の南部にアトラス山脈が東西に延び，山脈の北側に人口が集中している。前2世紀中頃までカルタゴの支配下にあり，その後ローマ帝国，ヴァンダル王国，ビザンツ帝国の支配を受けた。

　7世紀のアラブによる征服後，先住のベルベル人たちが徐々にアラブ化・イスラーム化していった。また，ハワーリジュ派の進出が著しく，ウマイヤ朝，アッバース朝支配に抵抗して，南モロッコのスース地方や北部のタンジャ地方で，しばしば同派の反乱が起こった。とくに，シジルマーサ一帯のハワーリジュ派の活動が盛んで，806年頃にハワーリジュ派政権ミドラール朝が興っている。また，4代カリフ，アリーの長男ハサンの系統に連なるイドリース・ブン・アブド・アッラーフがアラビア半島から亡命し，789年モロッコにイドリース朝を建国，同王朝はフェスを拠点に現在のモロッコ一帯を支配下に収めた。

　チュニジアに興ったファーティマ朝によって917にフェスが陥落し，東部は同王朝の支配下にはいった。その後，ムラービト朝，ムワッヒド朝が興亡し，13世紀半ばにはマリーン朝が進出した。

　モロッコはオスマン朝の征服をまぬがれ，アリーの子孫たちの王朝がつぎつぎと興亡した。この間に，西サハラやアフリカ西部への軍事進出があり，サハラ以南との文化交流も盛んとなった。

　1631年にシジルマーサに興ったアラウィー朝はタンジャのみを貿易港として，鎖国政策をとっていたが，フランスやスペインの進出の前に，鎖国政策を放棄，1904年にはフランスとスペインに国土を分割され，12年にフランスの保護国となった。56年，ムハンマド5世はフランスより独立し，王制を復活させ，国土を統一した。75年11月にスペイン領西サハラの領有権を主張し，国王ハサン2世の提唱でモロッコ国民による「緑の行進」がおこなわれ，翌年西サハラ領有を達成。これにより，ハサン2世は国内世論の統一を図り，王制の危機を回避した。

　その後，ハサン2世が1999年に没し，ムハンマド6世が即位したが，前王の治世期には比較的平穏であった国内の治安情勢は，2003年5月にカサブランカにおいて同時爆破テロが発生し，また07年にも同様の爆破事件が発生するなど，若干悪化の傾向をたどっている。

リベリア共和国　Republic of Liberia

面積：11万1000km²　人口：340万人　首都：モンロヴィア
住民：クペレ人(20%)，バッサ人(15%)，ブレボ人(10%)，ジオ人(10%)，クル人(5%)など
言語：公用語は英語
宗教：キリスト教(65%)，イスラーム教(15%)。ほかに伝統信仰
沿革：大西洋に面し，東はコートディヴォワール，西はシェラレオネ，北はギニアに接し，国土の約3分の2は熱帯雨林地帯に属する。

　1847年にアメリカの解放奴隷によって建設された国。1878～1980年まで人口の3%を占めるにすぎないアメリコ・ライベリアンの政党真正ホイッグ党(TWP)の支配が継続した。1926年にファイアーストーン社によるゴム・プランテーションの開発が始まり，60年代初期までゴムが最大の輸出産品であった。44年に大統領に就任したウィリアム・タブマン，その死後引き継いだウィリアム・トルバートによるTWPの独占的支配は，80年4月，ドウ曹長によるクーデタによって終焉した。84年7月に新憲法を制定し，86年1月にドウ議長が大統領に就任したが，89年12月，チャールズ・テーラー議長のリベリア愛国国民戦線(NPFL)が蜂起し，内戦状態になった。

　1990年9月ドウ大統領はNPFLの分派のジョンソン派に惨殺された。95年8月，内戦の当事者8派がナイジェリアのアブジャで和平合意に達し，97年，西アフリカ諸国経済共同体(ECOWAS)などの監視下で一連の選挙が実施され，テーラーが大統領に選ばれた。しかし，2003年には反政府武装勢力のリベリア和解・民主連合(LURD)が本格的に首都モンロヴィアに侵攻し，6月，停戦が調印された。国際社会の圧力で，テーラーは，ナイジェリアに亡命し，8月に本格的和平合意が実現した。05年11月の大統領決選投票では，国際官僚畑の女性エコノミストのサーリーフが大統領に選ばれた。06年4月，テーラー元大統領は内戦中犯した戦争犯罪容疑で，シェラレオネ特別法廷に移され，06年6月以降，オランダ，ハーグの国際司法裁判所内に収監された。

ルワンダ共和国　Republic of Rwanda

面積：2万6000km²　人口：920万人　首都：キガリ

住民：ベルギー統治下に牧畜民のトゥチ，農耕民のフツ，狩猟民のトゥワの三階層のいずれかに住民が位置づけられた。トゥチの多くは1959年に始まる抗争で国外に逃れ，難民となってウガンダやタンザニアに居住していたが90年以後帰還。現在人口の約9％。大部分の住民はフツで，94年の政争の際約150万人が難民となって主にコンゴに流出，96年には大挙帰国

言語：フランス語，ルワンダ語(ともに公用語)。スワヒリ語も広く通用。1994年以降英語も公用語

宗教：主としてキリスト教

沿革：アフリカ大陸中央部にあり，地理的条件はブルンディとほぼ同様である。人口密度が高く，山が多い。14世紀頃トゥチ人牧畜民が先住農耕民フツ人らを従え王国をつくった。1890年代にドイツの遠征隊により併合されドイツ領東アフリカの一部となった。第一次世界大戦後ルアンダ・ウルンジとしてベルギーの委任統治領(第二次世界大戦後は信託統治領)とされた。

　1959年よりトゥチ・フツ間の抗争が激しくなり，フツの民族主義者が主導権を握って61年にギタラマ宣言により王制の廃止を公約。国連監視下の総選挙を経てルワンダの名のもとに共和国として62年に独立。のち73年に軍部によるクーデタで軍事政権樹立。75年に軍部が単一政党樹立。90年に民主化要求が高まるなか，ウガンダに亡命していたトゥチを主体としたルワンダ愛国戦線(FPR)が北部に侵入，内戦となり，政府軍はフランス軍の支援でこれを撃退。91年に複数政党制を認めた新憲法が制定された。93年に挙国一致内閣や国軍の統合を決めたアルーシャ和平協定が調印されたが，94年4月に大統領が乗った飛行機の撃墜事件が起こるやいなや，フツ強硬派政府によって組織された民兵を主とする住民が，トゥチや穏健派のフツを襲い，短期間に80万人に達するといわれた死亡者がでる虐殺事件が起きた。同年7月にはFPRが政府軍を破って政権を奪取，この際150万人といわれる難民が隣国コンゴ民主共和国(当時国名はザイール)に流出したが，96年にザイール反政府軍がザイール東部を制圧した際，彼らは大挙してルワンダに帰国した。

　FPRを主体とした新政権の大統領ポール・カガメは，コンゴの内戦に介入して，1998年にはコンゴ東部からの反政府活動を抑えるという名目で，その大部分を支配下においたが，2002年にプレトリア合意に署名してコンゴから撤兵した。03年8月には同年5月に成立した新憲法下の総選挙がおこなわれ，カガメが大統領として住民の支持を得た。

レソト王国　Kingdom of Lesotho

面積：3万km²　人口：180万人　首都：マセル
住民：バソト80％，ズールー15％ほか
言語：英語，ソト語（ともに公用語）
宗教：キリスト教が大半，ほかに伝統信仰
沿革：南アフリカ共和国内にある内陸国。国の西側を除いて全国土の4分の3は海抜1600～3000ｍのドラーケンスベルケ山脈で，ここから西へオレンジ川が流れ出ている。高地のため気温差が激しく冬季には降雪もある。

19世紀初めズールーの侵攻を受け，モシュシュ1世はタバ・ボシウ（マセル近郊）にたてこもった。1835年以降南アフリカのボーア人のグレート・トレックにより併合されそうになったので，王はイギリスに保護を求め，68年正式にイギリス保護領バストランドとなった。イギリスは間接統治支配によりソト人の伝統制度をいかし統治した。1950年代末，アフリカ人の政治組織バストランド会議党（BCP，モケレ党首），バストランド国民党（BNP，ジョナサン党首）が結成され，61年独立を要求，64年のロンドン・ランカスターハウス会議で独立が承認された。65年の総選挙でBNPが勝ち，ジョナサンは首相となり，翌66年10月，モシュシュ2世を国王とする立憲王国として独立した。

独立直後，国王と首相の対立が起こり，国王は王宮に軟禁され，のちオランダに亡命した。独立後初の1970年選挙でBNPの敗北が明らかになるとジョナサンは憲法を停止し，モケレ党首を逮捕した。国民の批判を恐れたジョナサンは政治不介入を条件に国王の帰国を認めた。ジョナサンは新憲法制定を約束したがはたさず，BCPはレソト解放軍を組織し闘争を開始した。ジョナサンはBNP独裁化を進め，反アパルトヘイト姿勢を強化したため南アフリカ共和国から85年国境閉鎖を受けた。この苦境下でレハンヤ少将のクーデタが起こり，国王を国家元首とする軍事政権が発足したが，90年，レハンヤは国王と対立し，91年国王はイギリスへ亡命した。レハンヤは国王の長男をレツィエ3世として即位させた。91年4月軍内部でクーデタが起こり，ラマエマ大佐が政権を掌握した。92年モシュシュ2世は帰国した。93年軍政から民政移行への選挙が実施され，BCPが圧勝，モケレ党首が首相となった。ついで94年モシュシュ2世の復位問題に取り組んだが，同年8月レツィエ3世はクーデタを起こし議会を停止，その後周辺国の介入によりモケレ政権が復活した。98年および2002年の議会選挙ではBCPから脱退したレソト民主会議（LDC）が勝利し，モシシリが首相となった。最貧国レソト経済は，隣国南アフリカへの出稼ぎ労働に依存し，また05年のエイズ感染率は23％と高い。

セントヘレナ島　Saint Helena

面積：410km²　人口：6300人　行政府所在地：ジェームズタウン
住民：白人，アフリカ人，クレオール（混血）
言語：英語
宗教：キリスト教，伝統信仰
沿革：アフリカ西岸より洋上2800kmにある南大西洋の島でイギリス海外領土。行政区画としてアセンション島，トリスタン・ダ・クーニャ諸島を含む。火山島で最高峰はクィーン・メアリー峰（2060m）。気候は南東貿易風とベンゲラ寒流のため熱帯にあるにもかかわらず温和である。可耕地はわずか13％。生活必需品はイギリスからの輸入に依存している。

　1502年，ポルトガル人がはじめて来航，島名はコンスタンティヌス1世の母聖ヘレナにちなんで命名された。1645年オランダ東インド会社の船が来航し占拠した。その後68年，イギリス東インド会社の船が来航し，砦を建設し現在の首都ジェームズタウンとなった。当時の王弟ヨーク公（のちジェイムズ2世）の名にちなんで命名されたものである。イギリス東インド会社の東洋貿易の寄港地として使われた。ナポレオン戦争後の1815年10月，ナポレオンは流刑地として同島に到着，21年5月の死亡まで同島で暮した。33年，イギリス直轄植民地となった。70年代半ばまでは大西洋とインド洋を結ぶ航海の要地として繁栄したが，69年のスエズ運河開通によってその役割は終わった。

西サハラ Western Sahara(サハラ・アラブ民主共和国 Sahrawi Arab Democratic Republic)

面積：26万6000km² 人口：推計17～38万人 首都：エル・アイウン
住民：モール系(アラブとベルベルの混血)
言語：アラビア語
宗教：イスラーム教
沿革：北西アフリカで，サハラ砂漠西部に位置し，大西洋に面している。年間雨量が少なく，伝統的生業は海岸部での零細漁業を除き移牧が中心。

　19世紀後半，スペインによるサハラ西部への侵略が本格化し，20世紀初頭，数度にわたるフランスとの協定で，スペイン領西サハラの植民地の国境が画定した。1946年にはスペイン領西アフリカが創設された。モロッコが西サハラを含む大モロッコ主義を唱えだし解放軍が発足するなかで，同植民地は，スペイン本国の県となった。66年，国連総会はスペインに対し西サハラの住民の自決権を認めるよう要請する決議を採択した。70年，首都エル・アイウンで起きた西サハラ人虐殺事件を契機に，反植民地闘争が先鋭化し，73年にスペインからの独立を求めるポリサリオ戦線(POLISARIO，サギア・エル・ハムラおよびリオ・デ・オロ解放人民戦線)が結成され，以降，独立武装闘争を開始。75年，国際司法裁判所は，モロッコとモーリタニアの歴史的結びつきはあったものの，西サハラ住民の民族自決権を妨げるものではないという勧告的意見をだすが，モロッコはこれを不服として，モロッコ人35万人を動員した「緑の行進」により，西サハラの占拠を開始した。同年11月，スペインのフランコ総帥が危篤状態のなかで，スペインはモロッコとモーリタニアと西サハラを分与するマドリッド協定を結び，西サハラ住民がアルジェリア領に避難し，難民化した。

　1976年，「サハラ・アラブ民主共和国(RASD)」樹立が宣言された。79年にはモーリタニア新政権は西サハラ南部の領有権を放棄し，以降，ポリサリオとモロッコが対峙することとなった。84年，第19回アフリカ統一機構(OAU)首脳会議はRASDを加盟国として承認し，モロッコはOAUから脱退した。90年，国連安全保障理事会は国連西サハラ住民投票ミッション(MINURSO)により，住民に独立かモロッコへの併合かを問う投票実施案を承認した。しかし以降，モロッコは国連のたび重なる調停にもかかわらず住民投票の手続きを遅らせることによって，実質的に西サハラ占領を恒久化する政策をとり続けることになった。モロッコ占領下における西サハラ住民に対する人権侵害が国際的に非難される一方，2004年南アフリカはRASDを承認し，世界の承認国は約30～50カ国となっている。また占領下における外国企業の漁業資源不法開発も近年問題化した。

マイヨット島　Mayotte

面積：373km²　人口：9万7000人　政庁所在地：ザウジ
住民：コモロ人
言語：マオレ語，フランス語
宗教：イスラーム教
沿革：インド洋のモザンビーク海峡の北端，マダガスカル島の北にある島。フランス海外領土。山の多い島で海岸はサンゴ礁で囲まれている。最高峰はベナラ山(660m)。気候はモンスーンに左右され，11～4月にかけてサイクロンの影響を受ける。サトウキビ栽培と漁業が住民の主な産業である。

　19世紀にマダガスカル島からサカラバ人が移住し，1843年その首長は海軍基地を求めていたフランスにザウジ島を割譲した。その後，レユニオン島のクレオール(混血)の農園主たちが移住，サトウキビ栽培を中心に同島を支配した。1912年，マイヨット島を含むコモロ諸島はフランス植民地となった。60年代，マホレ人のコモロからの分離を主張する運動が高まり，75年のコモロの独立とともにマイヨット島はフランス領として残り，74年と76年と2回国民投票が実施され，おのおの63.8％と99.4％の支持を得，76年以来，フランス特別自治体(海外県と海外領の中間)となった。2001年同島はフランスの海外県となったが，コモロは反対している。

アフリカ　119

レユニオン島　Réunion

面積：2510km²　人口：79万6000人　政庁所在地：サンドニ
住民：クレオール(混血)，インド人，アフリカ人
言語：クレオール語
宗教：カトリック
沿革：マダガスカル島南東沖にある火山島。山がちな地形で平野は少ない。最高峰はネージュ山(3069m)。熱帯性気候で，11〜4月にサイクロンの影響を受ける。主要産業はサトウキビ栽培と漁業である。

　1513年ポルトガルのペドロ・マスカレナスがこの無人島を発見，その後1638年フランスが領有し，マスカレン島と命名した。17世紀半ば以降フランス東インド会社がアフリカ人奴隷を移入，1767年直轄植民地とした。93年，レユニオンと改名。ナポレオン戦争期の1810〜15年の間，イギリスが一時占領したが，ウィーン会議後フランスに返還した。48年の奴隷貿易廃止後，インドから年季契約労働者としてインド人を移入し，サトウキビ栽培をおこなった。1946年フランス海外県となり，74年行政権が与えられた。直接選挙で5名の代表をフランス下院に，間接選挙で3名を上院に送っている。2002年にユーロが導入された。

ヨーロッパ──EU・45カ国・6地域

オーストリア
スロヴェニア
リュブリャナ
ザグレブ
ハンガリー
ルーマニア
クロアチア
ボスニア=ヘルツェゴヴィナ
ベオグラード
セルビア
サラエヴォ
コソヴォ
モンテネグロ
プリシュティナ
ポドゴリツァ
スコピエ
マケドニア
アルバニア
ティラナ
イタリア
ギリシア
200km
レイーキャヴィーク
アイスランド
フェーロー諸島(デ)
アイルランド
ダブリン
イギリス
マン島(英)
ロンドン
オランダ
ベルギー
アムステル
デンマー
チャネル諸島(英)
ブリュッセル
パリ
ルクセンブルク
リヒテンシュ
ベルン
スイス
フランス
モナコ
アンドララベラ
アンドラ
ポルトガル
マドリード
リスボン
スペイン
ジブラルタル(英)
ラバト
アルジェ
チュニス
モロッコ
アルジェリア
チュニジ
500km

ヨーロッパ 123

ヨーロッパ

- スウェーデン
- フィンランド
  - ヘルシンキ
- ロシア
  - モスクワ
- タリン
- ストックホルム
- エストニア
- リーガ
- ラトヴィア
- リトアニア
- ヴィリニュス
- ロシア
- ミンスク
- ポーランド
- ベラルーシ
- カザフスタン
- ワルシャワ
- チェコ
- キエフ
- ウクライナ
- スロヴァキア
- プラチスラヴァ
- ブダペシュト
- モルドヴァ
- キシナウ○（キシニョフ）
- リア
- ハンガリー
- リュブリャナ
- ルーマニア
- ブカレスト
- サグレブ
- セルビア
- クロア
- サラエヴォ
- ベオグラード
- コソヴォ
- プリシュティナ
- グルジア
- トビリシ
- バク
- アゼルバイジャン
- ボスニア・ヘルツェゴヴィナ
- モンテネグロ
- ポドゴリツァ
- ソフィア
- スコピエ
- ブルガリア
- エレヴァン
- アルメニア
- イラン
- マケドニア
- ティラナ
- ギリシア
- アンカラ
- トルコ
- アルバニア
- アテネ（アティナ）
- ニコシア
- イラク
- シリア
- バグダード
- キプロス
- ダマスクス
- バレッタ

ヨーロッパ連合　European Union

面積：434万1000km²(27カ国)　人口：4億8950万人(27カ国)
本部：ブリュッセル
沿革：ヨーロッパは20世紀前半に2度の世界大戦を経験し、甚大な被害を受けた。ヨーロッパ統合思想は19世紀末にまでさかのぼるが、第二次世界大戦後、フランス外相シューマンが1950年、フランスと西ドイツの石炭・鉄鋼生産の共同管理を提案し、それにベネルクス3国とイタリアが加わり、6カ国で欧州石炭鉄鋼共同体(ECSC)が成立した。これが欧州統合の出発点となった。57年締結のローマ条約に基づいて、欧州経済共同体(EEC)や欧州原子力共同体(EURATOM)が発足したが、67年7月、これら3機関の執行機関が統合され、ヨーロッパ共同体(EC)が設立された。加盟6カ国で関税同盟や共通農業政策がスタートした。EC加盟国の首脳会議が常設化され、欧州理事会が設置された。しかし、重要議題については全会一致の原則がとられ、ECよりも国家主権が優先された。80年代前半の世界的不況下で、加盟国は自国の利益を優先し、EC内の統合は停滞したが、86年2月に単一欧州議定書が採択され、非関税障壁の撤廃など域内統合がめざされ、ECの活動は再活性化した。

　ドイツ統一を機に欧州統合は加速し、1992年2月、EC設立の基盤となったローマ条約を改訂した欧州連合条約(マーストリヒト条約)が締結された。イギリス、デンマークで批准作業が難航したが、93年11月1日、マーストリヒト条約が発効してECはヨーロッパ連合(EU)に移行した。EU域内の人、サービス、資本、資金の移動が自由化され、12カ国人口3億7000万人、アメリカに匹敵する経済力を有する経済圏が誕生した。EUには、欧州理事会(EUサミット)、欧州議会(ストラスブール)、欧州委員会(ブリュッセル)、中央銀行(フランクフルト)、司法裁判所(ルクセンブルク)が設置されており、加盟国には、経済、外交、安全保障、法律、内政などの各領域で共同歩調をとることが義務づけられる。95年、オーストリアなど3カ国がEUに加盟した。99年に欧州経済通貨同盟(EMU)が発足し、欧州共通通貨(ユーロ)が銀行間決済で使用され始め、2002年1月に一般市場にも導入された。現在(08年初め)、イギリスなどを除く15カ国でユーロが流通している。04年5月1日、ポーランド、ハンガリーなど東欧10カ国が、07年にもさらに2カ国が加盟して現在のEU加盟国数は27である。EUの統合強化をねらった「欧州憲法」はフランスとオランダの国民投票によって否決された。欧州憲法に代わるリスボン条約(07年12月締結)も08年6月のアイルランド国民投票で否決され、09年1月の条約発効は危ぶまれている。

アイスランド共和国　Republic of Iceland

面積：10万3000km²　人口：30万人　首都：レイーキャヴィーク
住民：アイスランド人
言語：アイスランド語
宗教：プロテスタント

沿革：860年頃にヴァイキングがアイスランドに渡来し，870年頃から60年間にわたってノルウェー人が植民をおこなった。930年頃，アルシングと呼ばれる，立法・裁判機能をもつ全島的集会制度が組織され，豪族による統治がおこなわれた。1000年頃，アイスランドはカトリックを受容した。13世紀半ば以降，ノルウェー国王に臣従したが，14世紀後半，カルマル連合によってノルウェーがデンマークの支配下にはいると，アイスランドもデンマーク王の直接支配を受け，農地は教会領や王領になった。デンマークの影響下で，アイスランドはカトリックからプロテスタントに改宗したが，疫病の流行，火山の噴火，凶作などによって人口は激減した。

　19世紀初頭のウィーン会議の結果，アイスランドはデンマークの支配下に残されたが，民族意識が高まり，廃止されていたアルシングが諮問議会として約半世紀ぶりに1843年に復活し，さらに54年に貿易自由権を獲得した。74年にデンマーク憲法に付随して発表されたアイスランド憲法はアルシングに立法・財政権を付与して一定程度の自治を認め，アイスランドは自立への道を踏み出した。1904年に教会・司法・産業・交通・通信の各分野の自治権を得て，さらに18年にはデンマークと連合条約を結び，同君連合の地位を獲得して主権をもつに至った。第二次世界大戦中，デンマーク本国がドイツ軍に占領されると，アイスランドには英米軍が進駐した。44年におこなわれた独立の是非を問う住民投票では住民の97％が独立に賛成し，アイスランドは独立を宣言した。

　第二次世界大戦前，アイスランドは永世中立を宣言した。だが，1949年に政府は国内世論の反対を押し切ってNATOに加盟した。軍隊を保有しないアイスランドは51年以降国防をアメリカ軍に依存していたが，2006年9月末のアメリカ軍完全撤退とともに，防衛政策の根本的見直しが不可避となった。

　アイスランドは近隣諸国と漁業問題でしばしば対立しており，漁業利益の相違ゆえにEUに加盟していない。だが，欧州自由貿易連合（EFTA）に加盟し，欧州経済領域（EEA）によってEU市場と結びついている。近年は，これまでの主力産業であった漁業に代わって，金融・バイオテクノロジー・情報部門が成長している。

アイルランド Ireland

面積：7万km²　人口：420万人　首都：ダブリン
住民：アイルランド人
言語：ゲール(アイルランド)語が第1公用語，英語が第2公用語
宗教：カトリック

沿革：前7500年頃から先住民がいたが，前5世紀頃ケルト人がアイルランドに侵入し，先住民を征服した。後5世紀にキリスト教が布教され，アイルランドは「聖者と学者の島」と呼ばれ，西欧のキリスト教の拠点となった。12世紀後半，ウェールズ地方のアングロ・ノルマン人貴族がアイルランドに侵入し，一時全島の4分の3を支配した。16世紀前半，ヘンリ8世は，アイルランドにイギリス的な封建的支配構造や国教会制度を導入するなどして，アイルランドに対する支配を固めた。16世紀半ば以降，プロテスタントの北アイルランド入植がおこなわれた。17世紀半ば，クロムウェルは反革命派の拠点であったアイルランドを征服したとき，カトリック地主から土地を没収し，アイルランドの植民地化をさらに進めた。

1801年にアイルランド議会は閉鎖され，アイルランドはイギリスに併合された。19世紀半ばに発生した大飢饉では，餓死と海外移住によって人口が200万人以上も減少した。この頃，青年アイルランド党が民族自立運動を開始し，イギリス政府も抑圧的政策を一部撤回した。

1914年にアイルランド自治法案が成立したものの，第一次世界大戦勃発によって実施は延期された。20年のアイルランド統治法によって，南部26州から構成されるアイルランド自由国が成立したが，北部6州は帝国自治領にとどまった。アイルランド自由国は，第二次世界大戦において中立を維持し，49年に独立を宣言，アイルランド共和国としてイギリス連邦からも離脱した。アイルランドはNATOには参加していないが，国際連合の平和維持活動には積極的に参加している。73年にはEC(現EU)に加盟した。だが，EU統合強化をめざしたリスボン条約に対して，アイルランド国民は2008年6月に実施された国民投票において反対票を投じた。

プロテスタントが優勢な北アイルランド6州では，1920年に自治政府が形成された。だが，カトリック系住民とプロテスタント系住民との対立が激しくなると，72年以降イギリス政府が同地域を直接統治した。98年に両者の和平合意がはじめて成立し，自治政府が発足したもののアイルランド共和国軍(IRA)の武装解除をめぐって和平は頓挫した。2005年にIRAの武装解除が終了したのち，07年5月に自治政府が復活した。07年5月，史上はじめてアイルランド首相がイギリス国会で演説し，両国の新たな関係を印象づけた。

アルバニア共和国　Republic of Albania

面積：2万8000km²　人口：310万人　首都：ティラナ
住民：アルバニア人が大多数，ほかにギリシア系
言語：アルバニア語(ゲグ語とトスク語の2つの方言，公用語はトスク語が基本)
宗教：イスラーム教が多数，ギリシア正教が少数，ほかにカトリック
沿革：バルカン半島の南西部に位置する。北はセルビア・モンテネグロ，東はマケドニア，南東と南はギリシアに国境を接し，西はアドリア海，南西端の一部はイオニア海に面している。

　前3世紀，今日のアルバニア人の祖先とされるイリュリア人とトラキア人が南下し，国家を形成した。前4世紀にマケドニア，前3世紀頃からローマ帝国による支配を受ける。9世紀初めにはビザンツ帝国のセマ制(軍政区)が敷かれ，その後ビザンツ帝国とブルガリア帝国の勢力下におかれた。14世紀前半にはセルビア王国に併合されるが，同世紀後半には，バルカン半島に侵入したオスマン帝国の支配下にはいった。

　19世紀オスマン帝国の弱体化にともない，独立運動が起こり，1878年ベルリン条約によってアルバニア人居住地域の一部がモンテネグロに割譲されると，プリズレン連盟が結成され，自治を求める運動が活発化した。1912年第1次バルカン戦争後のロンドン会議で，アルバニアの独立が承認された。第一次世界大戦中には，オーストリア=ハンガリーとイタリア，フランスに占領されるが，20年新政府の樹立が宣言された。24年に武装蜂起が起こり，翌年には共和国宣言がされたが，28年に世襲君主国に変わった。39年イタリアが併合し，第二次世界大戦下ではドイツに占領されたが，民族解放戦線によるレジスタンス運動も展開された。

　1944年11月占領から解放され，共産党のホジャを首班とする政権が成立した。ユーゴスラヴィアからの援助で経済発展を進めたが，48年ユーゴのコミンフォルム追放によって関係が断絶し，経済援助を受けていたソ連とも中ソ対立をめぐって61年には関係がとだえた。60年代以降に接近した中国とも，78年には経済・軍事援助が停止され，孤立政策を深めた。独裁を続けたホジャが85年に死去すると，90年に一党独裁が放棄され，複数政党制に基づく自由選挙が実施された。翌年には大統領制も導入された。「ねずみ講」式投資組織があいつぎ破綻し，97年に住民が武装蜂起した。98年には社会党を中心とする連立政権が発足し，新憲法が制定された。2001年の人民議会選挙では社会党が第1党を維持したが，その後党内抗争が起こった。05年7月の議会選挙では，民主党などの野党連合が勝利し，9月に連立政権が発足し，政権が交代した。

アンドラ公国　Principality of Andorra

面積：500km²　人口：7万人　首都：アンドラララベラ
住民：アンドラ人，スペイン人，フランス人
言語：公用語はカタルーニャ語。ほかにフランス語，スペイン語
宗教：カトリック
沿革：フランス・スペイン間のピレネー山脈中に位置する公国。前1世紀，アンドラはアンドシニという名で歴史書に記述されている。819年，フランク国王がウルヘル司教にアンドラの主権を譲渡した。その後，アンドラに対する諸権利はウルヘル司教から，司教の封臣であったカンブエット家に委譲され，その後はフランスのフォア家が諸権利を引き継いだ。ウルヘル司教とフォア家の間でアンドラの諸権利をめぐって紛争が発生したのち，1278年に両者で協定が結ばれ，それ以降，ウルヘル司教とフォア家がアンドラを共同で統治した。フォア家の権利は，アルブレ家やブルボン家に移り，現在はフランス国家が行使している。15世紀初頭，議会が創設され，アンドラ全体にわたる行政機構がつくられた。近世以降，アンドラは厳格な中立政策をとり，スペインとフランスが争ったスペイン継承戦争において中立を保った。1866年に現在の総評議会の原型がつくられ，選挙制度の改革がおこなわれた。

　フランスとスペインを除いて外国と接触しないアンドラは貧しい地域であったが，第二次世界大戦後，観光業を軸に急速に経済発展をはたした。1970年に普通選挙制が導入され，82年に立法と行政が分離した。88年4月に国連世界人権宣言(48年)がアンドラの法律のなかに取り入れられ，6月に労働組合がはじめて設立された。

　中世以来の共同元首体制によってアンドラの国際法上の地位は不明確であった。そのため，1990年の選挙で総評議会の多数派を形成した改革派は新憲法作成を開始した。93年3月，新憲法は国民投票によって承認され，主権国家としてのアンドラ公国が成立した。新憲法では，共同元首は残されたものの名目的な存在となり，主権はアンドラ人によって行使されると規定され，司法の独立や公国の外交権も定められた。93年6月にはフランスおよびスペインと友好善隣条約を締結し，7月に国連に加入した。アンドラはEUに未加盟であるが，関税同盟や貿易協定に参加しており，国内でもユーロが流通している。直接税がないためしばしば租税回避地として使われ，90年代以降，フランスやOECDは，不正資金の洗浄にも利用されうる租税および金融制度を改革するようアンドラにしばしば勧告した。

イギリス（グレート・ブリテンおよび北アイルランド連合王国）
United Kingdom of Great Britain and Northern Ireland

面積：24万3000km² 人口：5980万人 首都：ロンドン
住民：アングロ・サクソン人，スコットランドとウェールズにおいてはケルト系，旧植民地からの移民
言語：英語，ウェールズ語
宗教：イギリス国教会のほか，バプティスト教会，メソディスト教会，ローマ・カトリック
沿革：ヨーロッパ大陸の西方に位置する立憲王国。前6世紀頃，ケルト人が侵入し先住民を征服した。その後，ローマがイングランド南部を支配したが，5世紀頃以降に侵入したアングロ・サクソン人がイングランドに小王国を形成した。11世紀初頭，デーン人が来寇したのち，1066年，ノルマンディ公ウィリアムがノルマン朝を形成した。プランタジネット朝が続いたが，王権の伸長に対して貴族は「マグナ・カルタ」を定めた。また，13世紀には身分制議会が形成され，14世紀前半には上下二院制が始まった。16世紀には，国王の主導で宗教改革がおこなわれ，ローマ教会の影響力を排除したイギリス国教会が成立した。

政治的・宗教的対立によってピューリタン革命が発生し，王政が廃止され，一時共和政が敷かれた。名誉革命では議会主導で国王の交代が実現した。1689年の「権利の章典」によって王権に対する議会の優位が明文化され，イギリスは議会が主権をもつ立憲君主国となり，しだいに「王は君臨すれども統治せず」という原則が生まれた。1707年，イングランドとスコットランドが合併し，大ブリテン王国が成立した。18世紀，イギリスはフランスとの植民地獲得競争に勝利し，18世紀後半に綿産業を中心に発生した産業革命はイギリスを「世界の工場」の地位へと押し上げた。1801年，アイルランドを併合。19世紀前半，選挙法改革が開始され，信教の自由が実現されるなど自由主義的改革がおこなわれた。イギリスはアフリカやアジアに広大な植民地を獲得し，19世紀後半はイギリスの絶頂期となった。

第二次世界大戦後，イギリス政府は基幹産業の国有化や保健サービスの充実などによって福祉国家建設の道を歩み始めた。米ソ超両大国の存在や植民地の独立，さらにイギリス経済の停滞によって，イギリスの世界政治上の発言力は低下した。1979年にイギリス史上初の女性首相に就任したサッチャーが大胆な民営化路線を軸とする新自由主義的政策を導入し，産業の回復をはたした。97年の総選挙の結果，ブレアを首班とする労働党政権が18年ぶりに発足した。対イラク政策によって支持を低下させたブレアは，2007年6月，ブラウン蔵相に首相の座を譲った。

イタリア共和国　Republic of Italy

面積：30万1000km²　人口：5810万人　首都：ローマ
住民：イタリア人，北部にドイツ系，フランス系，南部にアフリカ系の少数住民
言語：イタリア語
宗教：カトリック，ほかにプロテスタント，イスラーム教，ユダヤ教
沿革：前1000年頃，イタリア人がイタリア半島に南下し，そのなかのラテン人によってローマが建設された。前272年，ローマが全イタリア半島を支配下においた。前1世紀末，ローマは全地中海地域を支配したが，後2世紀以降，衰退に向かった。395年にローマ帝国は分裂し，ゲルマン人の侵入によって西ローマ帝国は476年に滅亡した。

　中世から近世までのイタリアの歴史は分裂によって特徴づけられる。南部には，イスラーム教徒の侵攻後，ノルマン人によって両シチリア王国が建国された。北部には地中海貿易を背景にして海港商業都市が勃興し，ヴェネツィア，フィレンツェ，ジェノヴァなどの繁栄がめざましかった。イタリア中部の教皇領は，世俗的権力としても大きな影響力を有した。16世紀，神聖ローマ皇帝とフランス王が勢力を競う場となったイタリアは荒廃し，スペインの支配下におかれた。18世紀以降，北部と中部はオーストリアによって支配された。19世紀前半のカルボネーリアや青年イタリアによる立憲運動や国家統一運動はオーストリアの介入によって阻まれた。だが，1861年，ガリバルディやカヴールの活躍によってイタリアは統一され，サルディーニャ国王が初代イタリア国王に即位した。70年にローマを併合し，首都とした。

　イタリアは連合国の一員として第一次世界大戦に参戦したが，大戦後，各地で農民運動や労働運動が活発化し，社会不安に陥った。1922年，ムッソリーニのファシスト政権が成立し，イタリアは日本やドイツと同盟を結び，第二次世界大戦に参戦した。43年にムッソリーニが失脚し，イタリアは連合国軍に降伏した。

　1946年に王政は廃止され，翌47年に共和国憲法が成立したが，中道政党を中心とした連立政権が続いた。冷戦終結後，汚職事件の摘発を受け，既存の政治集団は分裂・崩壊し，新政党が成立されるなど，イタリアの政治的配置は一変した。

　国際紛争解決の手段としての戦争の放棄を規定している第11条は，イタリア共和国憲法の特色である。1999年3月に発生したコソヴォ紛争において，イタリアはNATO軍に基地を提供するにとどまり，直接的な軍事行動には参加しなかった。

ヴァティカン市国　State of the City of Vatican

面積：0.44km²　人口：1000人
住民：教皇庁の聖職者と衛兵
言語：ラテン語，フランス語，イタリア語
宗教：ローマ・カトリック
沿革：古代ローマ時代，現在のヴァティカン市国内にあった競技場で使徒ペテロが処刑された。ペテロの墓の上に，349年，サン・ピエトロ聖堂が建設された。ローマ・カトリックはローマ帝国の国教となり，西欧世界に拡大した。カロリング朝ピピンがラヴェンナ地方を征服し，ローマ教皇に寄進したのが教皇国家の始まりであり，カール大帝の寄進によって教皇国家はさらに拡大した。

　18世紀末，フランス革命軍の支援のもと，ローマで共和政が宣言され，教皇は南フランスに移された。ナポレオンによるイタリア征服後，1809年にヴァティカンおよび教皇国家は分割され，フランスなどに併合された。ナポレオン没落後，ヴァティカンおよび教会国家は再建された。

　ヴァティカンとイタリアとの関係について，ローマ教皇はイタリア統一の動きにしばしば対立した。イタリア統一をなしとげたイタリア王国は，1870年に教皇国家を併合したが，ヴァティカンにとどまった教皇はイタリア王国を批判し続け，教皇はイタリアの内政・外政上の障害となった。1929年，首相ムッソリーニは教皇とラテラーノ協定を締結し，主権国家としてヴァティカン市国の設立を認め，カトリックをイタリアの国教とする一方，ローマ教皇は1870年の教皇国家併合を追認した。第二次世界大戦直後に制定されたイタリア共和国憲法もラテラーノ協定を再確認した。だが，1984年にラテラーノ協定の大幅な見直しがおこなわれ，カトリックは国教の地位を失い，カトリック教会に付与されていた特権も廃止された。

　冷戦終了後，ヴァティカンはロシアや東欧旧社会主義諸国だけでなく，メキシコやイスラエルとの外交関係を樹立した。2000年，教皇庁はカトリック教会の歴史的な罪を総括した文書「記憶と和解――教会と過去の過ち」を公表し，キリスト教会の分裂，異端審問，ユダヤ教徒や先住民の抑圧，十字軍などを罪としてあげた。01年，教会が東西に分裂してのちはじめて，教皇はギリシアを訪問した。01年6月にウクライナを訪れて東方正教会との和解をめざし，02年2月にはロシアで4司教区が設置された。EUに対して，教皇は欧州憲法などにキリスト教の教えが反映されていないことやEU加盟諸国の世俗化傾向を批判した。05年4月にヨハネス・パウルス2世が死去したのち，ドイツ人枢機卿ラツィンガーが新教皇ベネディクトゥス16世に選出された。

ウクライナ　Ukraine

面積：60万4000km²　人口：4600万人　首都：キエフ
住民：ウクライナ人，ロシア人，ベラルーシ人，モルドヴァ人，クリミア・タタール人
言語：公用語はウクライナ語，ロシア語も一般に通用
宗教：ウクライナ正教，ロシア正教，合同教会
沿革：ヨーロッパ東部の共和国。1991年から現在の国名。ウクライナの諸地域中，黒海北岸は前8〜前7世紀にギリシア人の入植地であり，ステップ地域は前6世紀以降，騎馬遊牧民族国家の一部であった。ボスポロス王国やハザール国家もこの地に盛衰した。

　9世紀半ば〜13世紀半ば，ロシア国家の源流キエフ・ルーシが繁栄した。その衰退後はガーリチ・ヴォルィニ公国が発展したが，14世紀にガーリチはポーランド，ヴォルィニはリトアニアに併合された。1569年のルブリン合同でウクライナはポーランド支配下にはいり，正教徒は合同教会(教義はカトリック，典礼は正教)に改宗を迫られた。他方15世紀以来ステップ地方では，ポーランド，リトアニアからの逃亡農民を中心にカザーク(コサック)集団が形成された。1667年，ロシアとポーランドはウクライナをドニエプル川左岸と右岸に分割した。ロシア領ドニエプル左岸にはカザークの自治体制が敷かれたが，18世紀後半に廃止された。ポーランド分割後はドニエプル右岸も，オーストリア領ガリツィアを除きロシア領となった。19世紀，ウクライナ民族文化が復興するが，ポーランドの影響を恐れたロシア帝国政府はこれを抑圧し，合同教会も1839年正教会に編入した。

　1917年の帝政崩壊後，18年初頭にウクライナ人民共和国が独立した。ロシア赤軍の侵攻を皮切りに内戦期にはいり，幾多の政権が滅んだのち，ウクライナ・ソヴィエト社会主義共和国が残った。22年のソ連邦結成に際しては各共和国の権限強化を強く求めた。20年代には現地文化・幹部育成策が推進されたが，30年代には一転民族主義は弾圧され，農業集団化でも大量の犠牲をだした。第二次世界大戦により，ガリツィアの東半分がウクライナ領となった。大戦中に成立したウクライナ蜂起軍(UPA)は対独闘争をおこなうのみならず，50年代半ばまで反ソ闘争を続けた。国連に成立時から加盟した。53年のスターリン死後，民族主義弾圧は緩和され，54年にはクリミア半島がロシアから移譲された。86年にはチェルノブイリ原発事故が起こった。ペレストロイカ期に民族主義運動が活発化した。

　1991年，ソ連崩壊後に独立，ヨーロッパで最大面積の国家となった。ロシア志向の東部と欧米志向の西部との国内対立をかかえるが，豊かな鉱物資源，発達した工業・農業を擁し，潜在力は極めて高い。

エストニア共和国　Republic of Estonia

面積：4万5000km²　人口：130万人　首都：タリン
住民：エストニア人が大半，ロシア系が少数，ほかにウクライナ系とベラルーシ系
言語：公用語はエストニア語
宗教：プロテスタント(ルター派)，東方正教会など
沿革：バルト3国のうち最も北に位置している。現在のエストニア地域には，13世紀初頭ドイツ騎士団が入植を始め，14～15世紀になると4つのハンザ都市が生まれて繁栄した。13世紀前半から14世紀前半にかけて，北部はデンマークの統治下となっていたが，17世紀初頭ポーランドとの戦争に勝利したスウェーデンによって，エストニア地域全体が編入された。18世紀初頭の北方戦争(1700～21年)によってロシア帝国の支配下にはいった。

　19世紀になると，農奴解放がおこなわれ，知識人による国民文化が形成されたが，19世紀末にはロシア化政策によって停滞する。1917年のロシアの二月革命によって自治権が認められ，エストニア人による初の議会が誕生したが，続く十月革命によって解散を強いられ，非合法の活動を続けた。18年2月エストニア救済委員会が独立を宣言するが，ドイツ軍によってタリンが占領された。11月には侵攻してきたロシア赤軍とも戦い，20年2月ソヴィエト・ロシアとの間でタルト平和条約を結んで独立した。

　1920年に採択された憲法によって民主主義体制が保障されたが，しだいに権威主義体制へと移行した。39年8月独ソ不可侵条約の付属秘密議定書により，40年8月ソ連を構成する共和国となった。その後，ドイツの占領下に傀儡政権ができたが，ソ連軍の侵攻でドイツ軍が敗退し，44年再度ソ連軍に占領され，ソヴィエト化が再開された。以後，農業の集団化が進行し，シベリアへの大量強制連行も強行された。70年代にはロシア化政策が強化され，反体制運動も起こった。

　1987年ペレストロイカの進行にともなって起こった環境保護運動による抗議活動は，「歌いながらの革命」によって大衆へと拡大した。人民戦線，共和国最高会議，市民委員会が改革運動を牽引し，88年11月主権宣言を，90年3月には独立移行宣言をおこなった。91年ソ連でのクーデタ未遂後，9月ソ連が独立を承認し，92年6月新憲法が採択された。2004年3月NATOに，5月にはEUに加盟した。05年4月改革党を中心とする国民同盟，中道党との連立政権が発足した。06年9月には元外相が大統領に選出されている。07年3月の総選挙で，改革党が大幅に議席をふやし，祖国レスプブリカ同盟，社民党との連立政権が誕生した。

オーストリア共和国 Republic of Austria
面積：8万4000km² 人口：820万人 首都：ウィーン
住民：ドイツ系大多数，ほかにハンガリー系，スロヴェニア系，クロアチア系など
言語：ドイツ語
宗教：カトリックが大多数，ほかにプロテスタント
沿革：ヨーロッパ大陸のほぼ中央部に位置する。現在のオーストリア地域は，1世紀頃にローマ帝国の属州となった。8世紀末には，カロリング朝フランク王国の辺境伯領が設けられ，976年にバーベンベルク家が辺境伯となった。12世紀半ばには，大公領に格上げされた。1273年ハプスブルク家のルドルフがドイツ国王に選出された。1526年ボヘミアとハンガリーの一部を統合し，29年と1683年には，2度にわたるオスマン帝国軍のウィーン包囲を撃退した。18世紀になると，ハプスブルク家がドナウ諸地域で絶対主義体制を確立し，ヨーロッパの大国となり，マリア・テレジアとヨーゼフ2世は，中央集権化体制と重商主義政策を推進した。1814年に開催されたウィーン会議では，復古的体制が確立され，オーストリア皇帝を首座とするドイツ連邦が結成された。48年3月憲法の制定と出版の自由を求める革命がウィーンで起こったが，皇帝軍に敗北した。66年プロイセンとの戦いに敗れると，67年妥協（アウスグライヒ）が結ばれ，オーストリア＝ハンガリー二重君主国が成立した。19世紀後半には，諸政党が結成され，世紀末文化が生まれた。

　第一次世界大戦の敗北により二重君主国は解体し，1918年11月ドイツ・オーストリア共和国が宣言された。34年2月に起こった防衛同盟と社会民主党の蜂起は鎮圧され，5月に制定された新憲法は権威主義体制を推進した。38年3月ナチス・ドイツがオーストリアに進駐し，内閣が合邦（アンシュルス）を決議したことから，ドイツの政治経済制度に編入された。第二次世界大戦下には，反ナチスの抵抗運動も続いた。

　1945年5月以降，全土はアメリカ・イギリス・フランス・ソ連の連合国の分割占領下にはいった。55年5月国家条約が調印され，独立を回復し，永世中立国となる。60年代には，ドナウ・ヨーロッパの隣国との関係改善を図った。72年少数民族地域に複数言語表記をおこなう決議を採択し，ドイツ系住民の反発を招いた。95年1月EUに加盟した。2000年には国民党と極右政党である自由党の連立政権が発足し，国際的な非難をあびる。03年にはEU拡大をみすえて，難民認定を規制する法改正や移民制限法を施行した。06年10月の下院選で社会民主党が勝利して第1党になり，07年1月に国民党と大連立政権を発足させた。

オランダ王国　Kingdom of Netherlands

面積：4万2000km²（内水面を含む）　人口：1640万人　首都：アムステルダム
住民：オランダ人
言語：オランダ語
宗教：カトリック，プロテスタント

沿革：前1世紀半ば，カエサルがネーデルラントを征服し，3世紀にゲルマン諸民族が定住した。8世紀，ネーデルラントはフランク王国の一部となり，13世紀までに，ホラント伯領，ユトレヒト司教領が形成された。15世紀前半，ブルゴーニュ家がネーデルラントの統一を進めたがはたせず，16世紀，ネーデルラントはハプスブルク家の支配下にはいった。宗教改革がドイツからネーデルラントに波及したのち，16世紀後半にはカルヴァン派が浸透した。ネーデルラントを支配するスペイン王はプロテスタント派貴族を弾圧したが，それに対して，1568年にオラニィェ公ウィレムを指導者とする反乱（「八十年戦争」）が発生した。北部7州はユトレヒト同盟を結んで闘い抜き，ウェストファリア条約によってネーデルラント連邦共和国として独立を達成した。

17世紀，オランダは東アジア地域に進出して香料貿易を独占し，首都アムステルダムは中継貿易港，金融市場の中心地として栄えた。しかし，数度にわたる英蘭戦争やフランスの侵攻を受けた結果，18世紀には強国の座から退いた。18世紀末フランスの侵攻を受け一時併合されたが，1814年のウィーン会議の決定に従って独立を回復し，現在のオランダ王国が成立した。48年に新憲法が制定され，現在まで続く議会制民主主義が確立された。39年にベルギー，90年にルクセンブルクが分離し，現在のオランダ国土になった。第二次世界大戦中，ドイツ軍に占領されたが，亡命政府はイギリスから国民に抵抗を呼びかけた。第二次世界大戦終了後，4世紀以上にわたって植民地支配を続けてきたインドネシアが独立した。1960年代，オランダは高い経済成長を記録し，欧州屈指の福祉制度を整備した。

1944年にベルギー，ルクセンブルクとオランダが締結した関税同盟は，のちの欧州統合の源のひとつとなった。オランダはこれまでの中立政策を放棄して西欧諸国に接近し，49年にNATOに加盟した。オランダが国際社会との協調を外交政策の基本原則としていることは，国際司法裁判所や，戦争犯罪者裁判を裁く初の常設裁判所である国際刑事裁判所，旧ユーゴスラヴィア国際戦犯法廷がオランダに設置されていることにもあらわれている。2005年6月に実施された欧州憲法批准の是非を問う国民投票では反対票が約6割を占めた。

ギリシア共和国　Hellenic Republic

面積：13万2000km²　人口：1110万人　首都：アテネ
住民：ギリシア人，少数住民としてトルコ系
言語：ギリシア語
宗教：ギリシア正教

沿革：前2000年頃，原ギリシア人がギリシア半島に南下し，ミケーネ文明を築いた。ミケーネ文明が衰退したのち，前8世紀以降，スパルタやアテネなどのポリス(都市国家)が形成された。前5世紀にはアテネで直接民主政が完成された。しかし，ポリス間の紛争によって衰えたギリシア世界は，前338年，北部のマケドニアに敗れ，アレクサンドロス大王の支配下にはいり，前2世紀半ば，ギリシアはローマの属州となった。4世紀末，ローマ帝国が東西に分裂し，ギリシアはビザンツ帝国(東ローマ帝国)の一部となった。ビザンツ帝国ではギリシア語が公用語となり，ロシアや東欧にギリシア正教が布教され，西欧とは異なる文化圏が形成された。1453年にビザンツ帝国が崩壊し，ギリシアはオスマン帝国によって占領された。オスマン帝国の支配は19世紀まで続くが，ギリシア人には自治権が認められ，政治や商業で活躍するギリシア人もいた。

　1821年，ギリシア人はオスマン帝国に対して独立戦争を起こした。露・英・仏の支援を受け，30年にギリシア独立が承認された。独立後，ギリシアは周辺のギリシア人居住地域を併合していった。32年に成立したギリシア王国はバイエルン(ドイツ)から初代国王を招聘したが，国王は専制的政治体制の確立をめざした。そのため，1863年に新国王がデンマークから迎えられ，民主主義的憲法が制定された。75年に議院内閣制がスタートした。

　20世紀初めのバルカン戦争によって，ギリシアは領土を大幅に拡大した。第二次世界大戦中，ギリシアはドイツによって占領され，政府は亡命する一方，国内では抵抗運動が活発化した。解放後イギリスの支援を受けた政府軍と共産主義者との間で勃発した内戦は1949年まで続いた。67年に発足した軍事政権は王政を事実上廃止し，抑圧体制を敷いたが，74年に民政が復活し，議会制民主主義を定めた新憲法が公布された。

　1980年，一時離脱していたNATOにギリシアは復帰し，81年にEC(現EU)に加盟した。2001年1月にギリシアは欧州経済通貨同盟に加入し，翌年1月以降，ユーロがギリシア国内で流通しているが，EUの基準を満たすために財政赤字削減がギリシアに課された。04年8月，第1回大会以来108年ぶりにオリンピック夏季大会がアテネで開催された。

クロアチア共和国　Republic of Croatia

面積：5万7000km²　人口：460万人　首都：ザグレブ
住民：クロアチア人が大多数，ほかにセルビア人など
言語：公用語はクロアチア語
宗教：カトリックが大多数，ほかにセルビア正教など
沿革：旧ユーゴスラヴィアを構成した共和国であり，バルカン半島北西部に位置する。6〜7世紀にかけて，クロアチア人の祖先が現在の地域に定住した。その後，フランク王国とビザンツ帝国の影響下にあったが，9世紀末教皇から王国としての承認を得て，10世紀初めには，この地域が統一された。1102年に王位継承をめぐる内紛が生じ，内政上の自治権は認められたが，ハンガリー王国の統治下にはいった。1526年モハーチの戦いでハンガリーがオスマン帝国との戦いに敗れると，ハプスブルク帝国支配下におかれ，1918年の帝国崩壊まで続いた。14世紀末以降，ヴェネツィアがダルマツィアに勢力を拡大し，クロアチアと分断された。1830年代から南スラヴの文化統一運動「イリリア運動」が展開された。

　第一次世界大戦後の1918年にセルビア人・クロアチア人・スロヴェニア人王国が成立し，29年にユーゴスラヴィア王国に改称された。39年には，スポラズム(協定)が調印され大幅な自治が与えられ，クロアチア自治州が設けられた。第二次世界大戦下には，ナチス・ドイツの傀儡であるクロアチア独立国が誕生し，極右団体ウスタシャがパルチザンとの戦いを繰り広げた。戦後，ユーゴスラヴィア連邦人民共和国が再建され，連邦を構成するクロアチア共和国が形成された。70年から翌年にかけて，連邦からの分離と独立を要求する運動「クロアチアの春」が起こり，連邦の分権化を進めた74年の新憲法採択に影響を与えた。

　1991年6月ユーゴスラヴィアからの独立宣言をおこない，独立を阻止しようとする連邦人民軍との大規模な内戦が展開された。91年11月国連の仲介により停戦が成立し，翌年2月から国連保護軍が停戦の監視にあたったが，クライナ地方のセルビア系住民が「クライナ・セルビア人共和国」の創設を宣言したことから，戦闘が再開された。98年1月国連東スラヴォニア暫定機構のもとにおかれていた東スラヴォニアが返還され，クロアチア内戦が終結した。99年12月独立以来独裁体制を維持してきたトゥジマン大統領が死去し，2000年総選挙で中道左派連合が誕生した。03年11月総選挙で，クロアチア民主同盟が勝利し，右派連合が政権に就いた。03年EUに加盟を申請した。07年11月の総選挙でクロアチア民主同盟が第1党の座を維持し，08年1月から右派農民党との連立政権が発足した。

コソヴォ共和国　Republic of Kosovo

面積：1万1000km²　人口：190万人　首都：プリシュティナ
住民：アルバニア人が大多数，ほかにセルビア系とトルコ系
言語：アルバニア語，セルビア語
宗教：イスラーム教が大多数，ほかにセルビア正教など
沿革：旧ユーゴスラヴィアを構成したセルビア共和国の自治州であり，バルカン半島中央部に位置する。前1000年頃，のちに現代のアルバニア人の一部を形成するイリュリア人がバルカン半島に定着した。やがてローマ帝国とビザンツ帝国の支配下にはいり，12世紀末からはセルビア人が占拠して中世セルビア王国の中心地となった。1389年コソヴォの戦いでセルビアがオスマン帝国に敗れると，第1次バルカン戦争に至るまでオスマン帝国の支配下におかれた。その間，イスラーム教に改宗したアルバニア人がコソヴォに戻った。17世紀末セルビア人のヴォイヴォディナへの集団移住にともない，アルバニア人が入植した。

1878年ベルリン条約によってアルバニア人居住地域の一部がモンテネグロに割譲されると，コソヴォにおいてプリズレン連盟が結成され，アルバニア人の自治を求める運動が活発化した。第1次バルカン戦争後，コソヴォはセルビアとモンテネグロに分割される。1918年12月の南スラヴ統一国家建国後には，コソヴォ地区としてセルビアに統治された。第二次世界大戦期にはイタリア保護下のアルバニアに併合された。

1945年11月ユーゴスラヴィア連邦人民共和国宣言後は，コソヴォ=メトヒア自治区として一定の自治権を得た。63年の憲法改正でコソヴォ自治州となった。74年に新憲法が成立すると，共和国とほぼ同等の権限が自治州に与えられたことから，60年代後半以来のアルバニア人による共和国への昇格の要求が激化した。しかし，連邦政府はアルバニアとの合体を危惧し，拒絶したことから，コソヴォ問題と呼ばれる民族紛争が起こった。81年のデモに連邦政府は戒厳令を敷く一方，開発援助資金を増加させた。

1990年セルビア共和国の新憲法が制定され，自治権が縮小されると，7月アルバニア人議員が「コソヴォ共和国」樹立を宣言した。セルビア政府は直接統治を開始し，対抗するアルバニア系住民のコソヴォ解放軍との武力闘争が激化した。99年和平案が決裂し，3月NATO軍によるユーゴ空爆が開始された。同年6月国連による暫定統治が開始され，NATO主体の平和維持軍がコソヴォで展開した。2005年11月暴動を契機に地位画定交渉の機運が高まり，国連が仲介交渉を始めた。07年国連安保理決議案が不採択に終わり，アメリカ・ロシア・EU三者の仲介による交渉も不調に終わったが，08年2月コソヴォ議会がコソヴォ共和国の独立を宣言した。

サン・マリーノ共和国　Republic of San Marino

面積：61km²　人口：3万人　首都：サン・マリーノ
住民：イタリア系
言語：イタリア語
宗教：カトリック

沿革：イタリア半島中部のカルペーニャ山地にある世界最古の共和国で，世界で5番目に小さい国家である。伝説では，ディオクレティアヌス帝の迫害を受けたアルベ島出身の石工マリヌスがティタノ山で宗教共同体を形成したのが，サン・マリーノ共和国の起源とされている。1263年に共和政が樹立されたが，中世を通じて，サン・マリーノは近隣諸侯や教皇庁と対立し，城塞を築いてイスラーム教徒やノルマン人の攻撃を退けた。1600年に憲法にあたる法の規約集が成立し，31年にローマ教皇によってサン・マリーノの独立的地位が認められた。

　サン・マリーノの独立は，ナポレオンによって尊重され，ウィーン会議で国際的にも承認された。イタリア統一運動に際して，サン・マリーノから義勇軍が派遣され，それ以来イタリア王国とは密接な関係にあり，両国は1862年に友好善隣条約を締結し，条約は現在まで更新されている。条約に基づいて，サン・マリーノは，国防・外交・教育・医療の面においてイタリアに依存し，事実上イタリアの被保護国である。19世紀前半にはオーストリア統治下イタリアや教皇領からの亡命者を受け入れた。第二次世界大戦では末期に，10万人のイタリア人亡命者に保護を与えたが，連合軍の空爆とドイツ軍による破壊によって大きな被害を受けた。

　第二次世界大戦後，左翼連立政権が成立し，1980年代半ば以降，政権はキリスト教民主党と社会党によって運営された。

　政治は，国会にあたる大評議会によって運営されているが，大評議会は15世紀半ばに成立し，60人から構成される。大評議会のなかから選出された2人の執政が行政府の代表および元首であるが，任期は半年である。司法権は，血縁・交友関係を排して公正を図るため，大評議会によって選任された外国人裁判官に委任されている。

　1980年代，サン・マリーノは関税自主権，空港，テレビ局設置の点でイタリアからの自立傾向を強めたが，イタリアはこれに対して消極的であった。92年に国連とIMFに加盟し，96年に日本と国交を樹立した。60年代以降観光が重要産業であったが，90年代のイタリアの政情不安から預金がサン・マリーノの金融機関に流入した結果，金融や商業が大きく発展した。EUに加盟していないものの，2002年1月以降，サン・マリーノでもユーロが流通している。

スイス連邦　Swiss Confederation

面積：4万1000km²　人口：730万人　首都：ベルン
住民：ドイツ系，フランス系，イタリア系，レートロマン系
言語：ドイツ語，フランス語，イタリア語，レートロマン語
宗教：カトリック，プロテスタント
沿革：ローマが征服する前，ケルト系のヘルウェティイ人がスイスに定住していた。5世紀初頭，ローマ軍が撤退したのち，ゲルマン系のブルグント人，アレマン人，ランゴバルト人がスイスに侵入し，現在の民族・言語構成の源流を形成した。11世紀，全スイス地域は神聖ローマ帝国の一部になったが，13世紀，スイスはヨーロッパを南北に通る交通路の要衝に位置して脚光をあび始めた。1291年，ウーリ，シュヴィーツ，ウンターヴァルデンの3邦は「永久同盟」を結び，それぞれの地域の自由と自治を守ることを約束したが，この同盟が現在のスイスの起源である。14世紀には5邦が加わり，16世紀初頭までには13邦になった。1499年のバーゼルの和議によって，スイスは神聖ローマ帝国からの独立をはたした。ドイツで宗教改革が発生すると，ツヴィングリやカルヴァンが改革運動を開始し，スイス国内では改革派とカトリック派との間で宗教紛争が勃発したものの，国外の宗教対立に対してスイスは中立を守った。1648年のウェストファリア条約の結果，スイスの独立が国際的に承認された。

18世紀末，スイスに侵攻したナポレオンはヘルヴェティア共和国を建国した。共和国は短命に終わったが，このとき，カントンが「邦」に代えて使用され始めた。1815年のウィーン会議でスイスは永世中立を宣言した。48年に憲法が制定され，22のカントンからなる連邦国家が誕生した。

第一次・第二次両世界大戦において中立を維持し，第一次世界大戦後，ジュネーヴに国際連盟本部がおかれた。第二次世界大戦後も国際赤十字などさまざまな国際機関の本部がスイスに存在しているだけでなく，冷戦時代，スイスは大国間の外交交渉の舞台となった。また，世界の紛争地域に停戦監視団を派遣するなど国際平和に貢献している。

スイスは直接民主制をとり，重要問題は国民・住民投票によって決定される。国民投票でたびたび否決された女性参政権は1971年になってようやく承認された。EC（現EU）への加盟は，国民投票（92年）で州の過半数が反対し，否決された。だが，スイスはEUと個々の分野ごとに協定を締結し，相互の経済的結びつきを深めている。他方，2002年3月の国連加盟の是非を問う国民投票では，僅差で加盟賛成票が上回り，スイスは190番目の国連加盟国になった。

スウェーデン王国　Kingdom of Sweden

面積：45万km²　人口：910万人　首都：ストックホルム
住民：スウェーデン人
言語：スウェーデン語
宗教：プロテスタント（ルター派）
沿革：スウェーデンとは，スヴェーア人の支配地域を意味する。本来，スウェーデンの地にはスヴェーアランドと南にイェート人の国（イェータランド）があったとされ，両者は統合された。8世紀以降，スヴェーア人は東方へ遠征をおこなった。9世紀にスヴェーア人の国家が形成され，10世紀末頃以降，キリスト教化が進んだ。14世紀末以降スウェーデンは他の北欧諸国とともにカルマル連合を構成したが，1523年に連合から離脱した。グスタヴ2世アードルフはドイツ三十年戦争に積極的に介入し，ウェストファリア条約の結果，スウェーデンはバルト海沿岸地域全体を支配するに至った。一時，貴族の力が強まったが，17世紀後半に絶対王政が確立された。1700年1月に勃発した大北方戦争において，スウェーデンは，デンマーク，ポーランド，ザクセン，ロシアと戦ったが，戦争に敗れてバルト海の対岸の領土をほぼすべて失った。内政的には，「新政体法」（憲法）のもとで王権が制限され，議会と貴族に権力が集中し，「自由の時代」を迎えた。19世紀初頭，スウェーデンはフィンランドをロシアに割譲したが，このとき，クーデタによって国王が交代したあと，1809年に新憲法が制定され，議会の権力が強化された。19世紀半ば，身分制議会を廃止して二院制が導入されるなど，さらに民主化が進んだ。1905年にノルウェーが独立して，現在のスウェーデン領が確定した。19世紀初頭以降，スウェーデンは戦争から身を引き，第一次・第二次世界大戦でも中立を守った。32年から約40年間にわたって政権にあった社会民主党主導下で福祉国家建設がおこなわれた。とりわけ，60年代には極端な累進課税や機会均等の保障などを軸に世界有数の福祉国家体制が形成された。

　戦後においてもスウェーデンの非同盟中立主義は維持された。首相を歴任したパルメが国連の軍縮に関する委員長を務めるなど，スウェーデンは世界平和にも大きな役割をはたした。冷戦終了後，スウェーデンは，19世紀初め以降維持されてきた非同盟中立政策を修正してEUに加盟し（1995年1月），非加盟ながらNATOとの協力関係を築いている。

　1990年代後半スウェーデンは深刻な不況に陥ったが，ハイテク産業を中心として経済力を回復した。2003年9月にユーロの導入をめぐっておこなわれた国民投票では，反対が過半数を占めた。

スペイン　Spain

面積：50万6000km²　人口：4340万人　首都：マドリード
住民：スペイン人
言語：スペイン語。北部では，カタルーニャ語，バスク語，ガリシア語を使用
宗教：カトリック

沿革：前8世紀以降，フェニキア人やギリシア人がイベリア半島で交易や植民をおこない，前205年にイベリア半島はローマの属州となった。5世紀初め，スエヴィ人，ヴァンダル人がイベリア半島に侵入したのち，南フランスから勢力を伸ばした西ゴート王国が半島を支配した。8世紀初め，北アフリカから侵入したイスラーム教徒が西ゴート王国を滅亡させ，イスラーム王朝を築いた。

　13世紀以降，レコンキスタ(国土回復運動)を展開していたアラゴン，カスティリア両王国は，1479年に合同してスペイン王国を形成した。92年，スペインがイスラーム教徒の最後の拠点であったグラナダを占領して，レコンキスタは終了した。16世紀初め，スペイン王カルロス1世は，神聖ローマ皇帝を兼任してドイツやオランダなども支配下に収め，スペインはヨーロッパ最強の帝国となった。スペインはアメリカ大陸を征服し，ブラジルを除いたすべての地域を植民地とする一方で，フィリピンを領有し，「太陽の沈まぬ帝国」となった。アメリカ大陸貿易や銀の輸入によって，16世紀はスペインの全盛期となった。しかし，16世紀末には衰退が始まり，オランダやポルトガルが独立したことによって，スペインの版図は縮小した。17世紀末，ハプスブルク家が断絶し，ブルボン家がスペイン王家を継承した。19世紀初め，ナポレオンによるスペイン侵攻に乗じて，アメリカ大陸のスペイン植民地の多くが独立を宣言した。19世紀末，スペインは最後に残された植民地のキューバとフィリピンを失った。

　プリモ・デ・リベーラ将軍による軍事独裁を経て，1931年，王政は廃止され，スペインは共和政に移行した。36年に発足した人民戦線内閣に対してフランコ将軍が反乱を起こし，スペイン内戦が勃発した。内戦に勝利したフランコは，75年11月に死去するまで，独裁体制を敷いた。フランコの死後，王政が復活し，民主化がおこなわれた。

　スペインは，1982年にNATO，86年にEC(現EU)に加盟した。スペインは，2003年にアメリカ・イギリスを支援してイラク戦争に参戦したものの，国民の支持は急落した。最大の懸案であるバスク地方分離独立問題について，政府とバスク人勢力との間で対話と武装闘争が繰り返されたが，07年に両者の和平プロセスは破綻した。

スロヴァキア共和国　Slovak Republic

面積：4万9000km²　人口：540万人　首都：ブラチスラヴァ
住民：スロヴァキア人が大多数，ほかにハンガリー系とロマ系
言語：公用語はスロヴァキア語，行政言語としてマジャール語
宗教：カトリックが大半，ほかにプロテスタントとギリシア・カトリック

沿革：中央ヨーロッパの内陸部に位置する。5～6世紀頃に，現在のスロヴァキア地域に北方から西スラヴ人が移住した。その後，アヴァール人の支配下におかれたが，9世紀初めに形成されたニトラ公国が併合され，820年代モラヴィア国が成立した。902年頃にモラヴィア国が崩壊すると，ハンガリー王国に組み込まれ，1918年のチェコスロヴァキア国家建国に至るまで続く。16世紀前半，ハンガリー王国がオスマン帝国に敗れて3分割されると，王国の領域は現在のスロヴァキア地域となり，王国の首都もポジョニ(現ブラチスラヴァ)に移された。

18世紀末からスラヴ人意識を広める文化運動が開始され，1848年革命が起こると，「スロヴァキア国民の要求」が作成され，政治主体としての権利や王国議会の代表権などが要求された。革命鎮圧後，運動は沈静化したが，61年再び自治を要求する「スロヴァキア国民の覚書き」が提出される。19世紀末から20世紀初頭にかけてハンガリー化が強制されるなか，チェコ人との文化的連帯運動が促進され，スロヴァキア人民党も結成された。

第一次世界大戦が起こると，在外スロヴァキア人とチェコ人との間で共同国家案が浮上し，1918年10月チェコスロヴァキア国家の独立が宣言され，同月スロヴァキアでも「スロヴァキア国民の宣言(マルティン宣言)」が採択された。38年11月チェコ＝スロヴァキア共和国と改称される。39年3月ヒトラーの圧力によってスロヴァキア議会が独立を宣言し，同年7月スロヴァキア共和国が成立し，ドイツの保護国となった。

第二次世界大戦終了後，1945年4月チェコスロヴァキア国家が復興し，48年2月共産党が権力を掌握し，その後ソ連型の社会主義政策が導入された。68年の「プラハの春」民主化運動後，69年連邦制に移行した。

1989年11月プラハでの政治運動に呼応して市民組織が結成され，体制転換を先導した。92年7月スロヴァキア国民議会が国家主権宣言を可決し，12月にチェコおよびスロヴァキア連邦共和国は解体し，翌年1月スロヴァキア共和国が誕生した。98年総選挙で民主スロヴァキア運動が第1党となったが，野党スロヴァキア民主連合中心の連立政権が発足した。2004年3月NATOに，5月にはEUに加盟した。04年の大統領選挙で民族派政党民主スロヴァキア運動の党首が大統領になったが，06年6月の総選挙で中道左派のスメル(方向党)が第1党になり，連立政権が発足した。

スロヴェニア共和国　Republic of Slovenia

面積：2万km²　人口：200万人　首都：リュブリャナ
住民：スロヴェニア人が大多数，ほかにセルビア系とクロアチア系
言語：スロヴェニア語，一部でマジャール語とイタリア語も使用
宗教：カトリックが大半，ほかにイスラーム教など
沿革：旧ユーゴスラヴィアを構成した共和国であり，バルカン半島北西部に位置する。6世紀後半，スロヴェニア人の祖先がサヴァ川上流とその周辺に定住し，アヴァール人に従属した。8世紀中頃には，フランク王国の支配を受け，カトリックを受容した。10世紀中葉に神聖ローマ帝国が形成されると，その支配を受け，ドイツ化が進められた。13世紀後半以降は，ハプスブルク帝国下に編入され，第一次世界大戦期まで続いた。16世紀初め，宗教改革の影響を受け，プロテスタントへの改宗が起こり，スロヴェニア語の使用が奨励されたが，対抗宗教改革とハプスブルク家の政策によってプロテスタント指導者が追放された。18世紀末から19世紀初頭にかけて，スロヴェニア語の新聞や文法書が出版され，スロヴェニア人意識が形成され，同時にクロアチアのイリリア運動の影響を受けて南スラヴ人意識も形づくられた。1848年革命時には，クライン，ケルンテン，シュタイアーマルクのスロヴェニア人地域を含む統一スロヴェニアの自治がはじめて要求された。

1918年12月セルビア人・クロアチア人・スロヴェニア人王国が建国されるが，統合されたのはスロヴェニア人地域のなかでもクライン，シュタイアーマルクとケルンテンの一部で，ゴリツィアとイストリアはイタリアの領土に残った。第二次世界大戦下では，イタリア，ドイツ，ハンガリーに占領されるなか，共産党を中心とするパルチザン戦争が展開された。45年11月ユーゴスラヴィア連邦人民共和国が宣言され，スロヴェニア人居住地域はスロヴェニア共和国としてはじめて統一国家をもった。60年代後半から70年代初めにかけて，経済と政治の自由化が進行し，80年代になるとEC諸国との結合を強め，セルビア共和国との対立が深まった。

1991年6月スロヴェニア共和国議会は独立を採択した。その直後，連邦軍との間で一時戦闘が起こったが，ECの仲介により停戦合意が成立したため，クロアチア内戦のような惨状は起こらなかった。92年7月には中欧イニシアティヴに加盟した。93年自由民主党の首相を中心に5党派による連立内閣を組閣した。翌年，同党を含む4党派が合併し自由民主主義党を結成して政権を担った。2004年10月の下院選挙でスロヴェニア民主党が第1党となった。04年3月NATOに，5月にはEUに加盟している。07年ユーロを導入した。08年9月の総選挙で社会民主党が第1党となった。

セルビア共和国　Republic of Serbia

面積：7万7000km²　人口：750万人　首都：ベオグラード
住民：セルビア人が大多数，ほかにハンガリー系など
言語：公用語はセルビア語。ヴォイヴォディナ自治州ではハンガリー語も公用語として使用を承認
宗教：セルビア正教が多数，ほかにカトリックなど
沿革：旧ユーゴスラヴィアを構成した共和国であり，バルカン半島中央部に位置する。7世紀初頭バルカン半島に定住したセルビア人は，長い間ビザンツ帝国とブルガリア帝国の勢力下におかれていたが，1168年ビザンツ帝国の支配から脱して，14世紀前半までに中世セルビア王国は領土を拡大した。しかし，1389年コソヴォの戦いでオスマン帝国に敗れ，15世紀半ばにオスマン帝国の支配下にはいり，以後400年以上にわたって統治される。

　農民反乱として始まった2度のセルビア蜂起(1804, 15～17年)はオスマン支配からの解放運動へと転換し，1830年セルビアはオスマン帝国宗主権下の自治公国となった。78年ベルリン条約でセルビア王国の独立が正式に承認された。第一次世界大戦をきっかけに南スラヴ統一運動が始動し，1918年12月セルビア人・クロアチア人・スロヴェニア人王国が形成された。第二次世界大戦では，セルビア人民族主義者集団チェトニクとクロアチア人ファシスト集団のウスタシャとの戦いが繰り広げられ，ナチス・ドイツに対するパルチザンの抵抗運動も展開された。

　1945年11月ユーゴスラヴィア連邦人民共和国が宣言された。50年代から自主管理社会主義建設を開始し，63年ユーゴスラヴィア社会主義連邦共和国に改称し，自由化と分権化，非同盟外交をおこなった。74年に分権化を進める新憲法が成立したが，経済危機の進行と80年指導者チトーの死，コソヴォ自治州問題が発生したため，88年11月連邦や共和国の権限を強化する憲法修正案が可決された。しかしスロヴェニア共和国などの反発を招き，90年の共産党一党独裁体制の崩壊，ユーゴ内戦，92年1月の連邦解体へとつながった。同年ユーゴスラヴィア連邦共和国と国名も変更した。ボスニア内戦への介入では国際的な非難をあび，98年に激化したコソヴォ自治州でのアルバニア系住民とセルビア人との対立によって，99年3月NATO軍の空爆を受け，同年6月和平案を受諾した。

　2000年11月セルビア民主連合中心の連合政権が発足した。03年2月国名をセルビア・モンテネグロと変更し，国家連合が誕生したが，06年6月国家連合を解消した。07年1月議会選でセルビア急進党が勝利したが，同党を除く連立政権が発足した。08年2月コソヴォが分離独立を宣言した。

チェコ共和国　Czech Republic

面積：7万9000km²　人口：1020万人　首都：プラハ
住民：チェコ人が大多数，ほかにモラヴィア系とスロヴァキア系
言語：公用語はチェコ語
宗教：無宗教が多数，カトリックが少数，ほかにプロテスタントなど
沿革：中央ヨーロッパに位置する。6世紀スラヴ諸族が現在のチェコの地に定住し，9世紀前半に大モラヴィア国が建設された。10世紀末までにプシェミスル家がボヘミアを統一し，11世紀初頭ボヘミアは神聖ローマ帝国の領域となる。1212年シチリアの金印勅書を獲得し，ボヘミア君主に王の称号が認められた。15世紀前半にフスの宗教改革に続いてフス派戦争が起こった。17世紀初めに中小貴族の抵抗運動が起こり，三十年戦争の発端となる。1804年にオーストリア帝国が成立すると，その領土に組み込まれた。

　18世紀末から19世紀初頭にかけて，チェコ語文法書や歴史書が出版され，文化運動が展開された。1848年革命時には，オーストリア帝国に対して，穏健派は帝国保護下でのボヘミア諸邦の自治を，パラツキーらは連邦化を要求し，プラハではスラヴ会議も開催された。60年代以降，中央集権化に反対する諸政党が結成され，文化運動を通して，チェコ人意識が高められた。80年と97年の2つの言語令は，チェコ語の公的使用の範囲を拡大させ，諸政党の活動も活発になった。

　1916年パリで独立運動組織チェコスロヴァキア国民評議会が設立された。18年10月チェコスロヴァキア国家の独立が宣言され，マサリクが初代大統領に選出された。39年ミュンヘン協定によりズデーテン地方をナチスに割譲し，チェコは保護領としてナチス・ドイツの支配下にはいったが，第二次世界大戦中にはドイツに対する抵抗運動が続けられ，45年5月領土がソ連軍により「解放」された。48年2月共産党が政権を掌握し(2月事件)，その後社会主義化が進んだ。68年自由化路線が推進され，「プラハの春」が起こったが，ソ連を中心とするワルシャワ条約機構軍により全土が占領された。69年1月よりスロヴァキアとの間で連邦制が発足する一方，ソ連との関係改善が図られ，「正常化体制」と呼ばれる強行路線が推進された。77年には反体制知識人による憲章七七運動が起こった。

　1989年民主化要求のデモが起こり，11月には市民フォーラムが結成され，翌月には共産党政権が倒された(ビロード革命)。92年の総選挙で市民民主党が第1党になった。同年スロヴァキアとの間で連邦解消が決まり，93年1月にチェコ共和国が成立した。98年下院選挙で社会民主党が第1党となったが，2006年6月下院選挙の結果，市民民主党中心の中道右派政権が発足した。1999年3月NATOに，2004年5月EUに加盟している。

デンマーク王国　Kingdom of Denmark

面積：4万3000km²　人口：540万人　首都：コペンハーゲン
住民：デンマーク人
言語：デンマーク語
宗教：プロテスタント(ルター派)
沿革：9世紀以降, デンマーク人はヴァイキング活動をおこない, グリーンランドや北米にも達した。ハーラル青歯王はデンマークとノルウェーを支配下におき, キリスト教化を進めた。11世紀初め, スヴェン1世がイングランドを征服し, クヌーズ(カヌート大王)はイングランド王, ノルウェー王, デンマーク王を兼任し, 北海帝国を築いた。1397年, デンマークは, スウェーデンおよびノルウェーとカルマル連合を結び, 両国を事実上支配下においた。フレゼリク1世の治下で宗教改革が実施された。17世紀, クリスティアン4世は東インド会社を設立するなど重商主義政策をとりつつ, ドイツ三十年戦争に介入し, スウェーデンと北ヨーロッパの覇権を競った。ナポレオン戦争の結果, デンマークはノルウェーをスウェーデンに割譲した。

　19世紀初頭以降, スレースヴィ(シュレースヴィヒ)地方でドイツ人とデンマーク人との民族対立が強まった。スレースヴィ地方の帰属をめぐる2度にわたる戦争の結果, デンマークは同地方をプロイセンに割譲し, 領土の3分の1を喪失した。その後, デンマークは平和維持と産業の育成に努め, コペンハーゲンを中心とした工業化や酪農が本格化した。第一次世界大戦において, デンマークは中立を守る一方で, 国内において1915年に女性参政権を導入した。20年, 住民投票の結果, 北部スレースヴィ地方がデンマークに復帰した。第二次世界大戦中, デンマーク本国はドイツ軍に占領され, 44年にアイスランドが独立した。戦後, デンマークは海外属領のフェーロー諸島とグリーンランドにそれぞれ48年, 79年に自治権を与えた。

　1973年にデンマークはEC(現EU)に加盟したが, マーストリヒト条約批准をめぐる国民投票(92年5月)では, 2回の投票を経て政府はようやく批准にこぎつけた。だが, 2000年9月に実施された国民投票の結果に従い, ユーロ導入は見送られた。他方で, 1992年に環バルト海諸国評議会(CBSS)を組織するなど, 北欧の地域協力も推進している。

　1930年代以降におこなわれてきた福祉国家の整備は70年代に完成したが, 80年代にはいると政策見直しの動きが始まった。自治体の大幅な統廃合を定めた地方行政改革が2007年1月に施行された。

ドイツ連邦共和国　Federal Republic of Germany

面積：35万7000km²　人口：8270万人　首都：ベルリン
住民：ドイツ人のほか，東欧，トルコなど外国人
言語：ドイツ語
宗教：プロテスタント，カトリック，イスラーム教(東部では無宗教も多い)
沿革：前500年頃から，北部ドイツにゲルマン人が居住していた。ゲルマン系のフランク人が建国したフランク王国は，カール大帝のもとで大帝国に成長した。大帝の死後，フランク王国は3王国に分裂したが，東フランク王国がのちのドイツの母体となった。オットー1世が，教皇から帝冠を受け，神聖ローマ帝国を創設した。だが，ローマ皇帝がイタリア政策に没頭したため，ドイツでは諸領邦が林立した。

　16世紀に宗教改革が起こり，激しい宗教紛争が発生した結果，ドイツは荒廃した。しかも，ウェストファリア条約によって神聖ローマ帝国は形骸化し，ドイツは300余りの領邦がひしめく状況となった。他方，12世紀から15世紀にかけて東方植民がおこなわれ，ドイツ騎士団によって征服された地域はプロイセンとなった。プロイセンは軍事力を基盤とした絶対王政を確立し，しだいにドイツ諸領邦のなかで指導的役割をはたし始めた。

　1806年に神聖ローマ帝国は解体され，ウィーン体制下で，39邦からなるドイツ連邦が形成された。三月革命時にはドイツ統一がめざされたが，失敗に終わった。1871年，プロイセンの主導でドイツ統一が実現し，ドイツ帝国が成立した。第一次世界大戦の結果，皇帝が退位してドイツ帝国は崩壊し，ヴァイマル共和国が成立したが，1933年，ナチ党が政権を掌握し，独裁体制を確立した。39年，ドイツがポーランドに侵攻し，第二次世界大戦が勃発した。45年に連合国に降伏したドイツは，オーデル＝ナイセ川以東の領土を失っただけでなく，アメリカ・イギリス・フランス・ソ連の4カ国によって分割占領された。49年，ドイツ連邦共和国(西ドイツ)，ドイツ民主共和国(東ドイツ)があいついで成立したが，東ドイツでは社会主義経済システムが導入された。61年に「ベルリンの壁」が東西両ドイツ間に築かれ，ようやく73年に東西両ドイツの関係が正常化した。

　1980年代末，東欧の民主化運動が東ドイツに波及すると，ベルリンの壁が崩壊した。90年に西ドイツ主導で東西両ドイツは再統一され，首都もボンからベルリンに移された。98年に成立した社会民主党政権下で，コソヴォ紛争において連邦軍が戦後はじめて直接的な軍事作戦に参加したほか，社会保障改革が断行された。2005年9月に前倒しでおこなわれた総選挙では，キリスト教民主同盟が僅差で勝利し，ドイツ史上初の女性首相メルケルを首班とする大連立政権が発足した。

ノルウェー王国　Kingdom of Norway

面積：38万5000km²　人口：460万人　首都：オスロ
住民：ノルウェー人，フィンランド系，スウェーデン系，サーミ系
言語：ノルウェー語
宗教：プロテスタント(ルター派)

沿革：8世紀以降，ノルウェー人はヴァイキングとして西欧や南欧，グリーンランドやアイスランドに侵入し，一部が定着した。ノルウェーとは「北の道」を意味し，山岳地域が多かったため，地方勢力は細分化され，割拠していた。9世紀末にハーラル美髪王は全国統一を達成したが，いぜん諸地域の独立性が強かった。12世紀前半に内乱が発生し，13世紀，スヴェッレ朝のホーコン4世ホーコンソンが全国統一をなしとげた。スヴェッレ朝は支配機構を整備し，世襲王制が導入された。しかし，14世紀に王家が断絶し，ノルウェーはデンマークに従属した。中世はノルウェーにとって衰退の時代であり，商業はハンザ同盟に支配され，貴族層が没落し，黒死病(ペスト)の被害も甚大であった。デンマークによるノルウェー支配は19世紀初頭まで続いた。

　ナポレオン戦争後，ノルウェーは一時独立を試みたが，国際的認知を得られず失敗した。デンマークからスウェーデンに割譲されたノルウェーは，スウェーデン国王のもとでスウェーデンと連合王国を形成した。スウェーデンの支配下におかれたとはいえ，ノルウェーには，高度な自治が認められた。19世紀，漁業，木材加工，海運業を中心にノルウェー経済はめざましい発展をとげた。

　1905年，スウェーデンから独立し，新国王をデンマークから迎えた。ノルウェーは，第一次世界大戦において中立を保ったが，第二次世界大戦ではドイツ占領下におかれた。第二次世界大戦後，それまでの中立政策を転換し，49年にNATOに加盟した。だが，ノルウェーはNATO軍を国内に駐屯させず，独自の防衛政策をとった。

　1913年に女性参政権が導入され，30年代から約40年間にわたって労働党が政権を担当したのち，60年代末以降労働党と保守中道連合が交代で政権を担当している。60年代末に発見された北海油田からの収入を基盤に，教育改革や労働者保護政策などがおこなわれた。90年代，ノルウェーはEU加盟交渉を進めたが，加盟の是非を問う国民投票で反対派が多数を占め，ノルウェーのEU加盟は実現しなかった。93年のイスラエルとパレスティナ人との和平仲介(「オスロ合意」)，2002年のスリランカの民族紛争調停，07年2月にはクラスター(集束)弾禁止をめざす国際会議がオスロで開催されるなど，ノルウェーは国際政治上で重要な役割をはたしている。

ハンガリー共和国　Republic of Hungary

面積：9万3000km²　人口：1010万人　首都：ブダペシュト
住民：マジャール人が大多数，ほかにロマ系，ドイツ系，セルビア系，スロヴァキア系，ルーマニア系など
言語：公用語はマジャール語
宗教：カトリックが多数，プロテスタントが少数
沿革：中央ヨーロッパに位置する。9世紀末，マジャール人の祖先がカルパチア盆地に定住した。諸部族が統一され，1000年にハンガリー王国が成立した。13世紀半ばにモンゴル軍の侵入があったが，15世紀後半のマーチャーシュ王の時代に中央ヨーロッパ最大の強国となった。1526年モハーチの戦いでオスマン帝国に大敗し，以後150年以上にわたって国土は3分割された。1699年オスマン帝国の支配からハプスブルク家の支配下にはいる。

19世紀になると，マジャール語が公用語化され，文化運動が盛んになった。1848年の革命運動では，隷農解放とオーストリアからの独立が宣言された。革命戦争には敗北したが，67年にはオーストリアとの間で妥協(アウスグライヒ)が結ばれ，オーストリア＝ハンガリー二重君主国が成立した。19世紀末にはハンガリー化政策が強化され，諸国民の反発を招いた。

第一次世界大戦の結果，二重君主国は崩壊し，1918年10月民主主義革命が起こり，共和国樹立が宣言された。しかし，19年3月再び革命が起こり，ハンガリー評議会(タナーチ)政権が発足したが，まもなく崩壊した。20年トリアノン講和条約によって領土が分割されたため，国境の修正をめざすナショナリズムが国を支配し，右翼急進主義が成長し，ナチス・ドイツに接近した。第二次世界大戦下，40年11月三国同盟に加盟し，ドイツ軍に占領されたが，45年4月ソ連軍により全土が「解放」された。

1946年に共和国が宣言され，人民民主主義がめざされた。49年以降，一党制のもとでソ連的な政治経済体制が移植された。56年に体制の改革を要求する56年事件が起こったが，ソ連軍の介入で鎮圧された。80年代以降，経済改革が導入され，政治改革もおこなわれた。

1988年になると，のちに「野党」となる諸政治組織が結成され，89年6月労働者党との政治協商会議(国民円卓会議)が開催された。同年10月労働者党大会で社会党への改称・改組が決定され，国名が人民共和国からハンガリー共和国に改められた。90年には完全自由選挙がおこなわれ，以後中道右派と中道左派が交互に政権を担っている。2006年4月の総選挙で社会党が勝利し，自由民主同盟と組み，民主化後はじめて連続して政権を担った。08年5月自由民主同盟との連立を解消し，単独政権が発足した。1999年3月NATOに，2004年5月にはEUに加盟した。

フィンランド共和国　Republic of Finland

面積：33万8000km²　人口：530万人　首都：ヘルシンキ
住民：フィン人，スウェーデン系，サーミ系
言語：フィンランド語，スウェーデン語
宗教：プロテスタント(ルター派)，フィンランド正教会
沿革：東方から移動してきたフィン人が，1世紀頃以降，エストニアからフィンランドに断続的に侵入したといわれており，フィン人は先住民のサーミ系(ラップ人)を追って北に拡大した。12世紀半ば，スウェーデン王エーリク聖王がフィンランドに北方十字軍をおこない，フィンランドのキリスト教化が進んだ。1284年にスウェーデン領となったフィンランドでは，スウェーデンの影響下で1527年に宗教改革がおこなわれた。16世紀後半にフィンランドは大公国に昇格したが，事実上スウェーデンの一地方にすぎなかった。18世紀初頭の大北方戦争の際，ロシア軍がフィンランドを占領したが，戦禍と飢饉によって人口は30万人にまで減少した。1808年，ロシア軍がフィンランドに進駐した結果，フィンランドはスウェーデンからロシアに割譲された。フィンランドはロシア皇帝に忠誠を誓う大公国となったが，特権的な地位を付与され，これまでの制度を維持できた。19世紀末，ロシア皇帝がフィンランドの自治権の一部を制限すると，それに対するフィンランド人の反発が強まり，1906年にフィンランドに国民議会が創設された。このとき，ヨーロッパではじめて女性参政権が導入された。

　ロシア革命に乗じて，1917年12月フィンランドは独立を宣言した。39年11月にソ連軍がフィンランドに侵攻し，フィンランドは領土の1割をソ連に割譲した。第二次世界大戦中，フィンランドはソ連と戦うが，44年，連合国軍に降伏した。戦後，フィンランドはソ連と友好関係を築いたが，ワルシャワ条約機構に参加せず，独自の中立平和政策を展開した。そのため，75年，東西ヨーロッパおよびアメリカ，カナダの35カ国の首脳によるヨーロッパ安全保障協力会議(CSCE)がヘルシンキで開催された。また，フィンランドは世界各地の紛争地域に平和維持軍を派遣している。

　ソ連崩壊後，ソ連経済と結びつきが強かったフィンランド経済は深刻な不況に陥った。そのため，フィンランドは西欧諸国に接近し，1995年1月にEU加盟をはたした。ユーロにも北欧諸国のなかで唯一参加し，2006年12月に「欧州憲法」を国会が批准するなど，フィンランドは親EU路線をとっている。だが，フィンランド政府は，これまでの非同盟中立政策維持を強調し，NATOには参加しない旨を表明した。他方，北欧諸国やロシアとも地域協力を推進している。

フランス共和国　French Republic

面積：55万2000km²　人口：6070万人　首都：パリ
住民：フランス人，北アフリカからの移民
言語：フランス語．地方言語としてブルトン語，プロヴァンス語
宗教：カトリック，イスラーム教，プロテスタント，ユダヤ教
沿革：前9世紀頃から，フランスにはケルト人が居住していた。前1世紀半ば，カエサルがガリアを征服し，500年間におよぶローマ支配が始まり，4世紀以降，ゲルマン人が侵入し，フランク人が定住した。こうして，フランスはケルト，ローマ，ゲルマンの諸要素がいりまじった地域となった。5世紀末に成立したフランク王国は870年に3国に分裂したが，そのうちの西フランク王国がのちのフランスの源である。987年に成立したカペー朝は，しだいに南フランスを支配下に収め，フランス初の国家統一を実現した。14世紀に成立したヴァロワ朝は，15世紀後半にブルゴーニュを併合するなど，王権を強化した。16世紀，宗教改革が勃発すると，ユグノー(プロテスタント)とカトリックとの間で紛争が頻発した。1598年のナントの王令で両者の和解が図られたが，1685年に王令が廃止されたあと，フランスは再びカトリック国家に戻った。ブルボン朝のルイ14世のもとで，絶対王政は最盛期を迎えた。

1879年に始まるフランス革命によって王政が廃止されたのち，ナポレオンが権力を掌握した。ナポレオン没落後，ブルボン朝が復活したが，七月革命によって倒された。1848年の二月革命の結果，一時共和政が敷かれたが，ナポレオン3世による第二帝政が成立した。ドイツ・フランス(普仏)戦争に敗北して第二帝政は崩壊し，第三共和政が成立した。19世紀，フランスは，アフリカやインドシナの植民地化を進め，イギリスと比肩しうる植民地帝国を築いた。

第二次世界大戦において，フランスはドイツ軍に降伏し，南フランスにヴィシー政権が形成された。フランスは連合国軍によって解放され，戦後，第四共和政がスタートした。だが，第四共和政は小党分立の傾向が強く，政権は不安定であった。アルジェリア問題を契機に政界に復帰したドゴールは，1958年，大統領権限を強化した第五共和政をスタートさせた。60年代，アルジェリアなどの植民地がフランスから独立した。

外相シューマンが独仏の石炭・鉄鋼の共同管理を提唱するなど，フランスは欧州統合の中心的役割をはたす一方，国益を中心とした外交政策を展開し，1966年から94年までNATOの軍事委員会から離脱した。2007年5月に大統領に選出されたサルコジは，暗礁に乗り上げていた欧州統合を再活性化させ，国内においては大胆な市場主義的改革を打ち出した。

ブルガリア共和国　Republic of Bulgaria

面積：11万1000km²　人口：770万人　首都：ソフィア
住民：ブルガリア人が大多数，ほかにトルコ系とロマ系など
言語：ブルガリア語
宗教：ブルガリア正教が大多数，ほかにイスラーム教とカトリックなど
沿革：バルカン半島の南東部に位置する。カフカスの北にいたブルガール人が670年代ドナウ川河口に到着し，先に定住していたスラヴ人を服従させた。681年ビザンツ帝国との和平によりブルガリア国家が誕生し，10世紀初めフランク王国と並ぶ一大勢力となった。1018年ビザンツ帝国に併合され，第1次ブルガリア帝国は滅亡したが，1187年に第2次帝国が再興された。しかし，ハンガリー王国やタタール勢力の侵入，ビザンツ帝国の介入，隣国セルビアの伸張によって国が分裂状態に陥り，14世紀末までにオスマン帝国の支配下にはいった。

1876年4月反オスマンの一斉蜂起(4月蜂起)が起こったが鎮圧された。露土戦争後の78年サン・ステファノ条約で「大ブルガリア公国」が構想されたが，ベルリン条約によってブルガリア公国の領土は縮小された。1908年オスマン帝国で起こった青年トルコ革命を機に独立を宣言し，翌年国際的に承認された。12年の第1次バルカン戦争には勝利したが，翌年の第2次バルカン戦争では敗北した。第一次世界大戦でも同盟国側に立って敗北し，領土も分割された。戦間期には，農民同盟主導の内閣が誕生し，23年には共産党による蜂起(9月蜂起)が起こったが，30年代半ばには国王による独裁体制が成立した。第二次世界大戦が勃発すると，はじめ中立を宣言したが，41年3月日独伊三国同盟に加盟した。祖国戦線がパルチザン闘争を展開し，44年9月クーデタにより新政権が誕生した。

1946年9月王政が廃止され，ブルガリア人民民主主義共和国が宣言された。冷戦が始まると，野党勢力の粛清・解散と産業国有化，農業集団化がおこなわれ，親ソ路線が強化された。80年代にはいると自由化路線が導入されたが，ソ連の経済危機の影響から経済の停滞が深刻化した。89年11月改革派共産党エリートが宮廷クーデタを断行し，ジフコフが書記長を辞任した。12月には民主勢力同盟が結成され，90年初めには諸勢力を集めて円卓会議が開催された。11月国名をブルガリア共和国に改称し，91年7月には新憲法を採択し，11月には非共産党政権が誕生した。以後，民主勢力同盟と社会党が交互に政権を担った。2001年6月元国王が結成した「シメオン2世国民運動」中心の政権が発足したが，05年6月の議会選で野党社会党が第1党になり，連立政権が発足した。04年3月にNATOに，07年1月にEUに加盟している。

ベラルーシ共和国　Republic of Belarus

面積：20万8000km²　人口：970万人　首都：ミンスク
住民：ベラルーシ人，ロシア人，ポーランド人，ウクライナ人
言語：ベラルーシ語とロシア語が国家語
宗教：ロシア正教，カトリック
沿革：ヨーロッパ東部の共和国。現在の国名は1991年から。以前，日本語では「白ロシア」と表記した。独立を期に現地表記「ベラルーシ」が用いられるようになったが，意味は同じである。

　この地に東スラヴ諸族が移住したのは6〜8世紀のことと考えられている。9世紀以降，キエフ・ルーシが形成され，ベラルーシの地も徐々にその一部となった。11〜12世紀にはポロツク公国，トゥーロフ公国，スモレンスク公国が伸長した。13世紀以降，この地の有力者はモンゴルやドイツ騎士団の脅威を前にして，リトアニア大公国に臣従した。大公国では東スラヴ系住民が文化・経済面で優勢であり，その国家語も古ベラルーシ語であった。14世紀には「白いルーシ」(ルーシはロシアの古称)の語がみられるようになる。「白」の意味には「西」「自由」など諸説ある。1569年のルブリン合同で，ベラルーシはポーランドの支配下にはいり，多くの正教徒が合同教会(教義はカトリック，典礼は正教)への改宗を強いられた。ついで18世紀末のポーランド分割で，ベラルーシはロシア帝国領となった。1839年に合同教会は正教会に吸収され，40年にはベラルーシという地名の使用も禁止された。20世紀初頭に至るまで，ベラルーシ民族意識の成長は弱かった。

　1917年の帝政崩壊後，18年にベラルーシ人民共和国が成立するが，後ろ盾であるドイツ軍の撤退とともに瓦解した。19年，ベラルーシ・ソヴィエト社会主義共和国が成立した。ごく短期間リトアニアと合同し，リトアニア゠ベラルーシ・ソヴィエト社会主義共和国(略称リトベル)を形成した。20年のソヴィエト・ポーランド戦争で，西ベラルーシはポーランド領となった。22年，ソ連邦結成に参加した。39年，第二次世界大戦が始まると，西ベラルーシはソヴィエト・ベラルーシに再編入された。この地は独ソ戦の主戦場となり，住民の3分の1が失われた。ウクライナとともに国連に成立時から加盟した。

　1991年，ソ連崩壊とともに独立した。もともと民族意識が弱かったため，94年成立のルカシェンコ政権のもとでナショナリズムを自己否定，復古的な反市場経済政策をとるとともに，ロシアとの連合路線を採択した。だがプーチン・ロシア政権はルカシェンコから距離をおき，現在ベラルーシは国際的に孤立している。

ベルギー王国　Kingdom of Belgium

面積：3万1000km²　人口：1040万人　首都：ブリュッセル
住民：フランデレン人(オランダ語系)，ワロニー人(フランス語系)
言語：オランダ語，フランス語，ドイツ語
宗教：カトリック，プロテスタントなど
沿革：ベルギーという国名は，ローマ征服以前にこの地に住んでいたベルガエ人に由来する。フランスと神聖ローマ帝国に挟まれたこの地域には，9世紀にフランドル伯領，12世紀にブラーバント公領が形成されるなど，領邦が林立した。フランドル地方は毛織物工業が発達し，西欧経済の中心地であった。14世紀後半にブルゴーニュ公がフランドル伯領を相続してのち，諸邦の統一が図られ始め，16世紀半ば，ハプスブルク家がネーデルラントのほぼすべての諸邦の支配権を握った。16世紀後半，スペイン統治に対する反乱が発生したが，スペイン軍がベルギーを占領した結果，プロテスタントの商工業者や文化人はオランダなどに逃亡し，ベルギーは経済的・文化的に大打撃を受けた。北部7州はオランダ共和国として独立したものの，ベルギーはスペインの支配下にとどまった。ユトレヒト講和条約(1713年)の結果，ベルギーはオーストリア領となった。

　アメリカ合衆国独立やフランス革命から刺激を受け，1789年にベルギー初の独立運動(ブラーバント革命)が発生したが，オーストリア軍によって鎮圧され，その後，ベルギーはフランスに併合された。1815年にオランダ王国が成立すると，ベルギーはオランダに併合された。しかし，オランダ支配に対する反発が強まり，フランス七月革命に触発されて，独立を宣言した。31年に制定された憲法は，当時としては最も民主主義的で，三権分立や議会制を定めていた。19世紀後半，ベルギーはコンゴを領有した。第一次・第二次両世界大戦においてはドイツ軍に占領された。戦後，ベルギーは西欧協力関係構築を推し進め，外相スパークの欧州統合構想(「スパーク・プラン」)は，1957年のローマ議定書の基礎となった。

　ワロニー人とフランデレン人との間の分断が深刻である。独立直後の実質的公用語はフランス語であり，19世紀後半になって政治・行政・教育の領域でオランダ(フランデレン)語の使用が認められた。1930年代，北部のフランデレン語地域の完全フランデレン語化が図られ，軍隊においても言語別部隊編成がとられた。60年代には国土は4つの言語地域に分けられ，各地域で地域言語の使用が徹底された。93年の憲法改正によってベルギーは連邦主義国家に移行したが，2007年にはフランデレン人とワロニー人との対立から総選挙後6カ月間も組閣できない異常事態となった。

ボスニア＝ヘルツェゴヴィナ　Bosnia and Herzegovina

面積：5万1000km²　人口：390万人　首都：サラエヴォ
住民：ボスニア人とセルビア系が多数，クロアチア系少数
言語：ボスニア語，セルビア語，クロアチア語など
宗教：イスラーム教とセルビア正教が多数，カトリックが少数
沿革：旧ユーゴスラヴィアを構成した共和国であり，北部のボスニア地方と南部のヘルツェゴヴィナ地方からなる。6世紀末からこの地域にスラヴ人が定住し，7世紀には北からセルビア人とクロアチア人が進出した。12世紀には，北部と中央部がハンガリーに併合された。南部フム地方は1168～1326年までネマニャ朝のセルビアに支配されていた。12世紀末からバン(首長・太守)がボスニアの統治を始め，14世紀末にボスニア王国は絶頂期を迎えるが，ボスニアは1463年に，ヘルツェゴヴィナは83年にオスマン帝国支配下にはいり，以後400年にわたって統治される。

1875年にヘルツェゴヴィナで起こった反乱がボスニアに波及し，セルビアとモンテネグロによるオスマン帝国への宣戦布告へとつながった。78年ベルリン条約によって，ボスニア＝ヘルツェゴヴィナは，オーストリア＝ハンガリー二重君主国の行政下におかれ，1908年に併合された。

1918年セルビア人・クロアチア人・スロヴェニア人王国が成立し，そこに編入された。39年8月にクロアチア自治州が形成されると，ヘルツェゴヴィナが組み込まれ，41年4月クロアチア独立国に支配が移った。第二次世界大戦期には激しいパルチザン戦争の舞台となる。45年11月にユーゴスラヴィア連邦人民共和国が宣言されると，ボスニア＝ヘルツェゴヴィナは一共和国となった。

1990年1月ユーゴスラヴィア共産主義者同盟の分裂によって一党独裁が終わり，同年11月自由選挙が実施された。91年6月スロヴェニアとクロアチアが独立宣言を採択すると，独立を支持するイスラーム教徒とクロアチア人，独立に反対するセルビア人とに分裂した。92年3月連邦人民軍がセルビア人保護の立場から衝突に介入すると，内戦が本格化し，さらにECが独立を承認したことから内戦が激化した。95年11月デイトン合意によって内戦が終結し，12月ボスニア和平協定に調印した。その後，国家元首である大統領閣僚評議会議長を3民族輪番制にすることが議会で承認された。2000年の下院選挙では，社会民主党が躍進したが，06年10月の下院選挙で後退し，民族派が躍進した。07年2月独立社会民主連合主導の3民族が閣僚ポストを等分する内閣が発足した。06年12月NATOの「平和のためのパートナーシップ」に加盟している。

ポーランド共和国　Republic of Poland
面積：32万3000km²　人口：3850万人　首都：ワルシャワ
住民：ポーランド人が大多数，ほかにウクライナ系，ベラルーシ系など
言語：公用語はポーランド語，一部でドイツ語も使用
宗教：カトリックが大多数，ほかにポーランド独立自治正教など
沿革：東ヨーロッパの北部に位置する。7世紀に現在のポーランド地域にスラヴ人があらわれ，10世紀末までに各地方を支配下に収めた。1000年に神聖ローマ皇帝から独立した地位が承認され，14世紀前半までにポーランド王国が統一された。14世紀末に成立したヤギェウォ朝は，領土を拡大したが，16世紀末から国王の空位が断続的に続いた。17世紀になると，スウェーデン，ブランデンブルク・プロイセン同君連合，トランシルヴァニア侯国からの侵略を受ける。18世紀末には，プロイセン，ロシア，オーストリアにより3度の分割(1772, 93, 95年)をこうむり，国家が消滅した。分割期には，1830年11月蜂起，46年クラクフ蜂起，63年ワルシャワの1月蜂起が起こったが，いずれも失敗に終わった。

　第一次世界大戦が勃発すると，ヨーロッパ列強間の対立とその利害からポーランドの独立が現実的な課題となり，1918年1月，アメリカのウィルソン大統領の14カ条の発表，協商国による保障を獲得し，同年11月ポーランドは独立した。戦間期には，権威主義体制へと傾斜し，39年9月，第二次世界大戦の勃発となるドイツ軍の侵入，続いてソ連軍の侵攻により占領された。ナチス・ドイツ占領地域では，多くのユダヤ系市民が絶滅政策の犠牲者となった。亡命政府は国内の地下組織と連携し，抵抗運動を展開したが，44年ワルシャワ蜂起は敗北に終わった。ソ連軍の軍事力によってドイツの占領から解放された。

　戦後は，しだいに共産党の独裁が進行した。1956年10月には，スターリン批判と自由化を要求するポズナン蜂起の影響から政治的経済的改革(10月の春)が実施された。80年8月には労働者の抗議ストが全土に拡大し，独立自主労働組合「連帯」による運動が展開されたが，戒厳令布告によって弾圧された。89年与党連立側と野党「連帯」側の代表による円卓会議が開催され，自由選挙がおこなわれた結果，「連帯」市民委員会が圧勝し，同年12月憲法を改正し，国名をポーランド共和国に改めた。

　1990年12月直接選挙によって「連帯」議長のワレサが大統領となった。以後，民主左翼連盟と「連帯」を中核とする勢力が総選挙で交互に勝利し，政権を握ったが，2005年9月の総選挙で保守系野党「法と正義」が第1党になった。07年10月下院選挙では中道右派「市民プラットフォーム」が勝利して与野党が逆転した。1999年NATOに，2004年5月EUに加盟した。

ポルトガル共和国　Portuguese Republic

面積：9万2000km²　人口：1050万人　首都：リスボン
住民：ポルトガル人
言語：ポルトガル語
宗教：カトリック

沿革：カスティーリャ王が，対イスラーム西方十字軍に遠征していたボルゴーニャ(ブルゴーニュ)伯にポルトゥカーレ伯領を与え，その子アフォンソ・エンリケスが1143年にポルトガル王国を建設した。1249年にはポルトガルのレコンキスタ(国土回復運動)は終了したものの，14世紀中頃，ペストの流行により人口は3分の2にまで減少した。1385年，ボルゴーニャ家が断絶し，アヴィス家がポルトガル王家を継承したが，15世紀，ポルトガルは大西洋航海や植民を支援し，その結果，ヴァスコ・ダ・ガマがインド航路を探索し，カブラルはブラジルに到達した。ポルトガルは，ゴアやマラッカを征服してインド洋の制海権を握り，アメリカ，アフリカ，アジアにまたがる海洋帝国を形成した。ポルトガルは南アジア地域からの香料貿易を独占し，莫大な利益をあげ，その利益によって絶対王政が確立された。1580年にアヴィス家が断絶し，ポルトガルはスペインの支配下にはいったが，17世紀半ば，独立を回復した。18世紀後半，ジョゼ1世の恩寵を受けたポンバル侯爵が行財政・教育を改革し，国王専制支配体制を確立した。19世紀初頭，ポルトガルにナポレオン軍が侵攻し，王家はブラジルに逃れた。1820年にポルトガルで自由主義革命が発生すると，ジョアン6世はブラジルから帰国，ポルトガルは立憲王政に移行したが，政治的混乱が続いた。このとき，ブラジルが独立し，ポルトガルは最大の植民地を失った。

1910年，共和派と軍部のクーデタによって王政は廃止され，ポルトガルは共和政に移行した。32年，サラザールが一党独裁体制を樹立し，組合主義的「新国家」の建設をめざした。ポルトガルは，第二次世界大戦において中立を維持した。サラザール引退後，青年将校のクーデタによってサラザール体制は最終的に終了し，76年には民政移管が決定された。

1970年代にアンゴラ，モザンビークなどの植民地が独立をはたし，99年，ポルトガルはマカオを中国に返還した。

1986年にEC(現EU)に加盟したポルトガルは，ECから獲得した援助資金によって社会基盤の近代化を遂行した。ユーロも導入しており，EUやNATOとの協力関係維持はポルトガル外交の基本政策である。だが，EUによって課された財政赤字削減は現在の政治に大きな影を落としている。

マケドニア旧ユーゴスラヴィア共和国　Former Yugoslav Republic of Macedonia

面積：2万6000km²　人口：200万人　首都：スコピエ
住民：マケドニア人が多数，アルバニア系が少数，ほかにトルコ系，ロマ系，セルビア系
言語：公用語はマケドニア語，ほかにアルバニア語
宗教：マケドニア正教が大半，イスラーム教が少数
沿革：旧ユーゴスラヴィアを構成した共和国，バルカン半島の中南部に位置する内陸国。名称はアレクサンドロス大王の古代マケドニア王国に由来。6～7世紀にかけて，現在のマケドニア地方にスラヴ人が定住して第1次ブルガリア帝国を形成し，マケドニア地方を支配下においた。1018年にはマケドニア朝ビザンツ帝国が奪還した。1344年セルビア帝国の統治下にはいるが，1430年にオスマン帝国支配下となり，1912年に至るまで続く。19世紀になると，マケドニアの領有をめぐる問題は，「東方問題」としてヨーロッパ外交史上の重要な問題となる。

　露土戦争後，大ブルガリア公国の領土となったが，1878年のベルリン条約によって，再度オスマン帝国の直轄領に戻された。90年代になると，マケドニアの自治を要求する組織が結成され，1903年には，各地でいっせいに大規模蜂起(イリンデン蜂起)が起こった。第2次バルカン戦争後には，セルビア，ギリシア，ブルガリアに分割された。18年にセルビア人・クロアチア人・スロヴェニア人王国が成立するとその領域に含まれた。第二次世界大戦下では，ブルガリアの占領下におかれ，それらに対抗するパルチザン闘争が展開された。44年8月マケドニア人民解放反ファシスト会議によりマケドニア国家が最高機関であることが宣言され，戦後，ユーゴスラヴィアを構成するマケドニア共和国が成立した。

　1990年11月に複数政党制に基づく自由選挙がおこなわれ，翌年1月には主権宣言を採択し，初代大統領が選出された。91年11月新憲法の採択と独立宣言をおこない，ECに独立の承認を要請したが，ギリシアが承認反対の立場をとったため，92年1月憲法を改正した。同年ボスニア内戦が本格化するとマケドニアに飛び火することを危惧した国連が12月国連保護軍の予防展開を決議した。93年4月国連総会において暫定的な名称で国連加盟を承認された。2001年2月ユーゴスラヴィアのコソヴォ自治州との国境付近でアルバニア系住民の権利拡大を要求する武装蜂起が起こり，EUやNATOの介入によって，同年8月に和平合意文書が署名された。06年7月の議会選挙で，マケドニア民族統一民主党が率いる連合が勝利した。08年6月の総選挙でも同党が再び第1党となった。

マルタ共和国　Republic of Malta

面積：300km²　人口：40万人　首都：ヴァレッタ
住民：欧州，北アフリカ系
言語：マルタ語，英語(ともに公用語)。ほかにイタリア語
宗教：カトリック
沿革：前5000年頃にはすでに人が居住していた。前800年頃，フェニキア人がマルタに訪れて交易をおこない，その後，カルタゴがマルタに植民した。前218年，ローマ帝国がマルタを支配し，5世紀にマルタはビザンツ帝国の一部となった。9世紀にイスラーム教徒によるマルタ支配が始まった。11世紀末にノルマン人によって征服されたが，イスラーム教徒がマルタから最終的に撤退したのは13世紀になってからである。長期にわたるイスラーム支配は，マルタの文化にアラブ的な刻印を残すことになり，マルタ語はアラビア語に最も近い言語である。1530年に神聖ローマ皇帝カール5世によってマルタ島を与えられた聖ヨハネ(マルタ)騎士団は，マルタ島に強固な軍事拠点を建設し，オスマン軍をたびたび撃退した。1798年にナポレオンがマルタを征服したが，1801年にはイギリス軍がマルタを占領した。マルタ国民議会は騎士団の支配が復活することを恐れて主権がイギリス国王にあることを承認し，15年6月のウィーン議定書に基づき，マルタはイギリスの植民地となった。マルタは地中海におけるイギリス海軍の重要な拠点となり，第二次世界大戦中，ドイツ・イタリア両軍による空爆にさらされた。

　第二次世界大戦中からイギリスはマルタの自治を約束していたが，1947年にマルタ憲法が制定され，同時に自治政府が築かれた。64年にマルタはイギリス連邦のもとで独立を達成し，国連に加盟した。74年には共和政に移行した。79年にマルタからイギリス海軍が完全撤退し，約180年におよぶイギリス支配が終了した。

　1987年に制定された新憲法には，非同盟・中立が明文化された。マルタは西側諸国と友好関係を保ちつつ，東欧社会主義圏や北アフリカとの関係を維持し，89年12月にマルタ島で米ソ両首脳が会談して冷戦の終了を確認したことはよく知られている。2004年5月，マルタはEUに加盟し，05年7月に欧州憲法を国会が批准するなど，EUとの結びつきを深めている。08年1月，ユーロが導入された。

　2005年11月にイギリス連邦首脳会議がマルタで開催される一方，近年，地中海の水産資源や大陸棚地下資源の開発，アフリカからの経済難民対策をめぐって，リビアやチュニジアなど対岸の北アフリカ諸国との協力も推進している。

モナコ公国　Principality of Monaco

面積：1.49km²　人口：3万人　首都：モナコ
住民：モナコ人，フランス人，イタリア人
言語：公用語はフランス語
宗教：カトリック
沿革：旧石器時代，すでにモナコの地に人が居住していた。古代ギリシア時代には，フェニキア人，ギリシア人，カルタゴ人が訪れ，建設されたヘラクレスの神殿モノイコスがのちのモナコという地名の起源となった。中世において，モナコはゲルマン人やアラブ人の侵入を受けたあと，ジェノヴァの統治下におかれた。1297年，グリマルディ家がモナコを征服し，支配権を確立した。それ以来，グリマルディ家がモナコ元首の地位を世襲している。モナコは，16世紀初めにスペインの，16世紀半ばにはフランスの保護下におかれた。フランス革命時，モナコはフランス軍に占領されたが，1814年のウィーン会議で復活し，今度はサルディーニャ王国の保護下におかれた。周辺の領土を失ったのち，61年，フランスの保護下でモナコは独立をはたしたが，当時の人口は1200人にすぎなかった。

　1911年に憲法が制定され，モナコは立憲君主国となった。62年の新憲法は王権神授を削除して元首の権限を制限し，普通選挙によって選ばれる議員18名からなる議会が新たに発足した。2002年の諸改革によって，議員数は18人から24人に増員され，王の権利の一部が議会に移されるなど民主化が進んだ。行政は国務相（内閣総理大臣に相当）と顧問によっておこなわれるが，05年に社会，外交の各分野の顧問が新たに設けられ，顧問の数は3人から5人になった。国務相は，1930年の協定に基づきフランス政府が提案する3人のフランス国籍の公務員のなかから国王によって指名されるが，この制度はモナコが国際社会で他国と同等の地位を獲得しようとする際しばしば障害となっている。

　男子王位継承者がとだえた場合，モナコはフランスに併合されるというフランスとの取決めがあったが，2002年4月の憲法改正によって，女子の王位継承が認められた。

　政治だけではなく，モナコは隣接するフランスと密接な関係を有する。軍隊をもたないモナコに対する防衛の責任をフランスが負う。1990年代後半，モナコが不正資金の洗浄地であるとの批判を受け，対フランス関係が悪化した。21世紀にはいってからも，OECDは，金融業や税制度が国際的慣行に合致していないとモナコを批判したが，近年，金融問題に関してEUとモナコとの間で交渉が続けられている。

モルドヴァ共和国　Republic of Moldova

面積：3万4000km²　人口：420万人　首都：キシナウ（キシニョフ）
住民：モルドヴァ人，ウクライナ人，ロシア人，ガガウズ人，ルーマニア人など
言語：公用語はモルドヴァ語，ロシア語も一般に通用
宗教：東方正教会
沿革：南東ヨーロッパに位置する共和国。現在の国名は1991年から。ソ連とルーマニアの角逐のなかで生まれた極めて人工的な国家である。1812年，露土戦争に勝利したロシア帝国は，モルドヴァ公国の東部，プルート川とドニエストル川に挟まれた地域をオスマン帝国から割譲して，ベッサラビア州と名づけた。宗主権をもつにすぎないオスマン帝国がこの地の割譲をおこなったことは，ロシアとルーマニアの間に領土紛争の火種を残した。19世紀後半，同州の中心都市キシニョフは工業都市として発展したが，多数のユダヤ人が居住することから反ユダヤ主義も強く，1903年のポグロム（ユダヤ人襲撃）では400人以上の死傷者をだした。

　ロシア帝国崩壊後，1917年末から18年にかけてモルドヴァ民主共和国が独立し，ついでルーマニアと統合した。他方でドニエストル川東岸にはソヴィエト権力が成立した。ソ連は24年，将来ベッサラビアを併合した際の受け皿として，ウクライナ領内のこの地にモルダヴィア・ソヴィエト社会主義自治共和国を創出した。40年，ソ連はルーマニアからベッサラビアと北ブコヴィナを獲得すると，ベッサラビア南部・北ブコヴィナ・モルダヴィア自治共和国の一部をウクライナ領とし，ベッサラビアとモルダヴィア自治共和国の残りの部分からモルダヴィア・ソヴィエト社会主義共和国をつくった。戦後，ソ連政府はモルダヴィアとルーマニアの再統一の阻止，モルドヴァ民族主義の根絶に力を注いだ。

　ペレストロイカ期にモルドヴァ民族主義が息を吹き返し，1990年には国名中のモルダヴィアもモルドヴァに改まった。だがこの動きは少数民族の対抗運動を引き起こし，ドニエストル川東岸にはロシア人中心の沿ドニエストル共和国，南部にはトルコ系正教徒ガガウズ人中心のガガウズ共和国が成立した。91年にモルドヴァは独立したが，92年に沿ドニエストル共和国との間に武力紛争が生じ，現在も同共和国の地位は未確定である。他方，ガガウズ共和国は95年に自治権を認められた。

　独立後，親ルーマニア勢力の退潮と親ロシア勢力の隆盛，それにともなう共産党の政権復帰が起こった。外交面では中立外交・多角外交を一貫して維持してきた。社会ではルーマニア・欧米志向，ロシア志向と並び，モルドヴァの独自性を強調する動きもあらわれている。

モンテネグロ　Montenegro

面積：1万4000km²　人口：60万人　首都：ポドゴリツァ
住民：モンテネグロ人が多数，セルビア人が少数，ほかにボスニア人とアルバニア人
言語：公用語はモンテネグロ語
宗教：東方正教会，イスラーム教
沿革：旧ユーゴスラヴィアを構成した共和国であり，バルカン半島南西部に位置する。6世紀から7世紀にかけてスラヴ系民族がバルカン半島に南下し，その一部が今日のモンテネグロをなす山岳部に定住した。ブルガリア帝国やビザンツ帝国の支配下におかれたが，11世紀にゼータ王国が成立した。1389年コソヴォの戦いでセルビア王国がオスマン帝国に敗れ，支配下にはいるが，モンテネグロは実質的に独立状態を維持した。16世紀にセルビア正教の主教職ブラディカが政治的支配権を手中にし，神政国家を形成した。17世紀末から第一次世界大戦までペトロヴッチ家がブラディカを世襲し統治した。19世紀半ばダニーロ2世がゴスポダル（公）を名乗り，神政政治を終結させた。1876年ニコラ1世はオスマン帝国に宣戦し勝利した。

露土戦争後の1878年ベルリン条約により，モンテネグロ王国の独立が正式に承認された。1910年に公国から王国になり，12～13年の2度のバルカン戦争で勝利し領土を拡大した。第一次世界大戦後の18年12月セルビア人・クロアチア人・スロヴェニア人王国が形成されると，セルビアに編入された。

第二次世界大戦中の1941年にイタリアに占領されるが，モンテネグロ人はセルビア人とともにパルチザンの主力を担った。戦後45年11月ユーゴスラヴィア連邦人民共和国が宣言されると，最小の共和国を構成した。80年代の政治情勢の変化のなかでセルビアとの密接な関係を保った。91年6月のクロアチア共和国とスロヴェニア共和国の独立宣言に始まる内戦とユーゴ解体のなかでもセルビアとともに連邦維持に努め，92年にセルビア共和国とともにユーゴスラヴィア連邦共和国を発足させた。

ボスニア内戦への制裁による経済悪化にともない，1993年からセルビアとの関係が悪化した。98年5月の議会選挙で民主社会党を中心とする連合政権が発足すると，自治と独立が政治課題になり，2003年2月からゆるやかな国家連合セルビア・モンテネグロに移行した。06年5月独立を問う国民投票が実施された結果，同年6月独立を宣言した。モンテネグロの独立によって，旧ユーゴスヴィアは完全に解体した。07年9月独立後初の議会選挙で民主社会党率いる与党連合が勝利した。同年10月に新憲法を制定し，国名をモンテネグロ共和国からモンテネグロに変更した。

ラトヴィア共和国　Republic of Latvia

面積：6万5000km²　人口：230万人　首都：リーガ
住民：ラトヴィア人が大半，ロシア系が少数，ほかにベラルーシ系，ウクライナ系，ポーランド系など
言語：公用語はラトヴィア語
宗教：東部はカトリック，西部はプロテスタント(ルター派)，ロシア系はロシア正教が多数
沿革：バルト3国の真ん中に位置し，東はロシア連邦と国境を接する。前2000年頃，現在のラトヴィア地域に，ラトヴィア人の祖先とされるバルト系諸族が定住した。13世紀初頭にドイツ人が進出し，リーガなどの諸都市はハンザ同盟に加盟して発展したが，地方はドイツ騎士団による封建的支配を受けた。その後，ラトヴィアの各地域はポーランド，リトアニア，スウェーデンの支配を受けるが，18世紀末までに全領域がロシア帝国の支配下にはいり，ロシア化政策が強化された。19世紀後半に，国民文化が形成され，「ラトヴィア協会」に代表される文化運動や「新思潮」と呼ばれる社会主義思想を取り入れた政治運動も起こった。

　第一次世界大戦が始まると，ドイツ軍の占領に対してライフル団を編成して抵抗した。ロシア革命後には，ボリシェヴィキの影響下におかれた。1918年11月ラトヴィア人民会議が独立を宣言したが，ボリシェヴィキ軍とドイツ軍の戦場になった。20年ソヴィエト・ロシアとの平和条約によって，独立が承認された。34年にクーデタが起こり，権威主義体制が敷かれた。39年に結ばれた独ソ不可侵条約の付属秘密議定書により，ソ連との相互援助条約の締結とそれに基づくソ連軍の進駐が強制された。40年8月親ソ政権がソ連への加盟を求めて承認されたが，ドイツ軍の侵攻によって，独ソ戦の戦場となった。44年再度ソ連の占領下となり，ソ連を構成する共和国となった。戦後は，農業の集団化が強制され，ソ連の軍事拠点になった。

　1985年以降に始まった環境保護運動は，分離・独立運動へと発展し，集会やデモで禁じられていた古い歌を歌ったことから，「歌とともに闘う革命」と呼ばれた。90年5月ラトヴィア最高会議が移行期を含む独立復活宣言をおこない，91年8月ソ連でのクーデタを機に移行期の終了を宣言し，9月独立国家としてソ連に承認された。93年以降，「ラトヴィアの道」と「祖国と自由」を中心とする連立政権が続いていたが，2002年総選挙で「新時代」が勝利した。04年3月NATOに，5月EUに加盟した。06年10月の総選挙で，国民党を中心とする与党4党で過半数を獲得し，連立政権が発足した。07年3月ロシアとの間で国境画定条約を調印した。

リトアニア共和国　Republic of Lithuania

面積：6万5000km²　人口：340万人　首都：ヴィルニュス
住民：リトアニア人が大多数，ほかにポーランド系，ロシア系，ベラルーシ系
言語：公用語はリトアニア語
宗教：カトリックが大多数，ほかにプロテスタントとロシア正教
沿革：バルト3国のうち最も南にあり，東はベラルーシ共和国，南西部はポーランドとロシア連邦の飛び地カリーニングラードと国境を接する。現在のリトアニア地域には，前2000年頃にリトアニア人の祖先とされるバルト系諸族が定住した。1236年シャヴレの戦いでドイツ人の刀剣騎士団の進出をくいとめ，長老公がリトアニア地域を統一し，53年リトアニア王として戴冠した。14世紀末のポーランドとの王朝連合によって，ポーランド化が進み，1569年ルブリンの合同によって，ポーランド貴族の東方進出が進んだ。1795年の第3次ポーランド分割の結果，ロシア帝国の属州となった。1831年と63年にリトアニア人地域で農奴制廃止を求める蜂起が起こったが，ロシア軍に鎮圧された。

　1905年第1次ロシア革命が起きると，リトアニア人の自治権を求める決議が採択された。第一次世界大戦では，独ソ戦の戦場となり，ドイツに占領された。18年に独立を宣言し，進出してきたボリシェヴィキ軍と戦い，20年に独立が承認された。39年3月港湾都市クライペダをドイツに割譲し，同年の独ソ不可侵条約の付属秘密議定書ではドイツの勢力範囲にはいることが約束されていたが，独ソ間の国境画定の線引交渉によって，ソ連圏に組み込まれた。39年ソ連との友好相互援助条約の締結により，ソ連軍の進駐と占領が進行し，親ソ傀儡政権が誕生して独立を喪失した。40年8月ソ連邦に編入されたが，独ソ戦によってドイツ軍に占領された。

　第二次世界大戦後にソ連の一部となるが「森の兄弟」と呼ばれる反共産勢力によるゲリラ戦が約10年にわたって展開された。1949年には，農業集団化の強制が始まり，ロシア北部やシベリアへの強制移住もおこなわれた。

　ペレストロイカの影響により，1988年に起こった改革運動「サーユディス(運動)」は，90年3月複数政党による共和国最高会議選挙で圧勝し，独立の回復を宣言した。91年1月ソ連軍によるリトアニア制圧が失敗し，8月ソ連での保守派クーデタ未遂後，9月独立を回復した。98年カリーニングラード州との国境画定をロシアとの間で取り決めた。2001年7月社会民主党と「新同盟」の連立政権が発足し，04年3月NATOに，5月EUに加盟している。04年10月の総選挙で労働党と社会民主党などの連立政権が発足したが，労働党が離脱し，06年7月新連立政権が発足した。

リヒテンシュタイン公国　Principality of Liechtenstein

面積：160km²　人口：3万人　首都：ファドーツ
住民：ドイツ系。外国人が人口の約3割
言語：ドイツ語
宗教：カトリック
沿革：ローマ時代，ローマの属州の一部となり，5世紀頃，現在の住民の祖先であるアレマン人(ゲルマン民族の一部)が流入した。中世において，ファドーツ伯爵が伯爵領を形成し，現在のリヒテンシュタインの基礎を築いた。ファドーツ伯爵領とシェレンベルク家の土地を取得したリヒテンシュタイン家に，1719年，神聖ローマ皇帝が自治権を与え，リヒテンシュタイン公国が成立した。1806年までリヒテンシュタインは神聖ローマ帝国の一員だった。

帝国解体後，リヒテンシュタインはライン同盟に加入し，ナポレオン没落後の1815年にはドイツ連邦に加盟した。66年，プロイセン・オーストリア戦争の結果，ドイツ連邦が解体されると，リヒテンシュタインは独立を宣言し，永世中立国となった。52年に締結された関税同盟によって，リヒテンシュタインはオーストリアと緊密に結びついた。リヒテンシュタインは軍隊を68年に廃止し，現在に至るまで非武装中立を維持している。

第一次世界大戦後，リヒテンシュタインはオーストリアとの関係を終了してスイスとの関係を強めた。1923年にスイスと関税同盟を結び，これ以降リヒテンシュタイン国内でもスイス・フランが流通している。さらに，スイスがリヒテンシュタインの外交を代行している。

1921年10月に制定された憲法は現在でも有効である。公国元首の地位をリヒテンシュタイン家が世襲し，国王は外交に対して全権をもち，25名の議員からなる議会とともに立法権を行使する。議会は首相を選出するが，国王の権利が大きく，97年，憲法上の問題に関して裁判所の判断が国王に優越すると主張した裁判官の任命を国王は拒否した。2003年の国民投票によって，政府の解散や暫定的政府の任命，法律拒否権など国王権限の強化が承認され，国民投票実施に必要な署名数は1500人に変更された。国政レベルの女性参政権が，ヨーロッパでは最も遅く1984年に導入された。

第二次世界大戦後，リヒテンシュタインは農業国から商業・工業国に転換し，現在，就業人口の約半分が第三次産業に従事し，とりわけ，銀行・金融部門が重要性を増している。リヒテンシュタインは1990年国連，91年にヨーロッパ自由貿易連合(EFTA)，95年にWTOに加盟した。

ルクセンブルク大公国　Grand Duchy of Luxembourg

面積：3000km²　人口：50万人　首都：ルクセンブルク
住民：ルクセンブルク人（ドイツ系），外国人
言語：公用語はフランス語。ほかにドイツ語，ルクセンブルク語
宗教：カトリック，プロテスタント
沿革：ルクセンブルクは，中世領邦国家に由来し，首都と領土を維持してきたまれな国家である。「小さい城」を意味する国名は，963年にはじめて古文書にあらわれる。ルクセンブルク伯領は12世紀にナミュール伯家によって継承されたが，婚姻を通じてルクセンブルク＝リンブルフ家として領土を大きく拡大させた。ルクセンブルク家は神聖ローマ帝国皇帝を輩出し，一時ボヘミア王も兼ねた。ルクセンブルクは1354年に伯領から公領に昇格したが，15世紀半ばにはブルゴーニュ家の支配下にはいり，その後，ハプスブルク家の支配を受けた。18世紀末から19世紀初めにかけて，ルクセンブルクはフランスに併合されたが，このときフランス語が官僚や有力者の間に浸透した。

　ウィーン会議の結果，ルクセンブルクはオランダ王国に服属した。1831年のロンドン会議の結果，ルクセンブルクは国土の約半分をベルギーに割譲し，現在の領土になった。48年の憲法改正によって立法・行政権の分離が定められたが，オランダ王を兼務するルクセンブルク大公ウィレム3世は憲法をクーデタによって廃止した。68年に新憲法が成立し，立憲君主制が確立されたが，この憲法は修正を受けつつも現在まで維持されている。67年，ルクセンブルクは非武装永世中立国となり，90年，オランダとの同君連合を解消して，ルクセンブルク大公国として正式に独立した。

　第一次世界大戦において，中立を破ってドイツはルクセンブルクに侵攻し，併合した。1919年の憲法改正によって，女性参政権が導入されたり，大公権限が制限されたりするなどして民主化が図られた。その後，ベルギーと経済同盟を締結し，ドイツ経済からの離脱を図ったが，第二次世界大戦において，再度ドイツに占領された。

　第二次世界大戦後，ルクセンブルクは中立政策を廃止して，1949年にNATOに加盟し，オランダやベルギーとの経済関係を強化し，EC（現EU）の原加盟国となった。19世紀後半以降鉄鋼業が発達していたが，70年代以降，優遇税制によって外国金融機関の誘致をはたし，順調な経済成長をとげた。現在，ルクセンブルクはヨーロッパ金融の中心地である。2005年7月におこなわれた欧州憲法批准の是非を問う国民投票では，批准賛成票が反対票を上回った。

ルーマニア　Romania

面積：23万8000km²　人口：2160万人　首都：ブカレスト
住民：ルーマニア人が大多数，ほかにマジャール系とロマ系など
言語：公用語はルーマニア語
宗教：ルーマニア正教が大多数，ほかにカトリックとプロテスタント
沿革：南東ヨーロッパに位置する。ルーマニア人の祖先とされるダコ・ロマン人が民族大移動期にはカルパチア山脈の山中に避難していたが，やがてドナウ＝カルパチア地域に分散して居住した。14世紀にワラキアとモルドヴァの2つの公国がつくられた。1394年にワラキアが，1456年にモルドヴァがオスマン帝国の宗主下にはいる。18世紀後半，トランシルヴァニアのルーマニア人の代表者が「ワラキア人請願書」をオーストリア皇帝に提出し，ドイツ人やマジャール人，セーケイ人と同等の権利を要求し，ルーマニア人意識が形成された。

　クリミア戦争(1853～56年)以前は，スルタンの宗主権とロシアの保護権のもとにおかれていたが，1859年のモルドヴァとワラキアの統一によって近代ルーマニアの国家形成が始まり，66年7月国名がルーマニアと定められた。77年露土戦争でオスマン帝国軍を破った結果，78年ベルリン条約でルーマニアの独立が承認され，81年王政に移行した。

　第2次バルカン戦争では，ブルガリアから南ドブルジャを獲得した。第一次世界大戦では，連合国側に立って参戦し，1919年のサン・ジェルマン条約ではブコヴィナを，20年のトリアノン条約ではトランシルヴァニア，クリシャナ，バナトの諸地域を併合した。30年代にはファシスト組織「鉄衛団」が台頭する。38年国王独裁制が敷かれるが，40年には放棄され，軍事政権が誕生して，日独伊三国同盟に加盟した。第二次世界大戦では，対ソ戦に参加したが，国内では反戦運動が始まり，44年8月国王側近と4党ブロックがクーデタを決行し，対独宣戦布告をおこなった。

　1947年12月王政を廃止して人民共和国を宣言した。60年以降の中ソ論争では，中国に対する非難を拒否し，自主外交を展開した。65年新憲法を採択して国名もルーマニア社会主義共和国になった。67年チャウシェスクが党書記長，国家元首，74年には新設の大統領になり，極端な工業化政策と自主独立外交をおこない，独裁体制を敷いた。89年トランシルヴァニアでの市民蜂起が全国に拡大し，大統領夫妻の死刑宣告・処刑へとつながった。国名もルーマニアに戻った。90年共産党が非合法化され，5月の自由選挙では救国戦線が圧勝し，11月には新憲法が制定された。2000年の選挙で社会民主主義党が両院で第1党になったが，04年12月国民自由党中心の連立政権が発足している。04年3月NATOに，07年1月EUに加盟した。

ロシア連邦　Russian Federation

面積：1707万5000km²　人口：1億4250万人　首都：モスクワ
住民：ロシア人，タタール人，ウクライナ人，チュヴァシ人ほか100以上の民族を擁する
言語：公用語はロシア語
宗教：ロシア正教，イスラーム教，仏教など
沿革：地球陸地の8分の1を占める世界最大の国家。現在の国名は1991年から。「ロシア」も正式国名。スラヴ人が東方に移動する過程で，バルト系諸族，フィン・ウゴル系諸族，イラン人などと混交，東スラヴ諸族の輪郭が形成された。『原初年代記』によれば，882年，ノルマン出自のリューリク朝のもと，東スラヴ諸族の国家キエフ・ルーシが成立した。989年頃ビザンツ帝国から国教として正教を受容した。11〜12世紀，諸分領公国の自立傾向が増大，1237年にモンゴル軍が来襲，15世紀末までロシアの地はキプチャク・ハーン国の間接統治下におかれた。ハーン国の支配は徴税・徴兵制度の確立に寄与した。15世紀後半，モスクワ大公国が伸張し，モンゴル支配に終止符を打った。

16世紀中葉，モスクワ大公イヴァン4世(雷帝)は専制強化に尽力，カザン・ハーン国征服(1552年)によりロシアの多民族国家化の緒をつけ，シベリア進出も開始した。17世紀初頭の動乱時代を経て，1613年ロマノフ朝が成立した。18世紀初頭，ピョートル1世(大帝)は西欧諸国を範に改革を断行，1721年には皇帝を称してロシア帝国時代が始まる。18世紀半ばにはアラスカに進出した(1867年アメリカに売却)。18世紀後半，エカチェリーナ2世はポーランドやクリミアを併合した。19世紀前半にはナポレオンを打破，ウィーン体制を支えた。カフカースと中央アジアも19世紀の間に併合した。クリミア戦争敗北後の1860年代，農奴解放などの「大改革」を実施，1905年革命後も国政改革をおこなったが，皇帝専制は維持した。

第一次世界大戦中の1917年に帝政は崩壊，臨時政府期を経てソヴィエト政権が成立，18年にロシア・ソヴィエト連邦社会主義共和国(RSFSR)となった。22年，RSFSRはじめ4共和国でソヴィエト社会主義共和国連邦(ソ連)を結成した。ソ連は30年代，スターリンのもとに独特の社会主義体制を確立し，第二次世界大戦後は東西冷戦の主役となったが，60年代以降制度疲労を深めた。80年代後半にペレストロイカが始まるとRSFSRが自立化し，ソ連解体の原動力となった。

1991年ソ連は解体し，RSFSRは独立した。経済混乱と政治対立の時期を経たのち，強力な大統領権限のもと，中央集権国家の再建を進め，石油・天然ガスの高騰を背景に，国際社会での発言の強化に努めている。

ジブラルタル　Gibraltar

面積：6 km²　人口：2万9000人
住民：ジブラルタル人，イギリス人
言語：公用語は英語，ほかにスペイン語
宗教：カトリック
沿革：ジブラルタルという名前は，イベリア半島に侵攻したイスラーム軍隊長の名前にちなんだ「ジャバル・アルターリク(ターリクの山)」に由来する。ジブラルタルは古代からカルペとして知られ，フェニキア人，カルタゴ人，ローマ人が同地を訪れ，交易をおこなった。ジブラルタルは，711年にイスラーム教徒によって占領され，イスラーム支配は最終的に1462年まで続いた。スペイン継承戦争において，イギリスとオランダ連合艦隊がジブラルタルを占領し，1713年のユトレヒト講和条約の結果，ジブラルタルはスペインからイギリスに割譲された。しかし，スペインはジブラルタルが自国の一部であることを主張し，第二次世界大戦後，しばしば国連に提訴した。スペインとイギリスとの間でジブラルタル返還に関する交渉がおこなわれたが，不調に終わり，1967年におこなわれた住民投票でも，住民の圧倒的多数がイギリス残留を希望した。他方，スペインは，スペイン人通勤労働者の往来禁止，電話・飲料水の供給差止めなど，ジブラルタルとスペイン領との間の交通を遮断し始め，68年から82年まで国境は完全に閉鎖された。82年末に徒歩による往来が解禁され，85年に封鎖は全廃された。

　封鎖が解除されたとはいえ，ジブラルタルの地位は未解決であり，イギリス・スペイン間で交渉が断続的に続けられ，スペインは共同統治案をイギリスに提案した。2003年1月にジブラルタルが憲法改正を発表したあとも，イギリス政府はジブラルタルを海外領土として維持し続け，住民の意に反して放棄しない旨を発表した。このように新憲法はジブラルタルの国際的地位を変えなかった。住民投票を経て，新憲法は07年1月に施行された。他方，イギリス，スペイン，ジブラルタルの3者による公式会合が05年2月にはじめて実現し，通信や航空路線利用拡大などの点でジブラルタルとスペインとの間の関係改善も進んでいる。

　ジブラルタルに駐留するイギリス軍要塞司令官が総督を兼任し，総督が国防と外交について権限を行使する。1969年に立法府(15議席)が設立され，それ以降，ジブラルタル市民がほとんどの内政上の権限を有するようになった。73年にイギリスとともに，ジブラルタルはEC(現EU)に加盟したが，現在，ユーロは流通していない。イギリス海外領土法に基づいて，2002年5月にイギリス市民権がジブラルタル市民にも付与された。

スヴァールバル諸島　Svalbard archipelago

面積：6万2000km²　人口：3000人　政庁所在地：ロングヤービエン(スピッツベルゲン島)
住民：ノルウェー人，ロシア人，ポーランド人
言語：ノルウェー語，ロシア語
宗教：プロテスタント(ルター派)，ロシア正教
沿革：スヴァールバル諸島はノルウェーの北657km，北緯80度の極北に位置するノルウェーの属領で，主要9島から構成される。

　スヴァールバル諸島は，12世紀にヴァイキングによって発見され，16世紀末，オランダ人バーレンツによって再度発見された。諸島周辺が有望な捕鯨場であり，イギリス，オランダ，デンマーク(ノルウェー)が諸島の領有を主張したが，領有権は確定されなかった。20世紀初頭，石炭の埋蔵が確認されると，1920年2月，14カ国が条約を結び，ノルウェーの諸島領有が確認された。条約はノルウェー以外の国にも諸島での経済活動を保障したが，軍事基地の設置を禁止した。第二次世界大戦中，住民は連合軍によって一時疎開させられた。現在，諸島の一部でノルウェーとロシアとの共同統治がおこなわれているが，ノルウェー・ロシア間で，諸島の産業育成と環境保護について協議が重ねられている。2001年11月にノルウェー人住民によって創設された議会(15議席)は，保健・宗教・教育に関する権限のみ有する。

チャネル諸島　Channel Islands

面積：180km²　人口：14万7000人　政庁所在地：セント・ピーター・ポート（ガーンジー区），セント・ヘリア（ジャージー区）
住民：**イギリス人**
言語：**英語，一部でフランス語**
宗教：**イギリス国教会，カトリック**
沿革：チャネル諸島はフランス北西海岸とイギリスとの間にある島で，主要4島から形成される。チャネル諸島はイギリス王室独立自治領であり，連合王国には所属していない。元首はイギリス国王であるが，その代理として総督が派遣される。内政に関して広範な自治権を有するが，外交と防衛はイギリス政府が管轄する。チャネル諸島は，ジャージー区とガーンジー区との2区から構成され，それぞれに行政府と立法府がある。フランスでは，ノルマンディ諸島と呼ばれる。

　10世紀頃からノルマン人がチャネル諸島に植民をおこなった。諸島はフランスのノルマンディ公の所領の一部であったが，ノルマンディ公がイギリスを征服したのち，イギリスに帰属した。13世紀初頭，イギリス王ジョンが大陸側の領土を失ったとき，チャネル諸島はジョン王に忠誠を誓い，1254年に王室直轄地となった。しかし，14世紀以降，たびたびフランス軍がチャネル諸島に侵攻した。17世紀半ばのイギリスにおける王党派と議会派との対立において，ジャージー島は国王派，ガーンジー島は議会派に分裂したが，最終的にジャージー島が議会派に降伏した。

　第二次世界大戦時，チャネル諸島はドイツ軍に占領され，1945年5月に解放された。戦後，イギリスからチャネル諸島に総督が派遣され，総督代理を諸島出身者が務めることが確認され，選挙に基づく議会も整備された。他方，48年のイギリス市民権法に従って，チャネル諸島の住民にもイギリス市民権が適用された。チャネル諸島の一部の領有権をめぐり，イギリスとフランスとの間で論争が発生したが，国際司法裁判所の決定に従ってイギリスの領有が決定された。周辺地域の地下資源が原因で，70年代にも領有権問題が生じた。

　チャネル諸島の主力産業は農業と観光であった。しかし，イギリス税法に拘束されず，イギリス本土よりも税金が軽減されているチャネル諸島は，1980年代以降，金融センターとして発展をとげている。チャネル諸島はEUに加盟していないが，EU諸国と諸島との間の物品の往来は自由化されている。

フェーロー諸島　Faeroe Islands

面積：1400km²　人口：4万8000人　政庁所在地：トースハウン
住民：フェーロー人
言語：フェーロー語(西ノルウェー語に似た言語)
宗教：プロテスタント(ルター派)
沿革：フェーロー諸島はデンマークの自治領で，スコットランドの北方，北大西洋上に位置し，人が住む17の島といくつかの無人島からなる。

　現在の住民の祖先は，9世紀頃フェーロー諸島に訪れたノルウェー人ヴァイキングである。フェーロー諸島は，1000年頃にキリスト教化され，35年にノルウェー王国の支配下にはいった。しかし，カルマル連合によってノルウェーがデンマークの統治下にはいると，フェーロー諸島もデンマークに従属した。1536年にデンマークで起こった宗教改革が40年にフェーロー諸島にも波及し，ルター派司教が任命され，教会領は没収されて王領となった。教会ではデンマーク語聖書が使われた。16世紀のフェーロー諸島の人口は約1000人であった。

　1814年，キール条約に基づいてデンマークはノルウェーをスウェーデンに割譲したが，フェーロー諸島はデンマーク領に残された。54年に地方議会レーグティングが再建され，フェーロー諸島独自の公用語と旗の使用も認められた。アイスランドとは異なり，独立をめざさずにデンマークの自治領にとどまる道を選んだフェーロー諸島は，デンマーク本国上下両院に代議員を送り続けた。

　第二次世界大戦中，デンマーク本国がドイツ軍によって占領されたあと，フェーロー諸島はイギリス軍によって占領された。大戦直後，フェーロー諸島でおこなわれた住民投票において住民は独立の意向を示したが，デンマーク議会がそれを承認しなかった。とはいえ，1948年3月に自治権法が成立し，フェーロー諸島に一定程度の自治が認められた。90年代，諸島周辺の地下・水産資源の利用権をめぐってフェーロー諸島とデンマーク本国政府との間で対立が続き，一時フェーロー諸島は完全独立を要求した。2000年に開始されたフェーロー諸島とデンマークとの独立をめぐる交渉は決裂したが，その後も自治拡大をめぐって交渉が続けられ，05年7月に会社法，著作権法などに関する権限が新たにフェーロー諸島に付与された。

　1973年にデンマーク本国がEC(現EU)に加盟したが，主力産業である漁業の利益を保護するため，フェーロー諸島はECに加入しなかった。2006年9月，フェーロー諸島はアイスランドなどと周辺大陸棚の境界設定に関して仮合意するに至った。

マン島　Isle of Man

面積：570km²　人口：7万8000人　政庁所在地：ダグラス
住民：イギリス人
言語：英語
宗教：イギリス国教会，カトリック
沿革：マン島はイギリスとアイルランドの間のアイリッシュ海に位置する島である。マン島には新石器時代の遺跡をはじめ，ストーン・サークル，砦などが多く残されている。マン島はケルト人が居住した地であり，ケルト文化に由来するマンクス語は19世紀半ばまで使われた。500年頃，キリスト教が，アイルランドからマン島にもたらされたといわれる。

　8世紀頃からヴァイキングがしばしば侵攻したマン島は，ヴァイキングの活動拠点となった。1079年，ノルマン人ゴドレッドがマン島とその他の地域をあわせて王朝を開いたが，王朝は形式的にノルウェーに服属した。13世紀半ばまで続くノルマン人の支配によって，マン島文化のなかにスカンディナヴィア文化の影響が強く残されることになった。マン島の立法府であるティンワルトもそのひとつであり，ティンワルトは現在まで1000年以上の伝統を有する。

　マン島のノルマン人王朝では内紛が絶えず，12世紀にはいるとイングランドやスコットランドの伸張によって，王朝の独立性はさらに狭まった。1265年にマン島最後のノルマン人王マグヌスが死去し，翌66年にノルウェーはマン島をスコットランドに譲渡した。その後，スコットランドとイングランドとの間で領有をめぐって論争が起こり，1333年にイングランド王エドワード3世がマン島を併合した。1405年以降，マン島はスタンリー家に帰属した。イギリスとマン島との間で貿易上の対立が発生した結果，1765年，イギリス政府はマン島の統治権を購入した。1828年，マン島はイギリス王室自治領となった。66年，ティンワルトの下院に選挙制が導入され，関税収益がティンワルトの管理下におかれるなど，マン島の自立性が高まった。

　イギリス王室独立自治領であるマン島の統治の最終的責任はイギリス王室が負い，マン島の外交・防衛はイギリス政府に一任されている。マン島の伝統的産業は農業，漁業，鉱業である。マン島はイギリス税法の適応を一部免除されているため，税金が低く抑えられ，さらにマン島政府の優遇税制によって，商業・金融センターに発展しつつある。マン島はEUに加入していないが，EUとマン島との間での物品の往来は自由化されている。

ヤンマイエン島　Jan Mayen

面積：377km²　人口：15〜25人(航空管制・測候所職員のみ)

沿革：ヤンマイエン島は，ノルウェーから西北西910kmの北極海に位置する，ノルウェーの属領である。

　1607年，ヘンリー・ハドソンがヤンマイエン島を発見した。19世紀半ば以降，ヤンマイエン島周辺ではノルウェー人がアザラシ漁をおこなっていた。1922年，ノルウェーがヤンマイエン島に気象観測施設を建設し，29年5月，島の領有を宣言した。第二次世界大戦中，ノルウェー本土がドイツによって占領されたあと，ヤンマイエン島はノルウェー人の統治に残された唯一のノルウェー領だった。地下資源がなく，土地も耕作不能であるため，ヤンマイエン島には気象観測・航空管制施設のみが存在している。80年代以降ヤンマイエン島周辺の経済水域の帰属をめぐってノルウェー，アイスランド，デンマークが対立したが，93年6月に国際司法裁判所は水域の約6割がノルウェーに帰属するとの判断を示した。

アメリカ——35カ国・16地域

北アメリカ

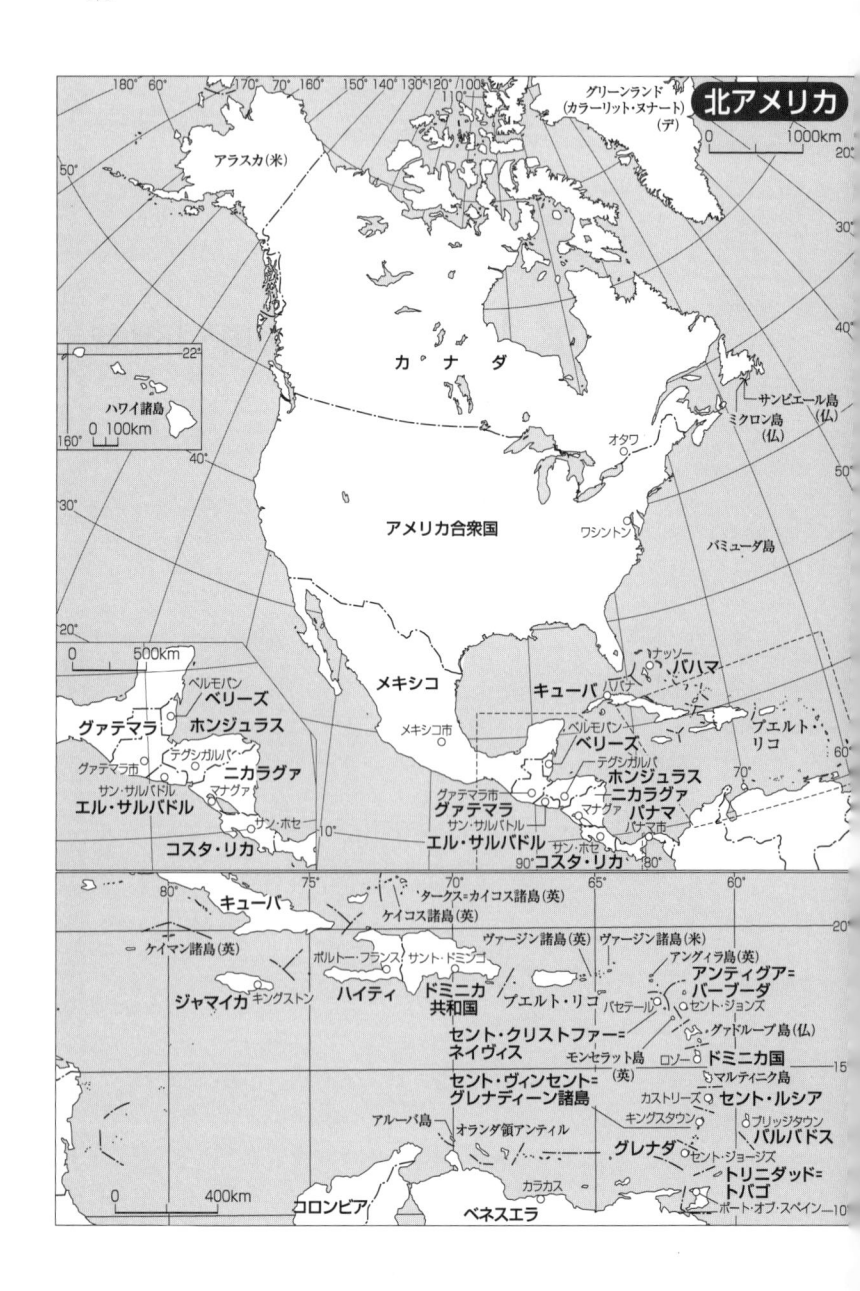

0 1000km

グリーンランド
(カラーリット・ヌナート)
(デ)

アラスカ(米)

カ ナ ダ

ハワイ諸島
0 100km

オタワ

アメリカ合衆国

ワシントン

サンピエール島(仏)
ミクロン島(仏)

バミューダ島

0 500km

ベリーズ
グアテマラ　ホンジュラス
テグシガルパ
グアテマラ市　ニカラグア
サン・サルバドル　マナグア
エル・サルバドル
サン・ホセ
コスタ・リカ

メキシコ

メキシコ市

キューバ
ハバナ

バハマ
ナッソー

プエルト
リコ

ベリーズ
ベルモパン
ホンジュラス
グアテマラ　テグシガルパ
ニカラグア
グアテマラ市　マナグア　パナマ
サン・サルバドル　パナマ市
エル・サルバドル　サン・ホセ
コスタ・リカ

キューバ

ケイマン諸島(英)

ジャマイカ
キングストン

タークス=カイコス諸島(英)
ケイコス諸島(英)

ポルトー・フランス　サント・ドミンゴ
ハイチ　ドミニカ
共和国　プエルト・リコ
バセテール

ヴァージン諸島(英)　ヴァージン諸島(米)
アンギラ島(英)
アンティグア=
バーブーダ
セント・ジョンズ
セント・クリストファー=
ネイヴィス
モンセラット島(英)
グアドループ島(仏)
ロソー　ドミニカ国
マルティニク島
セント・ヴィンセント・
グレナディーン諸島
カストリーズ　セント・ルシア
キングスタウン
ブリッジタウン
バルバドス
グレナダ
セント・ジョージズ
トリニダッド・
トバゴ
ポート・オブ・スペイン

アルーバ島　オランダ領アンティル

0 400km

コロンビア

カラカス
ベネズエラ

アメリカ　179

南アメリカ

- トリニダッド=トバゴ
  - ポート・オブ・スペイン
- ベネズエラ
  - カラカス
- コロンビア
  - ボゴタ
- ガイアナ
  - ジョージタウン
- スリナム
  - パラマリボ
- フランス領ギアナ
- エクアドル
  - キト
- ペルー
  - リマ
- ブラジル
  - ブラジリア
- ガラパゴス諸島(エ)
  - サンタクルス島
  - イサベラ島
- ボリビア
  - ラ・パス
- ロス・デスベンツラドス諸島
- パラグアイ
  - アスンシオン
- チリ
- ファンフェルナンデス諸島
- アルゼンティン
  - サンティアゴ
  - ブエノス・アイレス
- ウルグァイ
  - モンテビデオ
- マルビナス(フォークランド)諸島(英)

0　200km

0　1000km

アメリカ合衆国　United State of America

面積：962万9000km²　人口：3億100万人　首都：ワシントン D.C.
住民：ヨーロッパ系白人，アフリカ系黒人，アジア系，アメリカ先住民，ヒスパニック系
言語：主に英語，ほかにスペイン語
宗教：プロテスタント，カトリック，ユダヤ教など
沿革：狩猟・採集・農耕などをおこなうインディアンが先住民である。1492年にコロンブスがアメリカ大陸に到着し，スペインやフランスがアメリカ植民をおこなった。イギリス人は18世紀前半までに大陸東部沿岸に自治権を有する13植民地を形成した。イギリス本国が植民地に対する課税を強化すると，13植民地はそれに反発し，独立戦争が発生した。13植民地は1776年に独立を宣言し，87年に合衆国憲法を制定した。憲法は州政府と中央政府の二重構造という連邦制を採用しており，成文憲法として世界最古である。合衆国は西に向かって領土を拡大し，1803年にルイジアナを購入し，19世紀半ばにはテキサス，カリフォルニア，アラスカを獲得した。

奴隷制度や関税政策をめぐって南部諸州が合衆国から脱退して南北戦争が発生したが，北部諸州が勝利して合衆国の分裂は回避された。19世紀後半，アメリカは工業化をとげ，安価な労働力として多数の移民を受け入れた。フロンティア消滅後，海外市場に注目し始めたアメリカは，98年の米西戦争によってフィリピンとグアムを獲得し，独立国のハワイを併合した。

アメリカは第一次世界大戦に参戦し，大戦終結の主導権を握った。大戦中にアメリカは債務国から債権国になり，アメリカの経済力はヨーロッパの安定に不可欠であった。世界恐慌克服のために，フランクリン・ローズヴェルト大統領はニューディール政策を実施したが，この政策はこれまで自由に委ねられてきた資本主義経済を政府が統制するという点で大きな転機となった。第二次世界大戦時，アメリカは連合国の戦争遂行において中心的役割を担った。戦後，アメリカはこれまでの孤立主義政策を転換して世界政治にかかわり続け，西側資本主義国復興の原動力となり，社会主義勢力と世界各地で対峙した。1950～60年代の市民権運動などによって黒人，先住アメリカ人(インディアン)，女性の地位向上がおこなわれた。82年に大統領に就任したレーガンが採用した大型減税と規制緩和を軸とする新自由主義的政策によって，停滞していた経済はその後順調に回復した。

2001年9月にニューヨークを標的とした同時多発テロ事件が発生し，それを契機にアメリカはアフガニスタンやイラクに侵攻した。だが，軍事力に依存した外交政策は，アメリカとドイツ・フランスなどヨーロッパ諸国との間に亀裂を発生させる結果となった。

アルゼンティン共和国　Argentine Republic
面積：280万km²　人口：3910万人　首都：ブエノス・アイレス
住民：ヨーロッパ系白人，メスティソ，アメリカ先住民
言語：スペイン語
宗教：カトリック，プロテスタント諸派
沿革：南米大陸の南部に位置し，国土の西部を南北に連なるアンデス山脈が隣国チリとの国境を形づくる。中央部を広大な平原(パンパ)が占め，南部に広がる荒涼としたパタゴニア台地の南端にフェゴ島が位置する。

　征服以前，同地域には狩猟民が住んでおり，北西部はインカの影響下にあった。1516年にスペイン人がラ・プラタ川河口に到達し，のちにはペルー副王領の管轄下にはいった。貴金属に乏しかったことから開発は進まず，パンパでの牧畜業，とくに牛皮の生産が主な産業であったが，1776年にラ・プラタ地域が副王領に昇格し，さらに本国との直接貿易が可能になると，ブエノス・アイレスが中継貿易港として急速な成長をとげた。

　1806年に始まるイギリス軍の侵略を市民軍が撃退したことが独立意識を高め，10年に政治委員会が設置され，16年には独立が宣言された。その後は中央集権派と連邦派が激しく対立して内乱状態となり，連邦派のロサスによる独裁支配を経て，62年にようやく国内統一を実現した。

　統一実現後には西欧型近代化路線が採用され，1880年代からは外国移民や外資の導入が急速に進んだ。これによってパンパにおける農牧畜生産が飛躍的に増大し，世界有数の農畜産品輸出国へと成長をとげた。

　近代化の過程で都市中間層の成長も進み，彼らを支持基盤とする急進市民同盟(急進党)が1891年に結成された。1916年にはイリゴーイェン急進党政権が誕生したものの，世界恐慌下の不況に無策であった急進党政権は30年に軍部に打倒され，その後は保守寡頭勢力の支配が続いた。

　1930年代の対英従属的な政策に対して民族主義が高まるなかで，労働者保護を掲げて民衆の熱狂的支持を集めていたペロンが46年に大統領に就任し，工業化や主要産業の国有化による経済的自立をめざしたが，すぐに経済の停滞を招き，55年の軍事クーデタにより政権は崩壊した。

　その後はペロン派と反ペロン派との対立が続いて政情が不安定となると，急進化するペロン派に危機感を募らせた軍部による介入を招き，1970年代のペロン大統領再任を挟んで66年から83年まで軍政が続いた。民政移管後は累積債務やインフレに長らくなやまされ，2001年末に対外債務の不履行を宣言するに至った。しかし03年に就任したキルチネル大統領のもとでIMFへの債務が完済されるなど，その後の経済は回復基調にあり，一方では軍政下でおこなわれた人権侵害の過去の清算も進みつつある。

アンティグァ゠バーブーダ　Antigua and Barbuda

面積：400km²　人口：8万人　首都：セント・ジョンズ
住民：アフリカ系黒人，ムラート，ヨーロッパ系白人
言語：英語
宗教：イギリス国教会などプロテスタント諸派，カトリック
沿革：カリブ海北東部，小アンティル諸島内のリーワード諸島に属するイギリス連邦内の立憲君主国。火山に由来する起伏のある丘陵地帯とサンゴ礁からなるアンティグァ島を中心に，その北方に位置し，西部に潟湖を有する平坦なサンゴ起源の島であるバーブーダ島，および，南西に位置する無人の小島のレドンダ島という3つの島から構成されている。

　ヨーロッパ人の到来以前，これらの島々には南米大陸からアラワク系の先住民が移り住んでおり，そのあとにカリブ系の先住民が彼らを駆逐して定着した。コロンブスが第2次航海中の1493年にヨーロッパ人としてはじめてこの地域に到達し，セビリャにある教会の名前からアンティグァ島と命名した。好戦的なカリブ系の先住民が居住していたことから，その後は当地への入植がなかなか進まず，スペイン人やフランス人による定着の試みは失敗に終わった。しかし1632年になってセント・クリストファー島からきたイギリス人たちがアンティグァ島において入植地の建設に成功すると，これらアンティグァ島の人々が61年にバーブーダ島にも入植地を築き，67年に両島は正式にイギリス領の植民地となった。

　17世紀後半にコドリントン卿のもとでアンティグァ島にサトウキビ栽培が導入されると，18世紀には黒人奴隷を労働力とする砂糖プランテーションが大きな発展をとげ，一方でバーブーダ島はその食糧供給地となった。しかし1834年にイギリス帝国内で奴隷制が廃止されると，砂糖市場の落込みも重なり，プランテーション経済は衰退をよぎなくされた。

　1958年にアンティグァ島，バーブーダ島，レドンダ島の3島がイギリス領のひとつとして西インド諸島連合に加盟した。62年に同連合は解体したものの，67年に西インド諸島連合州の1州として内政自治権を獲得すると，81年にはイギリス連邦内の立憲君主国として独立をはたした。

　独立後，政治的にはヴェア・バードによって1940年代に創設されたアンティグァ労働党が主導権を握り，バード家による長期政権のもとで政情は比較的安定してきた。しかし2004年の選挙の結果，スペンサー率いる統一進歩党がヴェアの息子であるレスター・バード首相の労働党に勝利して政権を奪取したことで，独立以来のバード家による支配に終止符が打たれた。経済的には主要産業である観光業の占める割合が非常に大きいが，農業，漁業，製造業のほか，近年では金融業も成長している。

ウルグァイ東方共和国　Oriental Republic of Uruguay

面積：17万5000km²　人口：350万人　首都：モンテビデオ
住民：ヨーロッパ系白人（スペイン系，イタリア系など），混血（メスティソ，ムラート），アフリカ系黒人
言語：スペイン語。ブラジル国境近くでポルトガル語との混成語も併用
宗教：カトリック，プロテスタント諸派，無宗教者も多い
沿革：南米大陸東部，ラ・プラタ川左岸に位置する共和国。国境を形成するラ・プラタ川とウルグァイ川の河岸や東部大西洋岸などにみられる低地部を除くと，ゆるやかに起伏する丘陵地が国土の多くを占めている。

　スペイン人がこの地にはじめて上陸したのは1516年のことであったが，採取狩猟生活を送っていた先住民による抵抗が続き，貴金属に乏しかったことから入植は進まなかった。1680年にポルトガル人がブエノス・アイレス対岸に入植地を建設して以降，この地域をめぐって両国が争い，スペインは1726年にモンテビデオを建設すると，76年には新設のリオ・デ・ラ・プラタ副王領にこの地域を編入し，77年に帰属を確定させた。

　ブエノス・アイレスにおける独立運動に呼応して1811年にアルティガスが蜂起し，14年には王党派が駆逐されたが，独立後の体制をめぐる混乱から21年にポルトガルに併合され，22年以降はブラジルの1州となった。しかしアルゼンティンの支援のもとで25年には独立運動が始まり，イギリスの調停を受け入れた両国の緩衝地として28年に独立が確定した。

　その後は独立後の主導権争いのなかで形づくられたブランコ党とコロラド党が激しく対立し，諸外国を巻き込んだ内戦状態が長らく続いた。政治的混乱の一方で，19世紀後半にはヨーロッパ移民の流入が進み，外資を導入した鉄道の敷設や公共サービスの整備などの近代化が進展した。

　20世紀初めにコロラド党のバッイェが広範な改革を実践し，主要産業の国有化や労働者保護立法を推進するとともに，政治的安定のために大統領制を廃止して与野党が共同統治をおこなうことを提唱した。この構想は1918年憲法のもとである程度は実践され，第二次世界大戦後の52年憲法では大統領制が廃止されて国民執政委員会が設置されたものの，経済危機や都市ゲリラの活動に迅速に対処できず，67年に大統領制が復活した。

　1973年以降，ゲリラ組織トゥパマーロスの掃討で主要な役割を担った軍部が政治の実権を握り，経済的には自由主義政策を導入する一方で，市民を含む反体制派を厳しく弾圧した。憲法改正の否決により85年に民政に復帰した政府にとって，経済の再建が重要な課題となっているが，21世紀にはいっても困難な経済運営を迫られている。2005年には拡大戦線のバスケスが大統領に就任し，同国では初となる左派政権が誕生した。

エクアドル共和国　Republic of Ecuador

面積：28万4000km²　人口：1340万人　首都：キート
住民：メスティソ，アメリカ先住民，ヨーロッパ系白人，アフリカ系黒人
言語：スペイン語，ケチュア語などの先住民諸語
宗教：カトリック
沿革：南米大陸北西部の赤道上に位置し，太平洋上のガラパゴス諸島も領有している。国土の中央をアンデス山脈が南北に走り，西側海岸部には平野が広がり，東側斜面では熱帯雨林がアマゾン低地まで続いている。

征服以前には海岸部や山岳部でさまざまな部族が首長制社会を形成していたが，15世紀末までにインカの支配下にはいり，スペイン人到来時にはインカの王位継承をめぐって争っていたアタワルパ派の拠点となっていた。

1526年にスペイン人が海岸部に初上陸し，34年にはカニャリ人の助けを得たベナルカサルがインカ軍を破ってキートを再建した。その後はペルー副王領の管轄下にはいり，63年にはキートにアウディエンシアが設置されたが，1739年に再建されたヌエバ・グラナダ副王領に編入された。

独立への動きは1809年に始まり，ペルー副王軍の激しい弾圧にさらされたが，ボリーバルとその副官スクレによって22年に解放された。その後はグラン・コロンビア共和国への併合を経て，30年に独立をはたした。

独立後は地主や教会を支持基盤とするキートの保守派とカカオなどの輸出産業を基盤とするグァヤキルの自由派とが激しく対立した。1861年に政権を握った保守派のガルシア・モレーノはカトリック教会の復権を進めつつ独裁を強化した。一方，96年に自由派から大統領に就任したアルファーロは，憲法のもとで政教分離を規定して教会の介入を完全に排除するとともに，外資の導入によって鉄道敷設などの近代化を推進した。

20世紀にはいっても金融寡頭勢力を背景に自由派の支配が続いたが，輸出経済の低迷から1925年のクーデタで倒れた。その後は保守派のベラスコ・イバラが大衆を動員したポピュリズム政治を展開し，34年以降自由派との間で政権交代を繰り返しながら大統領を5度にわたって務めた。

1950年代にはアメリカ合衆国のユナイテッド・フルーツ社の進出によりバナナの栽培が拡大し，バナナ経済の繁栄によって政治的安定が得られたものの，経済が低迷した60年代には政情が再び不安定化した。72年のクーデタで実権を握った民族主義的な軍事政権のもとで石油部門への国家の関与が強化されたが，80年代には債務危機に陥るなど，79年の民政移管後の政府も困難な政権運営を迫られてきた。その間に採用された新自由主義的な経済政策への国民の不信感は根強く，2006年の大統領選挙では左派のコレアが勝利を収め，南米における他の反米左派政権との関係を深めている。

エル・サルバドル共和国　Republic of El Salvador

面積：2万1000km²　人口：700万人　首都：サン・サルバドル
住民：メスティソ，ヨーロッパ系白人，アメリカ先住民
言語：スペイン語，先住民の一部でナワトル語
宗教：カトリック，プロテスタント諸派
沿革：中央アメリカ中部の太平洋岸に位置する中米最小の国。国土の中央部を高原と渓谷が占め，その南北には火山性の山岳地帯がはしっており，火山活動が活発で地震も頻繁に起こる。太平洋岸には低地が広がる。

　征服以前，この地域にはマヤ系先住民やレンカ人，あとから移住してきたナワ系先住民が居住しており，最大勢力であったナワ系のピピル人は，現国土の西部から中央部を占める部族国家クスカトランを築いていた。

　1524年以降スペイン人による侵入を受け，25年にサン・サルバドル市が建設されると，征服後にはグァテマラ総督領に編入された。当地は鉱産資源に恵まれず，先住民労働力を用いた農牧業が主要産業であった。

　1821年にスペインから独立した直後にメキシコに統合され，23年には他の中米諸州と連邦共和国を結成したが，連邦解体後の41年に暫定的ながら共和国の独立を宣言して56年に正式に独立した。独立後の政情は保守派と自由派との対立によって非常に不安定なものとなり，クーデタが頻発したほか，60年代には隣国グァテマラによる武力侵攻を招いた。

　20世紀にはいっても「14家族」と呼ばれる一部の富裕な地主層によって国の政治経済は牛耳られたままで，反対派への厳しい弾圧もおこなわれた。1931年にクーデタにより大統領に就任したエルナンデス・マルティネスは，32年の農民反乱には過酷な大虐殺で応じる一方で，新通貨の発行や国立銀行の設立などの政策によって世界恐慌後の経済危機に対処した。

　第二次世界大戦後も軍部の弾圧と繰り返されるクーデタという政治状況に変化はみられず，貧富の格差も拡大する一方であった。こうしたなかで1969年には隣国ホンジュラスへの移民問題をきっかけに，同国との間で「サッカー戦争」と呼ばれる紛争が勃発した。さらに80年代までに反体制運動が武装闘争を選択するにおよぶと，ついに内戦状態に突入した。

　内戦が泥沼化する一方で，1983年に新憲法が制定され，84年以降は選挙を通じた政権移譲がおこなわれてきた。反政府組織ファラブンド・マルティ民族解放戦線（FMLN）との停戦交渉は難航したものの，国連による調停のもとで92年に和平協定が調印されて内戦が終結すると，FMLNは合法政党化の道を選択した。しかし内戦が残した傷跡は深く，犯罪組織の暗躍など社会不安は完全に取り除かれてはいない。アメリカ合衆国などへ出稼ぎにいく者も多く，雇用や貧困の解消が大きな課題となっている。

ガイアナ共和国　Republic of Guyana
(憲法上の名称はガイアナ協同共和国 Co-operative Republic of Guyana)
面積：21万5000km²　人口：80万人　首都：ジョージタウン
住民：インド系，アフリカ系黒人，混血，アメリカ先住民，ヨーロッパ系白人，中国系
言語：英語，クレオール語，先住民諸語
宗教：プロテスタント諸派，カトリック，ヒンドゥー教，イスラーム教
沿革：南米大陸の北部沿岸に位置する共和国。国土の大半を熱帯林が覆っており，中央部を縦断するエセキボ川など数多くの河川が内陸部の山地や高地から大西洋岸の低地に向かって流れ出している。

15世紀末にスペイン人がこの地域の探検を試みたが入植は進まず，16世紀末にイギリス人についでオランダ人が積極的な活動を開始し，1616年にエセキボ川流域に入植地が建設されると，21年にオランダ西インド会社の管理下におかれた。27年にバービス川流域にあらたな入植地が建設され，1741年にはデメララ川流域にも入植地が建設された。18世紀初頭に実施された沿岸部の干拓事業によってプランテーションがつくられ，黒人奴隷を用いた砂糖生産が18世紀半ばまでに大きな成長をとげた。

ナポレオン戦争後の1814年にオランダがイギリスの領有を認め，31年に3つの入植地を統合してイギリス領ギアナが成立した。イギリス統治下でも砂糖が最も重要な産業であり，34年の奴隷制廃止後の労働力不足を補うために主にインドからの契約移民が1917年まで導入された。

1928年にオランダ統治時代の行政制度からイギリス式の直轄植民地へと移行し，植民地の自治権を拡大した憲法のもとで53年に実施された初の普通選挙ではインド系のジェーガンが創設した人民進歩党(PPP)が勝利を収めたが，ジェーガンのもとで社会主義化することを警戒したイギリス政府が憲法を停止するに至った。55年にPPPが分裂し，アフリカ系のバーナムが人民国民会議(PNC)を結成したが，のちに両党の対立がインド系とアフリカ系との人種抗争を引き起こすことにもなった。

1964年の選挙の結果，バーナムが連立政権下で首相に就任し，66年にイギリス連邦内で独立をはたすと，70年に「協同共和国」に国名が改められ，砂糖やボーキサイトの国家管理化などの社会主義政策が推進された。80年の総選挙でもバーナムのPNCが勝利し，新憲法により大統領権限が強化されたが，85年にバーナムが死去し，その後は自由主義経済へと路線変更されたものの，経済の低迷は続いた。92年以来PPPが政権を担当しており，2006年には同党のジャグデオが再選をはたした。

カナダ　Canada

面積：997万1000km²　人口：3260万人　首都：オタワ
住民：イギリス系，フランス系，その他欧米系，イヌイット
言語：英語，フランス語(ともに公用語)
宗教：カトリック，カナダ合同教会，イギリス国教会，ユダヤ教，イスラーム教

沿革：15世紀末から16世紀前半，イタリア人カボットやフランス人カルティエがカナダを探検した。17世紀半ば，カナダはフランス国王直轄地となったが，18世紀初頭，フランスはニューファンドランドなどをイギリスに割譲し，フレンチ・インディアン戦争(七年戦争)後のパリ条約(1783年)によってカナダはすべてイギリス植民地となった。アメリカ合衆国成立後もカナダはイギリス植民地にとどまったが，アメリカからカナダへ移住するイギリス人が急増し，フランス系住民の地域(ロワー・カナダ)とイギリス系住民の地域(アッパー・カナダ)に分割され，その後1841年に両地域を統合した連合カナダ植民地が形成された。48年にはカナダ議会に責任を有する責任内閣制が導入された。67年には4州からなるカナダ自治領が成立したが，周辺のイギリス植民地がカナダに参加することで，カナダは版図を拡大した。19世紀末から20世紀初頭にかけて，数百万人のヨーロッパ移民がカナダに流入し，カナダは多民族国家となった。

　第一次世界大戦においてイギリス側に立って参戦したカナダは，地位を向上させ，1926年に主権国家としての地位を獲得した。カナダは31年のウェストミンスター憲章によってイギリスから外交的にも自立した。46年のカナダ市民権法によってカナダ市民の地位と資格がはじめて定められ，翌47年，イギリス国王の大権もすべて総督に移管された。さらに82年に制定されたカナダ憲法によって，植民地支配の政治制度上の名残は最終的に一掃された。49年，イギリス植民地にとどまっていたニューファンドランドがカナダに加盟し，現在の版図が確定した。世界各地から多数の移民を受け入れてきたカナダは，英仏両語を中心とした多文化主義政策をとっている。フランス人が多く居住するケベック州では，60年以降独立運動が強まり，69年には連邦議会でフランス語も公用語とすることが決定された。80年と95年にはケベック州の分離独立の是非を問う住民投票が実施されたが，独立は否決された。99年，連邦政府は先住民イヌイットの自治を認めた。

　1956年のスエズ動乱に国連緊急軍としてカナダ軍が派遣されたのをはじめ，カナダは国連平和維持活動にたびたび参加し，対人地雷禁止におけるカナダの主導権は97年12月のオタワ協定に結実した。92年，カナダはアメリカやメキシコと北米自由貿易協定(NAFTA)を締結した。

キューバ共和国　Republic of Cuba

面積：11万1000km²　人口：1130万人　首都：ハバナ
住民：ムラート，ヨーロッパ系白人，アフリカ系黒人，中国系
言語：スペイン語
宗教：カトリック，サンテリーア，プロテスタント諸派，ユダヤ教
沿革：西インド諸島西部，フロリダ半島南方のメキシコ湾入り口に位置する共和国。周辺の小島も領土に含まれ，本島は西インド諸島で最大の面積を有している。東西に細長い国土には3つの山脈を含む山岳地帯が散在しており，それ以外の地域には低地や起伏のある丘陵が広がっている。

征服以前にはアラワク系のタイノ人やシボネイ人が定着していたが，コロンブスが1492年の第1次航海で到達し，1511年にベラスケスが入植地を建設して以降，過酷な労働や疫病で先住民はほぼ絶滅した。富の源泉である金の枯渇により入植の魅力がうすれると，その後はハバナが本国のセビリャとアメリカ大陸とを結ぶ貿易の中継地として重要な役割を担った。

19世紀初めに他のスペイン領植民地が独立戦争に突入する一方で，キューバでは植民地体制が長らく維持された。しかし19世紀半ばまでに黒人奴隷を用いたプランテーションでの砂糖生産が拡大をとげるなかで，経済力をたくわえた農園主らはスペイン支配に対する不満を強めていった。

1868年に始まる第1次独立戦争は失敗に終わったが，95年にマルティらによる第2次独立戦争が始まると，98年にはアメリカ合衆国（米国）の介入から米西戦争が勃発し，降伏したスペインはキューバの主権を放棄した。米国占領を経て1902年には独立が達成されたが，米国は自らの干渉権などを明記したプラット修正条項を憲法に追加させ，実質的支配下においた。

1929年の世界恐慌が砂糖に依存したキューバ経済を直撃すると，33年の民族主義的な反乱によってマチャド独裁政権が倒れたが，34年に実権を掌握したバティスタのもとで経済的な対米従属が一層進んだ。その後，53年の反乱に失敗したカストロが56年にメキシコから帰国して再び反政府ゲリラ闘争を開始し，59年にハバナに入城して革命政権を樹立した。

カストロ政権下で米国との関係は悪化の一途をたどり，1961年に両国が国交を断絶すると，62年の「ミサイル危機」では地域の緊張が一気に高まった。他のラテンアメリカ諸国から孤立する一方で，ソ連など東側諸国との関係を深めたが，91年のソ連崩壊によってキューバ経済は大きなダメージを受けた。米ドルの使用解禁や市場の一部自由化などの経済改革も実施されてきたものの，米国による制裁下で厳しい経済運営を迫られている。2008年2月に病床にあるカストロ国家評議会議長の退任が発表され，それまで権限を代行してきた弟のラウルが同職を引き継いだ。

グァテマラ共和国　Republic of Guatemala

面積：10万9000km²　人口：1290万人　首都：グァテマラ市
住民：メスティソ(ラディーノ)，マヤ系先住民，ヨーロッパ系白人
言語：スペイン語，マヤ系言語(キチェ語，カクチケル語など20種以上)
宗教：カトリック，プロテスタント諸派，先住民の伝統的な信仰も残る
沿革：中央アメリカ北部に位置し，北部の低地地方はユカタン半島の付け根にあたる。南部の山岳地方ではシエラ・マドレ山脈が東西に走り，火山帯となっている。太平洋岸には降雨の豊富な低地が広がっている。

　この地は古代マヤ文明の中心地であり，3～10世紀にかけて北部低地に位置するティカルが大祭祀センターとして隆盛を誇っていたものの，その衰退後にはマヤ文明の中心はユカタン半島北部へと移った。

　1523年以降メキシコから侵入したアルバラードらスペイン人による征服を受けると，49年にはアウディエンシアが移設され，中央アメリカ統治の中心として機能した。しかし富の源泉であった鉱産資源には恵まれず，先住民を用いたカカオやインディゴの生産が主な産業であった。

　1821年にメキシコに併合される形で独立を達成し，24年には他の中米諸州と連邦共和国を結成した。自由派と保守派との対立によって39年に同連邦が解体して独立した共和国となると，その後は長らく保守派が政治の実権を握り，独裁者カレラが30年近くにわたって国を支配した。カレラの死後，71年のクーデタで保守派政権が倒れ，権力を握った自由派のもとで教会財産の没収や外資の誘致などの自由主義政策が推進された。

　19世紀末から20年以上も続いたエストラーダ・カブレラ独裁政権のもとでは一層の外資優遇政策が推進され，とくにアメリカ合衆国(米国)のユナイテッド・フルーツ社が鉄道の運営権など大きな権益を獲得した。その後も軍人政権が続き，1931年に大統領に就任したウビコ・カスタニェーダは世界恐慌による危機にみまわれた経済の再建に成功したものの，その強権的手法に対して発生した反政府運動を前に44年に辞任をよぎなくされた。

　1951年に大統領に就任したアルベンス・グスマンは，アレバロ前政権による改革政策を引き継いで急進的な農地改革法を成立させ，ユナイテッド・フルーツ社の土地を収用した。しかしこれを不満とする米国の介入を招き，反政府軍によって54年に政権は崩壊した。60年代以降，右派と左派との内戦状態が長く続き，軍事政権下では反政府活動への厳しい弾圧がおこなわれた。長い内戦に終止符が打たれたのは和平協定が調印された96年12月のことで，ゲリラは武装解除され，その後は選挙を通じた民主的な政権交代がおこなわれている。一方で暴力の蔓延が社会不安をもたらしているなど，治安の改善や貧困の解消が大きな課題となっている。

グレナダ　Grenada

面積：300km²　人口：10万人　首都：セント・ジョージズ
住民：アフリカ系黒人，ムラート，ヨーロッパ系白人，インド系，アメリカ先住民
言語：英語，クレオール語
宗教：カトリック，イギリス国教会などプロテスタント諸派
沿革：カリブ海南東部，小アンティル諸島に属するウィンドワード諸島の最南端に位置するイギリス連邦内の立憲君主国。主島のグレナダ島とその北方に点在するグレナディーン諸島南部の島々から構成されている。

　ヨーロッパ人の到来以前，南米大陸から移り住んでいたアラワク系についでカリブ系の先住民が居住していた。コロンブスが第3次航海中の1498年に到達したが，その後はカリブ系先住民の抵抗にあって入植は進展せず，1650年にフランス人が入植に着手して74年には正式にフランス領となった。1762年にイギリスに占領され，79年にはフランスが奪回したものの，83年のヴェルサイユ条約によりイギリスの領有が確定した。

　18世紀には黒人奴隷を労働力とするプランテーションが発達したが，これらの奴隷が1834年に解放されると，労働力不足を補うためにインドから年季契約移民が導入された。33年に他の島々とイギリス領ウィンドワード諸島を形成し，77年にイギリスの直轄植民地となった。1958年に西インド諸島連合に加わり，62年に連合が解体されると67年に西インド諸島連合州に参加して内政自治権を獲得し，74年に独立を達成した。

　独立後，初代首相ゲイリーのもとで独裁体制が敷かれたが，1979年に左派ニュー・ジュエル運動のビショップらの無血クーデタにより打倒された。ビショップ人民革命政府はキューバ寄りの社会主義路線を歩んでいたが，83年に急進派のクーデタで拘束されたビショップが殺害されると，政情悪化を懸念したアメリカ合衆国(米国)がカリブ海地域6カ国とともに軍事侵攻に着手した。占領後，米軍は83年末までに一部を除いて完全に撤兵し，連合軍の平和維持部隊の駐留下で暫定政府による統治がおこなわれた。

　1984年に民主的な選挙が実施され，新国民党(NNP)のブレーズを首班とする連立政権が発足した。89年にブレーズが急死すると，90年の選挙で国民民主会議(NDC)のブラスウェイト政権が誕生した。94年にブラスウェイトがNDC党首および首相の職を辞すると，NDCの新党首に選出された農相のブリザンが翌95年に首相に就任したが，同年の選挙では経済問題の解決を掲げたNNPが勝利してミッチェル政権が成立した。続く99年の繰上げ選挙でもNNPが圧倒的な勝利を収め，さらに2003年の選挙でもNNPが僅差ながら勝利して政権を維持した。

コスタ・リカ共和国　Republic of Costa Rica

面積：5万1000km²　人口：440万人　首都：サン・ホセ
住民：ヨーロッパ系白人，メスティソ，アフリカ系黒人，中国系，アメリカ先住民
言語：スペイン語
宗教：カトリック，プロテスタント諸派
沿革：中央アメリカの南部に位置する共和国。国土の中央を3つの山脈が連なり，それらに挟まれた高地が中央高原を形成している。西部太平洋岸は山地が迫っているために幅の狭い低地帯で，半島や湾が複雑な海岸線をつくっている。東部カリブ海側では低地が内陸部まで広がっている。

　征服以前，文化の交錯するこの地域には中部から南部に南米大陸まで広がるチブチャ系民族，カリブ海沿岸にカリブ系民族が首長制社会を形成しており，北西部のニコヤ半島はメソアメリカ文化圏に属していた。

　1502年にコロンブスがこの地に到達してコスタ・リカと命名した。乏しい鉱産資源や先住民の抵抗から征服は遅れたが，60年代にカルタゴなどの入植地が建設され，73年にグァテマラ総督領に編入されると，その後は白人入植者のもとで自給的農業に基づく閉鎖的な社会が形成された。

　1821年の独立後すぐにメキシコに併合されると，自由派と保守派との内戦を経て，サン・ホセの自由派のもとで24年に他の中米諸州と連邦共和国を形成したが，38年に連邦から離脱し，48年に独立共和国となった。

　1849年にコーヒー農園主の支持を受けて大統領に就任したモラは，隣国ニカラグァで実権を握ったアメリカ人のウォーカーによる侵入を撃退するなどしたが，59年のクーデタによって打倒され，その後は自由派の政権が続いた。70年に大統領に就任したグァルディア将軍のもとで近代化が推進され，鉄道建設といった公共事業に多額の外資が投入されたことで，コーヒーやバナナといった輸出向け農産物生産の拡大がもたらされた。

　20世紀前半の政情は比較的安定しており，1917年にはティノコ将軍によるクーデタが発生したものの，その後は民主的な手続きのもとで政権交代がおこなわれた。40年に大統領に就任したカルデロンが共産党と提携して急進的な改革を進めると，48年には保守派との内戦に発展したが，内戦を収拾した中道左派のフィゲレスのもとで49年に憲法が制定され，常備軍の廃止が盛り込まれた。その後はフィゲレスが結成した国民解放党を主軸に民主政治の成熟と経済の近代化が図られ，83年には非武装中立を宣言するなど，紛争の続く中米地域において独自の道を歩んできた。87年には中米紛争解決への功績によりアリアス大統領にノーベル平和賞が贈られた。アリアスは2006年の大統領選挙に勝利して再選をはたした。

コロンビア共和国　Republic of Colombia

面積：113万9000km²　人口：4630万人　首都：ボゴタ
住民：混血（メスティソ，ムラートなど），ヨーロッパ系白人，アフリカ系黒人，アメリカ先住民
言語：スペイン語
宗教：カトリック
沿革：南米大陸の北西部に位置する共和国。国土の西部には川を挟んで3列に並走するアンデス山脈が南北に連なっており，沿岸部および東部のオリノコ川水系やアマゾン川水系には熱帯性の低地が広がっている。

　征服以前，アンデス高地ではチブチャ系の民族が集約的農業に基づく首長制社会を形成しており，金細工製作など高度な文化を有していた。

　1499年にスペイン人がグアヒラ半島に初上陸をはたしたのち，海岸部にサンタ・マルタやカルタヘナが建設され，1538年には征服したチブチャ系先住民の首都近くにボゴタが建設された。49年にはボゴタにアウディエンシアが設置され，その後ペルー副王領の管轄下にはいったが，18世紀にブルボン朝のもとで新設されたヌエバ・グラナダ副王領に編入された。

　1810年にクンディナマルカ共和国の独立が宣言されたが国内の統一には至らず，19年にボヤカの戦いでスペイン軍に勝利したボリーバルのもとでベネスエラとキートを含むグラン・コロンビア共和国が成立した。これが30年に解体すると，パナマとヌエバ・グラナダ共和国を形成した。

　19世紀中頃，商人や新興企業家を中心に連邦制を支持する自由党と，地主や教会を中心に中央集権制を支持する保守党が結成された。1849～80年までは自由党政権が続き，奴隷制廃止や反教会政策といった自由主義政策を推進するとともに63年憲法のもとで連邦制を導入した。19世紀後半にコーヒー輸出経済の繁栄を迎えると，強力な国家のもとでの秩序の回復が求められるようになり，保守党政権下で制定された86年憲法では連邦制が廃止され，国名も現在のコロンビア共和国に変更された。

　20世紀にはいると2大政党の対立は暴力にまで発展した。1899年に始まる「千日戦争」では10万人以上の死者を生み，世界恐慌後のコーヒー価格の暴落によって経済的にも大打撃を受けると，1948年には自由党指導者の暗殺をきっかけにボゴタ暴動（ボゴタソ）が発生した。58～74年まで2大政党が交互に大統領を選出する協定が結ばれたことで暴力状況は一応終息し，協定解消後もこの協力関係は維持されたが，80年代以降は麻薬カルテルや左翼ゲリラと右派民兵組織があらたな暴力の源となっている。2002年に就任したウリベ大統領は国内の治安対策を重視して武装勢力に強硬な姿勢で臨み，06年の大統領選挙で再選をはたした。

ジャマイカ　Jamaica

面積：1万1000km²　人口：270万人　首都：キングストン
住民：アフリカ系黒人，混血(ムラートなど)，インド系，ヨーロッパ系白人，中国系
言語：英語，クレオール語
宗教：プロテスタント諸派，カトリック，ポコマニア，ラスタファリズム
沿革：西インド諸島西部，キューバの南に位置する立憲君主国で，イギリス連邦に属する。国土の多くを石灰岩質の高原地帯が占めているが，島の東西方向に山脈が連なり，東部にはコーヒー豆で有名なブルーマウンテンがそびえる。島の南部沿岸に広がる平野は農業地帯となっている。

　この島にはアラワク系のタイノ人が生活していたが，第2次航海中のコロンブスが1494年に到達し，1509年にスペイン人による入植が始まったが繁栄には至らず，1655年にクロムウェルが派遣したイギリス艦隊によって占領され，70年のマドリード条約で正式にイギリス領となった。

　18世紀にはいると黒人奴隷労働力に基づいたプランテーションでのサトウキビ栽培が大きな成長をとげたが，山地に逃げ込んだ多数の逃亡奴隷(マルーン)による反乱になやまされることにもなった。1834年の奴隷制廃止後には多くの解放奴隷がプランテーションを離れ，労働力不足の解消のためにインド人や中国人の年季契約移民が導入されたが，19世紀を通じて砂糖生産は縮小をよぎなくされた。65年の黒人層の反乱を契機に植民地議会が解散されると，ジャマイカは王領直轄植民地となった。

　20世紀前半に黒人民族主義の影響を受けた労働運動が高まりをみせるなかで，1944年設置の下院議会においてジャマイカ労働党(JLP)と民衆国民党(PNP)が2大政党制を確立した。58年にはカリブ海域の他のイギリス領植民地と西インド諸島連合を結成してひとつの独立国家となることを模索したが，植民地間の格差が障害となって成果は得られず，連合からの脱退を決めたジャマイカは62年に単独での独立を達成した。

　独立以来，JLPとPNPが激しい政権争いを演じており，1972年の総選挙で勝利したPNPは貧困解消を訴えるとともに左傾化してキューバに接近した。しかし経済状況は好転せず，80年の総選挙ではJLPが勝利し，これによってアメリカ合衆国との関係は改善されたが，経済再建の失敗から89年にはPNPが政権を奪回した。PNP政権は70年代とは異なり前政権による民営化などの自由主義経済路線を踏襲し，緊縮財政によってインフレの抑制にも成功して，2002年の総選挙でも再び勝利を収めた。しかし，その後は雇用の創出や悪化する治安への対処に十分な成果を得ることができず，07年の総選挙では野党JLPが勝利して政権交代を実現した。

スリナム共和国　Republic of Suriname

面積：16万4000km²　人口：50万人　首都：パラマリボ
住民：インド系，クレオール，ジャヴァ系，アフリカ系黒人(逃亡奴隷であるマルーンの子孫)，アメリカ先住民，中国系，ヨーロッパ系白人
言語：オランダ語，英語，スラナン語(英語ベースのクレオール語)，ヒンディー語，ジャヴァ語，中国語
宗教：ヒンドゥー教，プロテスタント諸派，カトリック，イスラーム教
沿革：南米大陸の北部沿岸に位置するギアナ3国のうちのひとつ。人口が集中する北部大西洋岸の低地から南部のギアナ高地に至る国土の多くが熱帯林に覆われている。東西の国境は河川によって形成されているが，隣国のガイアナとフランス領ギアナとは内陸部の領土をめぐって係争中である。

　沿岸部にアラワク系についでカリブ系の民族が生活していたこの地域には15世紀末にスペイン人が到達していたが，入植にはじめて成功したのはイギリス人であった。17世紀半ばにはスリナム川流域などに入植地が形成され，黒人奴隷を労働力とするプランテーションでタバコやサトウキビなどの栽培をおこなった。しかし第2次英蘭戦争中にオランダ軍による占領を受けると，1667年のブレダの和約によってニューアムステルダム(現ニューヨーク)との交換のもとでオランダの統治が認められた。

　オランダ統治下で海岸低地の干拓が進められると，逃亡奴隷になやまされつつもプランテーションでの砂糖生産により繁栄を得たが，1863年に奴隷制が廃止されたことから労働力不足に陥り，70年代以降はイギリス領インドやオランダ領ジャヴァから年季契約移民が導入された。労働者を引き止めるために契約終了後の土地所有が認められ，米の栽培も許可された。

　1922年にオランダ領ギアナ植民地からオランダ王国の領土の一部となり，その後独立への意識が徐々に高まるなかで，54年に軍事と外交を除く完全な自治権が付与され，ようやく75年に共和国として独立をはたした。一方で独立を前に多数の住民がオランダ本国に脱出することにもなった。

　独立からまもない1980年に軍部がクーデタを起こしてボーターセが政治の実権を握ると，82年に起こった人権抑圧に対してオランダが経済援助を停止したことから経済の停滞を招き，ゲリラ活動が発生するなど政情は不安定化した。この状況下で実施された87年の総選挙の結果，野党連立政権が誕生したが，90年に軍部が再び起こしたクーデタに倒れた。しかし軍政は長続きせず，翌91年の民主的な選挙で大統領に選出されたフェネティアーンが経済の構造調整を進めたがインフレを招き，96年に軍部が支持するウェイデンボスが大統領に就任した。その後は2000年の選挙に勝利したフェネティアーンが05年の選挙で大統領に再選された。

セント・ヴィンセント゠グレナディーン諸島　Saint Vincent and the Grenadines

面積：400km²　人口：11万人　首都：キングスタウン
住民：アフリカ系黒人，混血，インド系，カリブ系先住民
言語：英語，クレオール語
宗教：イギリス国教会やメソディストなどプロテスタント諸派，カトリック，ヒンドゥー教
沿革：カリブ海南東部，小アンティル諸島に属するウィンドワード諸島の南部に位置するイギリス連邦内の立憲君主国。主島のセント・ヴィンセント島とその南方にあるグレナディーン諸島北部の島群から構成されている。主島は森林に覆われた火山島であり，島の北部に位置するスーフリエール山は噴火によってこれまで何度も甚大な被害をもたらしてきた。

　ヨーロッパ人の到来以前，南米大陸から移り住んでいたアラワク系についでカリブ系の先住民が居住していた。コロンブスが第3次航海中の1498年にセント・ヴィンセント島に到達したとされるが，その後は先住民の頑強な抵抗に直面したためにヨーロッパ人による入植は進展しなかった。一方で沈没船や周辺の島々から脱出してきた黒人奴隷が島に定着し，カリブ系先住民との混血により「ブラック・カリブ」を形成した。

　18世紀初めにフランス人が先住民の許可を得て最初の入植地を建設したが，1763年のパリ条約でイギリス領となり，79年にはフランスが奪還したが，83年のヴェルサイユ条約によりイギリスの領有が確認された。95年に発生した先住民による反乱が鎮圧されたのち，5000人以上の先住民がホンジュラス沖のロアタン島へと追放された。その後は黒人奴隷労働力に基づくプランテーション経済が発展し，1834年に奴隷制が廃止されるとポルトガルやインドから年季契約移民が導入されたが，1902年のスーフリエール山の爆発によって島の経済は壊滅的なダメージを受けた。

　1958年に西インド諸島連合に加わり，62年に同連合は解体されたものの，69年には西インド諸島連合州の1州として内政自治権を獲得し，79年にイギリス連邦内での独立をはたした。独立直後の79年の選挙ではセント・ヴィンセント労働党(SVLP)が勝利を収めたが，84年の選挙で中道政党の新民主党(NDP)が勝利してミッチェル政権が発足すると，以降4期連続で政権を担当するなど同国の政情は比較的安定している。2000年に引退したミッチェル首相に代わってユースタス蔵相が首相に就任したが，01年の総選挙では与党NDPが敗北し，中道左派の統一労働党(ULP)が勝利してゴンサルベス政権が発足し，05年の総選挙でも与党ULPが勝利を収めてゴンサルベスが首相に再任された。

セント・クリストファー＝ネイヴィス　Saint Christopher and Nevis

面積：300km²　人口：5万人　首都：バセテール
住民：アフリカ系黒人が大半，ほかにヨーロッパ系白人
言語：英語
宗教：イギリス国教会などプロテスタント諸派，カトリック
沿革：小アンティル諸島のリーワード諸島に属するイギリス連邦内の立憲君主国で，セント・キッツ＝ネイヴィスとも呼ばれ，セント・クリストファー(セント・キッツ)島とネイヴィス島の2つの火山島から構成される。

　ヨーロッパ人の到来以前，南米大陸から移り住んでいたアラワク系についでカリブ系の先住民が居住していた。コロンブスが第2次航海中の1493年にヨーロッパ人としてはじめて到達したが，スペイン人による入植はおこなわれなかった。1624年にウォーナー卿らイギリス人がセント・クリストファー島における入植を開始し，28年にはネイヴィス島の入植にも着手した。また25年にフランス人がセント・クリストファー島にあらわれると，イギリス人はフランス人と連携してカリブ系先住民を駆逐し，27年には島の中央部をイギリスが，北部と南部をフランスが分割して統治することになった。やがて両国は島の領有をめぐって激しく争うようになったが，最終的には1783年のヴェルサイユ条約でイギリスへの帰属が確定した。18世紀には黒人奴隷を労働力に用いた砂糖プランテーションが発達したものの，1834年に奴隷制が廃止されると経済の停滞をよぎなくされた。

　1871年に改組されたイギリス領リーワード諸島連邦にセント・クリストファー，ネイヴィス，アングィラの3島が単一の属領として加わり，1958〜62年にかけての西インド諸島連合への加盟を経て，67年に西インド諸島連合州の1州として内政自治権を獲得した。しかしアングィラがセント・クリストファーによる支配をきらい，71年にイギリス本国の直接統治下にはいって80年に正式に離脱したことから，83年にセント・クリストファーとネイヴィスの2島がイギリス連邦内で独立をはたした。

　独立後は人民行動運動(PAM)とネイヴィス改革党(NRP)が連立政権を担っていたが，95年の選挙で野党の労働党(SKNLP)が圧倒的な勝利を収め，党首のダグラスが首相に就任した。ネイヴィスでも独立以前からセント・クリストファーの優位に対する不満が強く，90年代にはいって分離に向けた動きが高まりをみせたものの，98年に実施された住民投票では賛成票が必要とされる3分の2にわずかに届かず分離の実現には至らなかった。2000年の総選挙ではSKNLPが再び勝利してダグラスが首相に再任され，04年に実施された総選挙でも再び与党SKNLPが勝利を収めたことで，ダグラス政権は3期目に突入した。

セント・ルシア　Saint Lucia

面積：500km²　人口：16万人　首都：カストリーズ
住民：アフリカ系黒人，ムラート，インド系，ヨーロッパ系白人
言語：英語，クレオール語
宗教：カトリック，イギリス国教会などプロテスタント諸派
沿革：カリブ海南東部に位置し，小アンティル諸島のウィンドワード諸島に属する立憲君主国。南にマルティニク島，北にセント・ヴィンセント島，北西にバルバドス島を望む火山島で，森林に覆われた山脈が島を南北にはしっており，そこから流れ出す河川が肥沃な渓谷を形成している。

ヨーロッパ人の到来以前，この地には南米大陸北部から移り住んでいたアラワク系の先住民についで，カリブ系の先住民が居住していた。15世紀末あるいは16世紀初めにスペイン人の探検隊がこの島にはじめて到達したとされるが，その後のスペイン人による入植は進展しなかった。17世紀前半にはオランダ人，フランス人，イギリス人がそれぞれ入植を試みたものの，カリブ系先住民からの根強い抵抗にあって失敗に終わった。

1651年に到来したフランス人が入植地の建設に着手すると，60年には抵抗を続けていたカリブ系先住民と平和協定を結んだ。その後は領有をめぐってイギリスとフランスが激しく対立し，たび重なる領有権の移動を経て，最終的に1814年のパリ条約によってイギリスの領有が確定したものの，地名や宗教などさまざまな形でフランスの文化的影響が長らく維持されてきた。18世紀になると黒人奴隷労働力に基づく砂糖プランテーションが発展したが，1834年に奴隷制が廃止されたあとには衰退をよぎなくされた。

1838年にイギリス領ウィンドワード諸島にイギリスの属領のひとつとして組み込まれると，その後は1958年に西インド諸島連合に加盟した。62年に同連合は解体したものの，67年には西インド諸島連合州の1州として内政自治権を与えられ，79年にイギリス連邦内での独立をはたした。

独立後の選挙では与党の統一労働者党（UWP）がセント・ルシア労働党（SLP）に敗北したが，1982年の選挙でUWPが勝利して政権に復帰し，コンプトンが首相に就任した。その後，87年と92年の選挙でもUWPが勝利を収めて96年までコンプトン政権が続いたが，97年の総選挙ではSLPが15年ぶりにUWPに勝利してアンソニーが首相に就任し，2001年の選挙でもSLPが勝利してアンソニーが首相に再任された。06年の総選挙では野党UWPが勝利を収めてコンプトンが再び首相に就任したが，翌年のコンプトンの死去にともなってキングが首相に就任した。経済的にはバナナの生産を中心とする農業国であり，近年では観光業にも力が注がれているが，ハリケーンによる大きな被害をたびたび受けてきた。

チリ共和国　Republic of Chile

面積：75万7000km²　人口：1650万人　首都：サンティアゴ
住民：メスティソ，ヨーロッパ系白人，アメリカ先住民
言語：スペイン語
宗教：カトリック，プロテスタント諸派
沿革：南米大陸南西部に位置し，東部のアンデス山脈西斜面と西部の海岸山脈に挟まれた高原や平野が南北に細長く広がっている。北部高原地帯は砂漠によって占められ，南部は複雑なフィヨルド地形になっている。

ヨーロッパ人の到来以前，中部から南部にかけての地域にはスペイン人からアラウコと呼ばれていたマプーチェ人が小集団で農業を基盤に生活していたが，北方のインカやスペイン人による侵略を受けた際には強硬に抵抗し，「アラウコ戦争」と呼ばれる対立は19世紀末まで続いた。

1520年にマゼランがこの地域に到達していたが，スペイン人による本格的な進出は35年に始まり，41年にサンティアゴが建設された。その後はペルー副王領の管轄下でアウディエンシアによる統治が続き，植民地再編によって1778年に副王領から独立して軍事総督領に格上げされた。

本国の政変を受けて1810年に成立した自治政府はペルー副王軍により鎮圧されたが，アルゼンティンのサン・マルティンの支援を得てオイヒンスが18年に独立を宣言した。独立後に発生した内部抗争は保守派の勝利で決着し，中央集権的な33年憲法のもとで政治的安定が維持された。

1861年以降は自由派が政権を握り，79年に始まる「太平洋戦争」に勝利してペルーとボリビアから北部硝石地帯を獲得するなど経済的繁栄を享受したが，86年に就任したバルマセーダ大統領の民族主義的政策はイギリス資本と結びついた寡頭支配層の離反を招き，91年に政権は崩壊した。

中間層や労働者階級の支持を得て1920年に成立したアレサンドリ政権が提出した進歩的な改革法案は議会保守派の抵抗から実現されなかったが，失脚後に改革派将校の後押しを得て復帰したアレサンドリのもとで，大統領の権限強化や政教分離などを規定した25年憲法が制定された。

世界恐慌による深刻な経済危機を経験したのち，1938年に左派を含む人民戦線内閣が成立して工業化を推進したが，50年代後半に経済が行きづまると，政治勢力は右派・中道・左派に三極化した。70年に誕生したアイェンデ人民連合政権は銅山国有化などの社会主義政策を推進したが，経済悪化を招いて73年の軍事クーデタにより崩壊した。その後成立したピノチェト軍事政権は自由主義政策を採用して経済成長を実現したが，軍の人権侵害が国際的な非難をあびて90年に民政に復帰した。民政下で経済も安定しており，2006年には初の女性大統領にバチェレが就任した。

ドミニカ共和国　Dominican Republic

面積：4万9000km²　人口：900万人　首都：サント・ドミンゴ
住民：ムラート，ヨーロッパ系白人，アフリカ系黒人
言語：スペイン語
宗教：カトリック
沿革：西インド諸島の中央に位置するエスパニョーラ島の東側3分の2を占める共和国。国土の多くを山地が占めており，北西から南東に連なるセントラル山脈のドゥアルテ山は西インド諸島の最高峰である。また山脈の間の渓谷や南東部に広がる海岸平野は肥沃な農業地帯になっている。

　コロンブスが1492年の第1次航海中に島に到達し，96年には南岸にサント・ドミンゴが建設された。当初はアメリカ大陸征服の拠点として機能し，1511年にはアウディエンシアが設置されたが，メキシコやペルーの征服後には植民地統治の中心としての地位を失った。金の枯渇後は砂糖や牛皮の生産が活動の中心となっていたが，過酷な労働を強いられたアラワク系の先住民人口は激減し，代替労働力として黒人奴隷が導入された。

　17世紀になると他のヨーロッパ諸国や海賊の侵入にさらされ，フランス人が占拠していた島の西部は1697年にフランス領サン・ドマングとして割譲された。1795年には島の全域がフランス領となったが，1804年にフランス領がハイティとして独立を宣言すると，08年の反乱を契機に東部からもフランス軍が撤退し，14年に再びスペインの統治下におかれた。

　1821年に独立が宣言されたが，翌年には隣国ハイティに併合された。44年にドゥアルテの指揮下でハイティの支配から脱してドミニカ共和国として独立を達成したものの，ハイティによる侵略の脅威に対して61年には再びスペインの支配下にはいり，65年に再度共和国として独立した。

　20世紀初頭までにヨーロッパ諸国が債務返済圧力を強めると，1916年にその調整役として介入したアメリカ合衆国(米国)の占領下におかれることになり，占領統治は24年まで続いた。その後は30年のクーデタで政権を掌握したトルヒーヨが31年におよぶ長期独裁体制を確立し，自らの一族で国家経済を私物化する一方，秘密警察を用いて反対派を徹底的に弾圧した。

　トルヒーヨ暗殺後の1962年に民主的な選挙のもとで成立した進歩派政権はクーデタで倒れ，65年の内戦では共産化を恐れた米国が介入して海兵隊を派遣した。内戦終結後，66年に大統領に就任したバラゲールのもとで強権的な支配体制が敷かれると，政権への不満から78年に野党ドミニカ革命党の政権が誕生したが，深刻な経済危機に直面したことから86年にバラゲールが大統領に復帰し，96年まで政権を担当した。96年に就任したフェルナンデス大統領が2004年に返り咲き，08年の選挙で再選された。

ドミニカ国　Commonwealth of Dominica

面積：800km²　人口：7万人　首都：ロゾー
住民：アフリカ系黒人，ムラート，ヨーロッパ系白人，カリブ系先住民
言語：英語，クレオール語
宗教：カトリック，プロテスタント諸派
沿革：カリブ海東部，小アンティル諸島のウィンドワード諸島の北端に位置する共和国で，北のグァドループ島と南のマルティニク島という2つのフランス領に挟まれている。火山起源のドミニカ島には噴気孔や硫黄泉が多くみられ，広大な熱帯林など未開発の自然が豊富に残っている。またカリブ系先住民が居住しているカリブ海諸島で唯一の国でもある。

　ヨーロッパ人の到来以前，南米大陸から移り住んでいたアラワク系についでカリブ系の先住民が島に定住していた。コロンブスが第2次航海中の1493年にはじめて到達し，その日が日曜日（ドミンゴ）であったことからドミニカ島と命名されたが，スペイン人による入植の試みはカリブ系先住民の激しい抵抗にあって進展しなかった。1635年に領有を主張したフランス人による入植も同様の抵抗に直面すると，フランスはイギリスとの間で島を先住民のものとする合意を60年に交わしてたがいに領有権を放棄した。しかしその後もフランス人は入植を継続し，18世紀後半になるとイギリスとの領有争いは激化した。1763年のパリ条約ではフランスがイギリスに島を譲渡することに同意したが，その後も両国の争いは収まらず，1805年になってようやく島のイギリス領有が確定した。

　その後1833年に形成されたイギリス領リーワード諸島に加わったが，1940年にウィンドワード諸島に所属を移し，58年にカリブ海地域の他のイギリス領植民地とともに西インド諸島連合に加盟した。同連合が62年に解体すると，67年には西インド諸島連合州の1州として内政自治権を獲得し，78年に大統領を国家元首とする共和国として独立をはたした。

　独立後の政情は不安定で，当初はドミニカ労働党(DLP)が政権の座にあったが，1980年の総選挙の結果，ドミニカ自由党(DFP)のユージニア・チャールズがカリブ海で初となる女性の首相となり，83年のグレナダ侵攻ではアメリカ軍を中心とする連合軍に参加した。95年の選挙でDFPが敗北し，統一労働者党(UWP)のジェームスが首相となったが，2000年の総選挙ではUWPが敗北して野党のDLPとDFPの連立政権が発足し，05年の選挙ではスケリット首相のDLPが勝利を収めた。経済的にはバナナやココナッツなど輸出作物の栽培を中心とする農業国であるが，生産が天候に左右されるうえに，島を頻繁に襲うハリケーンから大きな被害を受けてきた。近年では観光業にも力が注がれている。

トリニダッド=トバゴ共和国　Republic of Trinidad and Tobago

面積：5000km²　人口：130万人　首都：ポート・オブ・スペイン
住民：インド系，アフリカ系黒人，混血（ムラートなど），ヨーロッパ系白人，中国系
言語：英語，ヒンディー語，フランス語，スペイン語，中国語
宗教：カトリック，ヒンドゥー教，イギリス国教会などプロテスタント諸派，イスラーム教
沿革：カリブ海南東部，西インド諸島の最南端に位置するトリニダッド島とトバゴ島からなる共和国。トリニダッド島はオリノコ川河口の北方沖に位置し，南米大陸本土とパリア湾で隔てられた西海岸に天然の良港を有している。トバゴ島はトリニダッド島のさらに北東沖に位置している。

　ヨーロッパ人の到来以前，両島にはアラワク系やカリブ系の先住民が居住していた。コロンブスが第3次航海中の1498年に到達したが，スペイン人の関心は薄く，他のヨーロッパ諸国による侵入にさらされた。長らくスペイン統治が維持されていたトリニダッド島は，1797年のイギリス占領後，1802年にアミアンの和約で正式にイギリス領となり，トバゴ島もオランダやフランスによる占領を経て14年にイギリス領となった。

　トリニダッド島にはスペイン統治下で入植を認められたフランス人が1780年代以降ハイティなどから黒人奴隷とともに移り住み，主に砂糖プランテーションを経営していたが，1834年の奴隷制廃止後にインド人契約労働者が導入された。89年に両島が併合されて単一の植民地となった。

　のちに主要産業となる石油の生産が20世紀初めに始まり，労働運動とともに自治・独立への要求が高まると，1958年の西インド諸島連合への参加を経て62年に独立をはたした。独立後はアフリカ系住民を主な支持基盤とする民衆国民運動（PNM）が政権を担い，党首ウィリアムズが81年まで首相を務めた。76年には大統領を元首とする共和制に移行した。

　1981年にウィリアムズが死去したのち，86年の選挙では民族宥和を唱える国民再建同盟（NAR）が勝利したが，90年に黒人イスラーム教徒過激派によるクーデタ未遂を経験し，91年の選挙では再びPNMが勝利してマニングが首相に就任した。95年の選挙で過半数を維持できなかったPNMに代わり，インド系を支持基盤とする統一国民会議（UNC）がNARとの連立政権を樹立し，UNC党首のパンディがインド系初の首相となった。しかしUNCが分裂して少数与党となり，2001年の選挙でUNCとPNMが議席を分け合うと，大統領が野党のマニングを首相に任命したことで政局が混乱したが，02年に再度実施された選挙でPNMが勝利した。07年の総選挙でもPNMが勝利してマニングが首相に再任された。

ニカラグァ共和国　Republic of Nicaragua

面積：13万km²　人口：560万人　首都：マナグァ
住民：メスティソ，ヨーロッパ系白人，アフリカ系黒人，アメリカ先住民
言語：スペイン語，大西洋岸では英語やミスキート語なども併用
宗教：カトリック，プロテスタント諸派
沿革：中央アメリカの中央に位置する中米最大の国。西部太平洋側に広がる低地には中米最大の淡水湖であるニカラグァ湖とマナグァ湖があり，これらの湖と太平洋岸の間に連なる火山性の山地では地震が多発する。中央部は高原地帯となっており，東部カリブ海側には平原が広がる。

　ヨーロッパ人の到来以前，東部にチブチャ系の民族，西部に北方からナワ系の文化的影響を受けた民族が移り住み，現在のリバス付近に定着した後者のニキラノ人首長ニカラオがニカラグァの語源ともされる。

　1502年に第4次航海中のコロンブスが東海岸に到達したが，本格的な征服は22年に始まり，拠点としてグラナダとレオンが建設され，征服後は管轄権をめぐる混乱を経て最終的にグァテマラ総督領に編入された。16世紀末からは沿岸部が海賊による襲撃を何度も受け，18世紀にはいるとミスキート人と同盟を結んだイギリスがこの地域への侵略を試みた。

　1821年にスペインから独立した直後にメキシコに併合され，23年には他の中米諸州と連邦共和国を結成した。連邦から離脱した38年に独立共和国となったが，その後はレオンの自由派とグラナダの保守派との対立が続いた。混乱のなかで56年にはアメリカ人ウォーカーが大統領に就任する事態を招いたが，収拾後に政権を握った保守党のもとで一応の平穏を得た。

　20世紀にはいるとアメリカ合衆国（米国）が影響力を強め，しばしば内戦に介入して海兵隊を派遣したが，事実上の保護国化に対して反米武装闘争が発生し，自由派の指導者の1人であったサンディーノは徹底抗戦を唱えた。米海兵隊の撤退後，アナスタシオ・ソモサが権力を掌握し，1937年に自ら大統領に就任すると，40年以上におよぶソモサ一族の独裁的支配の時代にはいった。一方，反ソモサ勢力は61年に結成されたサンディニスタ民族解放戦線（FSLN）のもとで武装闘争に着手し，78年のラ・プレンサ紙編集長暗殺を機に広範な反政府連合が形成され，79年に独裁政権は崩壊した。

　革命後の左翼政権のもとで米国との関係は悪化し，同国の支援を受けた反政府武装勢力コントラとの間で再び内戦に突入した。1988年に暫定停戦合意が成立し，90年に国連監視下の選挙で大統領に選出されたチャモロがコントラ解体や軍の縮小を実現して内戦は終結したが，深刻な貧困など社会不安の解消には至っていない。2007年にはFSLNのオルテガが大統領に復帰し，ベネスエラなど反米左派政権との関係を深めている。

ハイティ共和国　Republic of Haiti

面積：2万8000km²　人口：860万人　首都：ポルトー・プランス
住民：アフリカ系黒人，ムラート，ヨーロッパ系白人
言語：フランス語，クレオール語
宗教：カトリック，ブードゥー，プロテスタント諸派
沿革：西インド諸島中部，エスパニョラ島の西側3分の1を占め，アメリカ大陸ではアメリカ合衆国(米国)につぐ2番目の独立国。ゴナーブ湾を南北二つの半島が挟む形の国土の3分の2が山地，残りは峡谷や平野である。

アラワク系のタイノ人が居住していたこの島には，1492年の第1次航海中にコロンブスがはじめて到達していたが，島の西部は長らく放置されたままで，やがてフランス人に占拠されたこの地を1697年にスペインがフランスに譲渡してサン・ドマング植民地となった。フランス人は建設したプランテーションで黒人奴隷労働力を用いて砂糖やコーヒーなどを生産し，18世紀にはカリブ海地域で最大の砂糖生産地となっていた。

本国における革命に呼応して1791年に大規模な奴隷反乱が起こると，反乱軍は革命政府と結んで白人支配層が支持するイギリス軍を撃退し，1801年には反乱指導者トゥサンが東部のスペイン領に侵攻して全土を掌握した。ナポレオンの派遣部隊によりトゥサンが捕えられたあとも反乱は続けられ，フランス軍撤退後の04年にハイティ共和国として独立した。

独立後はデサリーヌが帝政による独裁を始め，その暗殺後は2人の大統領が南北に分裂して統治したが，1820年に南北が統一され，22年には独立宣言直後の隣国ドミニカに侵攻して44年まで支配した。その後は黒人とムラートとの対立による政治的混乱が20世紀初頭まで続いた。

混乱の続くなか，ハイティにおけるドイツ人の影響力の拡大をきらった米国が1915年に軍事占領下においたが，34年に米軍が撤退すると再び政情が不安定となり，57年以降はデュヴァリエ親子が29年間にわたってハイティを支配した。彼らは秘密警察を動員して恐怖政治をおこなったが，米国による援助が停止されると深刻な経済危機を招いて貧困を拡大させた。

1986年の独裁政権崩壊後も混乱は続き，民主化を求める国際社会の監視下で実施された90年の大統領選挙でカトリック神父のアリスティドが当選したが，同政権は翌年の軍事クーデタで倒れ，その後は軍政が敷かれた。94年の国連決議に基づく米軍の侵攻を前に軍事政権が退陣し，復権したアリスティドのもとで民政が回復されたものの，長引く政治的混乱と深刻な貧困問題が克服されるには至らず，2001年から大統領に復帰したアリスティドは04年の武装反乱を前に国外へ逃れた。たび重なる延期を経て06年に実施された大統領選挙の結果，元大統領のプレヴァルが選出された。

パナマ共和国　Republic of Panama

面積：7万6000km²　人口：330万人　首都：パナマ市
住民：メスティソなど混血，アフリカ系黒人，ヨーロッパ系白人，アメリカ先住民
言語：スペイン語，英語
宗教：カトリック，プロテスタント諸派
沿革：中央アメリカの最南端，南北アメリカ大陸をつなぐ地峡に位置している共和国。東西に走る2つの山系が細長い国土を縦断するなど山地や丘陵が多くを占め，数多くの河川がカリブ海と太平洋に流れ込んでいる。

　ヨーロッパ人による征服以前にはチブチャ系などの多様な先住民が定住していたが，1501年にスペイン人のバスティダスが初上陸して以来，翌年には第4次航海中のコロンブスが到来するなど，この地域への探査が継続された。アメリカ本土最初の町ダリエンの総督となったバルボアが13年に地峡を横断して太平洋岸に到達すると，19年には太平洋岸にパナマ市が建設された。2度のアウディエンシア設置を経て，67年にペルー副王領の管轄下にはいり，ペルーとスペイン本国とを結ぶ重要な中継地として栄えたが，16～17世紀には海賊による襲撃になやまされた。

　18世紀までに中継貿易による繁栄を失う一方で，新設のヌエバ・グラナダ副王領に編入された。1821年にスペインから独立したのちにグラン・コロンビア共和国の一部となり，30年の共和国解体後には分離独立の動きもみられたものの，最終的にはコロンビア内の州のひとつに収まった。

　中央アメリカを横断する運河の建設構想は植民地時代以来のものであったが，1855年にパナマ地峡横断鉄道が開通する一方，81年に始まったレセップスによる本格的な運河の建設事業は失敗に終わった。1903年にコロンビア政府とアメリカ合衆国(米国)が運河建設権を定めた条約に調印すると，コロンビア議会がその批准を拒否したことからパナマは分離独立を宣言し，独立を承認した米国との間で運河地帯の永久租借権を付与する条約を締結した。04年に着工した運河の建設は苦難のすえ，14年に開通に至った。

　独立後のパナマの政治経済は運河に大きく依存し，米国による軍事干渉も繰り返されたが，1936年には運河地帯の主権がパナマに帰属することが確認され，トリホス将軍のもとで77年に締結された新パナマ運河条約では99年末に米国の権利失効が定められた。その後は政治的・経済的に困難な状況が続き，89年には実権を握っていたノリエガ将軍が米国の軍事侵攻によって逮捕されるなどしたが，条約通り99年11月までに米軍撤退が完了し，同年末に念願の運河の完全返還が実現した。2004年に就任したトリホス大統領のもとでは運河の拡張計画が国民投票により承認された。

バハマ国 Commonwealth of The Bahamas

面積：1万4000km²　人口：30万人　首都：ナッソー
住民：アフリカ系黒人，ムラート，ヨーロッパ系白人，アジア系
言語：英語
宗教：イギリス国教会などプロテスタント諸派，カトリック
沿革：西インド諸島北西部，フロリダ半島の南東沖，キューバの北方に位置するイギリス連邦内の立憲君主国。1000km以上にわたって連なる約700の島々と2400の岩礁から構成されるが，多くは無人島で，首都のあるニュー・プロヴィデンス島とグランド・バハマ島に人口が集中している。

ヨーロッパ人の到来以前，これらの島々にはアラワク系の先住民が居住していた。1492年にコロンブスが「新世界」で最初に上陸したのが同諸島のサン・サルバドル島であったとされるが，サマナ岩礁であったとする説もある。スペイン人は入植には関心を示さず，17世紀半ばにバミューダ諸島のイギリス人ピューリタンが入植を開始し，のちのナッソーにも入植地が建設されたが，18世紀初めまでは主に海賊の巣窟となっていた。

バハマ諸島は1718年に王領直轄植民地となり，総督に任命されたロジャーズのもとで海賊の排除が進められた。アメリカ独立革命中の76年にナッソーが短期間ながらアメリカ海軍に占領され，82年にはスペインの占領下におかれたが，83年のヴェルサイユ条約によりイギリス領有が確定した。

1780年代にはアメリカ独立革命に敗れた王党派が黒人奴隷とともに移り住み，島で綿花プランテーションを経営したが，1834年に奴隷制が廃止されると農園主の多くは島を去った。19世紀後半は経済の停滞をよぎなくされたが，1919年にアメリカ合衆国で禁酒法が制定されるとラム酒の密輸基地として栄え，第二次世界大戦後には観光業が主要な産業となった。

観光業に基づく繁栄のなかで，利益を享受する少数の白人と多数派である黒人との対立が1950年代以降に政治問題となり，67年の総選挙で黒人系の進歩自由党(PLP)が政権を獲得して白人支配に終止符を打った。64年に内政自治権を与えられたのち，72年の選挙でも圧勝したPLPが独立に向けた交渉に着手し，73年にイギリス連邦内での独立をはたした。

独立後もPLPのピンドリングが長らく政権を担ったが，経済の悪化や麻薬密輸をめぐるピンドリング自身への疑惑から政権は信用を失い，92年の選挙では自由国民運動(FNM)が勝利して25年ぶりの政権交代を実現し，党首のイングラハムが首相に就任した。イングラハムは97年の選挙にも勝利して首相に再任されたが，2002年の選挙ではPLPが圧勝してクリスティが首相に就任した。しかし07年に実施された総選挙では野党FNMが勝利し，イングラハムが3期目となる首相に就任した。

パラグァイ共和国　Republic of Paraguay

面積：40万7000km²　人口：630万人　首都：アスンシオン
住民：メスティソ，ヨーロッパ系白人，アメリカ先住民
言語：スペイン語，グァラニー語
宗教：カトリック，プロテスタント諸派
沿革：南米大陸の中南部に位置する内陸国。国土の中央を縦断するパラグァイ川の東西で地勢は大きく異なり，西側のグラン・チャコ地方は農耕に適さない大平原で，東側の平原や丘陵地帯に人口が集中している。

　ラ・プラタ川河口からやってきたスペイン人によって1537年にアスンシオンが建設され，ラ・プラタ地域の拠点として42年に本国から総督が派遣された。やがて地域の中心はブエノス・アイレスに移り，1617年にはラ・プラタ総督領から独立した行政区となったが，1776年に新設されたリオ・デ・ラ・プラタ副王領に編入された。また17世紀以降にはイエズス会士が数多くのレドゥクシオン（布教村）を建設し，そこに集められた先住民グァラニー人への教化活動を1767年に追放されるまでおこなった。

　1810年に成立したブエノス・アイレス政治委員会の権威を否認しつつ11年には自ら独立を宣言した。14年以降，大衆の支持を得て終身の独裁権を与えられたフランシアのもとで極端な鎖国政策が採用されたが，40年に彼が死去したあとには外交関係が復活し，外資の導入による鉄道の敷設など開放政策に基づいた国家の近代化が進められた。しかし64年にソラノ・ロペス大統領のもとでブラジル，アルゼンティン，ウルグァイからなる三国同盟との無謀な戦争に突入した結果，70年の終戦を迎えるまでに人口の半数以上を喪失し，戦後復興をとげるまでに長い年月を要した。

　1887年にコロラド党と自由党の両党が結成されて民主化への道を歩み始めたものの，政情は不安定なままであった。1932年にはボリビアとの国境をめぐる争いがチャコ戦争へと発展し，最終的にはチャコ地方に広範な領土を確保したが，再び国力の甚大な損失をこうむることにもなった。

　第二次世界大戦後も政情の安定はなかなか得られなかったが，1954年の軍事クーデタでストロエスネルが政権を掌握し，軍部とコロラド党の支持のもとで89年に崩壊するまで長期独裁体制を維持した。独裁政権は自由主義経済政策を採用して経済諸部門の成長を実現したが，民主化を求める声が高まるなかでクーデタによって打倒された。その後93年に民政移管を実現したものの，軍部の影響力はいぜんとして強く，クーデタ未遂や副大統領の暗殺事件が発生するなど政情不安は解消されていない。2008年に実施された大統領選挙では中道左派の野党連合候補で元カトリック司教のルゴが勝利し，61年におよぶコロラド党の支配に終止符を打った。

バルバドス　Barbados

面積：400km²　人口：30万人　首都：ブリッジタウン
住民：アフリカ系黒人，ムラート，ヨーロッパ系白人，インド系
言語：英語
宗教：イギリス国教会などプロテスタント諸派，カトリック
沿革：カリブ海東部，西インド諸島に属する島々の最東端に位置するバルバドス島を領土とするイギリス連邦内の独立国。同島は火山起源の近隣の島々とは異なり，堆積したサンゴに覆われた比較的平坦な島である。

　ヨーロッパ人の到来以前，アラワク系やカリブ系の先住民が居住していたと考えられるが，1536年にブラジルへ向かう途中のポルトガル人が上陸した際に先住民の姿はなかった。その後も島は放置されていたが，1627年にイギリス人が初の入植地ジェームズタウン(現ホールタウン)を建設すると，39年には議会が設置され，63年に直轄植民地となった。

　入植当初はタバコや綿花などの栽培がおこなわれていたが，1640年代以降にブラジルを追われたオランダ人の指導のもとでプランテーションにおけるサトウキビ栽培が急速な発達をとげ，ヨーロッパからの年季契約労働者に代わって黒人奴隷が導入された。1834年に奴隷制が廃止されたあともその多くは大農園にとどまり，精糖業が島の基幹産業として維持された。また33年に設立されたイギリス領ウィンドワード諸島に加わったが，85年に離脱するまでバルバドス総督が同植民地の総督を兼任していた。

　世界恐慌後の経済的困窮から黒人系労働者の不満が高まり，1937年の暴動で多数の死傷者をだす一方で，38年にアダムズらを中心にバルバドス労働党(BLP)が結成され，40年代以降，徐々に政治改革が進展した。51年に実施された初の成人普通選挙でBLPが多数を占め，54年にアダムズが初の首相に就任した。アダムズは58年に結成された西インド諸島連合の首相を務めたが，62年に連合は解体された。61年に内政自治権を獲得したバルバドスは，66年にイギリス連邦内で独立をはたした。

　独立前の1961年から民主労働党(DLP)がバロウ首相のもとで政権を担っていたが，76年の選挙でBLPが勝利して15年ぶりの政権交代が実現した。しかし86年の選挙でDLPが政権を奪回し，バロウが再び首相を務めた。87年にバロウが死去するとサンディフォードが首相に就任したが，IMF主導の緊縮政策を導入したことで政局が不安定となり，94年に不信任決議が議会で可決されたことを受けて実施された選挙で野党BLPが勝利し，アーサーが首相に就任した。94年に経済協力の強化を目的とするカリブ諸国連合(ACS)に加盟し，99年の総選挙で経済的な安定を背景にBLPが圧勝して，2003年の選挙でも再び勝利を収めた。

ブラジル連邦共和国　Federative Republic of Brazil

面積：851万4000km²　　人口：1億8890万人　　首都：ブラジリア
住民：ヨーロッパ系白人，ムラート，アフリカ系黒人，日系，アラブ系，アメリカ先住民
言語：ポルトガル語，先住民諸語
宗教：カトリック，プロテスタント諸派
沿革：南米大陸中央部の大西洋岸に位置しており，北部を横断するアマゾン川流域の低地と南東部に広がるブラジル高原によって国土は二分される。北端はギアナ高原に達し，東海岸には細長い平野が続いている。

　1500年にカブラルが沿岸に到達して正式にポルトガル領となり，30年代にカピタニアと呼ばれる行政区を導入して統治を民間人に委託したが失敗し，49年にはサルヴァドールに総督府が設置された。16世紀後半になると北東部でサトウキビ栽培が軌道に乗り，先住民や黒人の奴隷労働力を利用した砂糖プランテーションの経営がおこなわれた。1630～54年までオランダ人に北東部を占領されたが，撤退したオランダ人がカリブ海の島々に精糖技術を持ち込んだことはブラジルの糖業衰退の一因となった。17世紀末に内陸のミナス・ジェライスで金鉱が発見されると再び活況を呈し，1763年には金産地の外港のリオ・デ・ジャネイロに首都が移転された。

　ナポレオン軍の侵略を逃れて1808年にポルトガル王室がリオに遷都したのち，22年に王子ペドロが初代ブラジル皇帝として独立を宣言した。摂政統治を経てペドロ2世が即位した40年以降は政治的安定と経済発展を享受したが，周辺国との戦争により軍部の影響力が増し，88年の奴隷制の廃止が地主層の離反を招くと，89年の無血革命で帝政は廃止された。

　20世紀にはいって経済の牽引役となるコーヒー栽培がサン・パウロ州で盛んになると，南東部に大量の移民が流入し，同州の政治的発言力が強まったことで，ミナス・ジェライス州との2州で大統領職を独占するに至った。世界恐慌によるコーヒー経済の低迷を背景に1930年のクーデタでヴァルガスが政権を握り，37年には「新国家」体制を樹立して独裁的な統治をおこなったが，45年に軍部の圧力から辞職をよぎなくされた。

　その後の政権のもとで経済開発が進み，1960年にはブラジリアへの遷都がおこなわれたが，不健全な財政がインフレを招いた。64年に成立した軍事政権はインフレ抑制と経済成長に努めたが，石油危機が経済悪化を再燃させた。85年の民政移管後も経済が大きな懸念材料であったが，95年に誕生したカルドーゾ政権下で経済の安定が実現され，その後は新興経済国の一角を担うまでになった。2002年の大統領選挙で元労組指導者のルーラが勝利して左派政権が誕生し，06年の大統領選挙で再選をはたした。

ベネズエラ・ボリーバル共和国　Bolivarian Republic of Venezuela

面積：91万2000km²　人口：2720万人　首都：カラカス
住民：メスティソ，ヨーロッパ系白人，アフリカ系黒人，アメリカ先住民
言語：スペイン語，先住民諸語
宗教：カトリック
沿革：南米大陸の最北部に位置し，国土はマラカイボ湖周辺の低地，北西部から北部へと連なるベネズエラ高地，オリノコ川北方に広がる平原地帯（リャノ），その南側を占めるギアナ高地の4地域に分けられる。

　征服以前のこの地域にはアラワク系，カリブ系，チブチャ系などの民族が小規模な集団で生活していた。1498年にコロンブスがパリア半島でアメリカ大陸本土への初上陸をはたすと，1520年代にはスペイン人による入植も始まったが，貴金属に恵まれなかったために植民地としてのこの地域への関心は低く，18世紀にはいるまで辺境に位置づけられていた。

　16世紀以来サント・ドミンゴのアウディエンシアの管轄下にはいっていたが，17世紀に栽培が本格化したカカオの密貿易が盛んになるなどしてこの地域の経済的重要性が高まると，1717年に新設されたヌエバ・グラナダ副王領に編入され，77年にベネズエラは単独の総督領に昇格した。

　1811年に共和国の独立が宣言され，これが王党軍の反撃により崩壊したあとにはボリーバルのもとで独立戦争が継続された。19年に創設されたグラン・コロンビア共和国の一部として21年に正式な独立をはたすと，30年には分離独立を実現し，独立戦争の英雄パエスが初代大統領となって保守寡頭支配体制を確立したが，反パエス勢力を中心に自由党が結成され，58年には連邦制導入をめぐって内戦が勃発した。70～88年まで自由派のグスマン・ブランコが独裁体制を敷くと，その後は19世紀末までコーヒー輸出経済の繁栄に支えられる形で近代化が推進された。

　1908～35年まで続くゴメス長期独裁政権のもとでは，マラカイボ湖であらたに発見された石油の開発が積極的な外資の導入により推進され，石油がコーヒーに代わる最大の輸出品となった。その豊富な石油収入が道路や通信網などの整備に投資され，これによって都市化も進展した。

　第二次世界大戦後も軍人の独裁体制が続いたが，1958年以降は中間層を支持基盤とする民主行動党とキリスト教社会党の2大政党制が定着した。しかし経済が石油価格に左右される状況は変わらず，政治の腐敗や貧富の格差に改善がみられないことへの不満が高まり，98年の大統領選挙では貧困層の支持を背景に左派のチャベス元中佐が当選し，2006年の大統領選挙で3選をはたした。チャベスは対外的には反米色をあらわにする一方，産業部門の国有化など「21世紀の社会主義」の建設を掲げている。

ベリーズ　Belize

面積：2万3000km²　人口：30万人　首都：ベルモパン
住民：メスティソ，クレオール，マヤ系先住民，ガリフナ(黒人とカリブ系先住民との混血)
言語：英語，スペイン語，クレオール語，マヤ語，ガリフナ語
宗教：カトリック，イギリス国教会などプロテスタント諸派
沿革：ユカタン半島南東部に位置し，国土の北半分の低地ではベリーズ川などが沼沢地を形成しており，中南部にマヤ山地が連なる。カリブ海沿岸には多数の小島や岩礁がみられ，沖合にはサンゴ礁が南北に広がる。

　征服以前のこの地域にはマヤ系先住民が定着していたが，16世紀初めにスペイン人が探索を開始し，続いて軍事征服にも着手した。しかし先住民による激しい抵抗を受けたことから，ユカタン半島を征服したあとにもこの地域を完全な支配下におくには至らず，定住も進展しなかった。

　17世紀にはいってイギリス人がこの地域への侵入を試み，当初は海賊が主体であったが，のちに入植者によるログウッドの伐採がさかんにおこなわれた。18世紀にはいるとスペインとイギリスとの間で領有をめぐる争いが激化し，1763年のパリ条約でイギリス人に木材伐採権が認められる一方で，スペインも自らの領有権を譲らなかったが，98年のセント・ジョージズ・キーの戦いで勝利したイギリスによって事実上の植民地とされた。

　他の中米諸国がスペインから独立するなかで，中米連邦の解体によって1839年に独立共和国となったグァテマラがこの地域の領有を主張したものの，59年には自国とカリブ海を結ぶ道路の建設を条件にイギリスの権利を認めた。62年にイギリス領ホンジュラスとしてジャマイカ総督府に編入される形で直轄植民地になると，84年には単独の植民地になった。

　第二次世界大戦後，1950年に人民統一党(PUP)が結成されるなど自治権拡大への要求が高まりをみせ，54年に普通選挙が導入されると，64年に制定された憲法のもとで国防や外交を除く内政自治権を獲得した。

　グァテマラが再び領有を主張し始めたことから独立は遅れ，1973年にベリーズと改称する一方でグァテマラとの軍事的緊張は高まったが，80年の国連総会でベリーズの独立を求める決議が可決されると，81年にイギリス連邦の一員として独立を実現した。独立の承認を拒否していたグァテマラも91年に自らの主権を放棄してベリーズと国交を樹立した。94年にはイギリス軍の段階的な撤退が完了し，その後はPUPと統一民主党(UDP)の2大政党が民主的な政治プロセスを維持している。98年以来PUPが政権を担当してきたが，国民の不満のなかで実施された08年の総選挙でUDPが政権交代を実現し，党首バロウが首相に就任した。

ペルー共和国　Republic of Peru

面積：128万5000km²　人口：2840万人　首都：リマ
住民：アメリカ先住民，メスティソ，ヨーロッパ系白人，アフリカ系黒人，日系，中国系
言語：スペイン語，ケチュア語やアイマラ語などの先住民諸語
宗教：カトリック

沿革：南米大陸の中部太平洋岸に位置し，沿岸部には幅の狭い砂漠性の平野がみられる。その東側にはアンデス山脈が南北に連なっており，アンデス山脈の東斜面にはアマゾン低地へと続く森林地帯が広がっている。

　中央アンデスには先住民の高度な文明が栄え，汎アンデス的なチャビンやワリの文化や，モチェ，ティワナク，ナスカ，チムーなどの地域文化が宗教を中心にはぐくまれていたが，15世紀末までにインカ人がタワンティンスーユ（4つの地方）と呼ぶ広大な領域をかかえる国家を建設した。

　ピサロ率いるスペイン人が王位継承争いに乗じてインカ国家を征服すると，1542年にはペルー副王領が設置され，第5代副王トレドの時代にようやく植民地体制が確立した。一方，過酷な植民地統治に対する先住民の不満は強く，1780年にはトゥパク・アマルによる反乱が発生した。

　保守派の牙城であったペルーの独立は最後まで残され，1821年の独立宣言ののちも副王軍は健在であったが，24年のアヤクーチョの戦いで解放軍が勝利して独立をはたした。独立後はボリビアとの連合結成など混乱が続いたが，45年に大統領に就任したカスティーヤが混乱を収拾し，グァノの輸出を経済基盤に国家体制の基礎を築いた。79年に始まる南部の硝石地帯をめぐる「太平洋戦争」ではチリに敗れて領土を割譲する一方で，19世紀末のピエロラ政権は外資導入による経済近代化を推進した。

　その後の輸出経済の繁栄下で寡頭支配体制が定着するなか，1924年に反米民族主義を掲げてアヤ・デ・ラ・トーレによって結成されたアメリカ革命人民連合（APRA）が民衆の幅広い支持を獲得し，寡頭支配層の後ろ盾となった軍部と対立した。しかし第二次世界大戦後のAPRAは政権の一翼を担う一方で穏健化し，革新勢力としての力を喪失した。

　1968年にベラスコ将軍がクーデタを起こし，農地改革法の制定や基幹産業の国有化などの急進的な改革を進めたが失敗に終わり，80年の民政移管後に再び採用された経済自由化路線のもとではインフレや左翼ゲリラになやまされた。90年に就任したフジモリ大統領は憲法停止など強引な手法でこれらの問題に対処して成果をあげたが，強権的手法への不満の高まりや汚職の疑いなどにより2000年の選挙後に辞職した。06年の大統領選挙では1980年代後半に国家を危機的状況にまで導いたガルシアが当選した。

ボリビア共和国　Republic of Bolivia

面積：109万9000km²　人口：940万人　首都：ラ・パス（憲法上の首都はスクレ）
住民：アメリカ先住民，メスティソ，ヨーロッパ系白人
言語：スペイン語，ケチュア語やアイマラ語などの先住民諸語
宗教：カトリック
沿革：南米大陸の中央部に位置している内陸国。国土は西部のアンデス高地地帯，アンデス東麓地帯，東部平原地帯の3つに分けられ，東部平原地帯はさらに北部のアマゾン地方と南部のチャコ地方に二分される。

　15世紀にインカ人による征服を受ける以前，ティティカカ湖南東岸のティワナクにみられる石造物を主な特徴とする宗教文化が栄えていた。

　スペイン人によるインカ征服後，アルト・ペルーと呼ばれるこの地はペルー副王領の管轄下におかれ，1559年にはラ・プラタ（チャルカス，現スクレ）にアウディエンシアが設置された。45年に銀鉱が発見されたポトシは植民地経済の心臓部として機能し，17世紀半ばまでに16万人もの人口をかかえるアメリカ大陸最大の都市に成長した。一時停滞した銀生産は18世紀にはいって回復をみせ，1776年には大西洋側のラ・プラタ副王領に編入された。1809年に起こった独立運動は当局に鎮圧されたが，ペルー解放後の25年にボリーバルの副官スクレにより独立が達成された。

　ボリーバル起草の憲法のもとで1826年に終身大統領に就任したスクレが28年に辞任するなど，独立後も国内の政治的混乱が続く一方で，対外的には79年に始まるチリとの「太平洋戦争」の結果，海への出口を失い，1932年に始まるパラグアイとのチャコ戦争でも広大な領土を喪失した。

　チャコ戦争の敗北後，寡頭支配層の利益を代弁する既成政党への不信感が高まり，1941年に国家社会主義を標榜する国民革命運動（MNR）が結成された。52年には軍事クーデタに対してMNRが武装蜂起し，鉱山労働者らの支持を得て政権を握った。MNR政権は普通選挙法を制定したほか，錫鉱山の国有化や農地改革などの社会改革を打ち出したものの，経済の悪化を招いたのちに穏健化し，64年の無血クーデタに倒れた。

　軍政下で1970年代前半には経済成長を享受したものの，80年代には経済危機に直面し，国内外からの圧力を受けて82年に民政移管がおこなわれた。その後も政治的安定は得られず，新自由主義経済に基づく民営化やコカ畑の削減などの施策が労働者や農民の反発をあび，2006年には天然資源の国有化などを公約に掲げた左派のモラレスが先住民として初の大統領に就任した。モラレスは反米を掲げるベネスエラのチャベスとの関係を深める一方で，憲法改正や地方自治権をめぐる深刻な対立に直面している。

ホンジュラス共和国　Republic of Honduras

面積：11万2000km²　人口：740万人　首都：テグシガルパ
住民：メスティソ，アメリカ先住民，アフリカ系黒人，ヨーロッパ系白人
言語：スペイン語
宗教：カトリック
沿革：中央アメリカの中央部に位置し，北はカリブ海，南はフォンセカ湾で太平洋に面している。海岸平野を除いて国土の多くを山地が占める。

　ホンジュラス西部はマヤ文化圏の最東端に位置しており，隣国グァテマラに近い都市コパンは9世紀初めまで大祭祀センターとして栄え，暦に基づいた正確な年代をマヤ文字で記した石碑が数多く残されている。

　1502年に第4次航海中のコロンブスがこの地に到達すると，24年にスペイン人による征服が始まり，37年にはレンカ人の首長レンピーラに率いられた先住民反乱が鎮圧された。その後はグァテマラ総督領の管轄下におかれ，40年代には一時的ながらアウディエンシアが設置された。当初は金や銀の生産で栄えたが，17世紀以降は農牧業中心の辺境にすぎなくなり，18世紀に始まる北部沿岸のイギリス占領は1859年まで続いた。

　1821年の独立直後に一時メキシコに併合されたものの，23年に他の中米諸州と連邦共和国を形成し，ホンジュラス出身で自由主義派のモラサンが延べ10年近く連邦の大統領を務めた。38年に連邦を離れて独立した共和国となり，その後は保守派の政権が続いたが，76年に自由主義派が政権を奪取して国家の近代化や外資を用いた輸出産業の振興に努めた。

　20世紀にはいるとバナナが主要な輸出産業に成長し，ユナイテッド・フルーツ社をはじめとするアメリカ合衆国の果実会社がバナナの栽培から輸送までを支配した。これらバナナ資本の国政への関与を称して「バナナ共和国」とまで呼ばれたが，バナナの生産が国内経済全体に寄与することはほとんどなかった。保守派と自由主義派の対立にバナナ資本が介入することで国政の混乱がさらに深まる一方，1933年に大統領に就任した保守派のカリーアスは49年まで長期独裁体制を敷いて親米的な政策を推進した。

　その後は1957年に自由党のビイェダ・モラレスが大統領に就任して農地改革や労働立法などの進歩的な政策を打ち出したが，63年に軍部の保守派によるクーデタで倒れ，69年には移民問題をめぐって隣国エル・サルバドルとの間に「サッカー戦争」が勃発した。82年に民政移管がおこなわれて自由党スアソ政権が誕生して以降，自由党と国民党の2大政党の間で民主的な形で政権交代がおこなわれており，2006年には自由党のセラヤが大統領に就任した。一方で2000年に重債務貧困国(HIPC)に指定されるなど，経済改革を通じた貧困の解消が歴代政権の課題となっている。

メキシコ合衆国　United Mexican States

面積：195万8000km²　人口：1億830万人　首都：メキシコ市
住民：メスティソ，アメリカ先住民，ヨーロッパ系白人
言語：スペイン語，ナワトル語やマヤ語などの先住民諸語
宗教：カトリック，プロテスタント諸派
沿革：北米大陸の南部に位置する連邦共和国。山地と高原が国土の大半を占め，東西のシエラ・マドレ山脈に挟まれる形で中央部に高原が広がっており，南東端ではユカタン半島がメキシコ湾に大きく突き出ている。

　前1200年頃からメキシコ湾岸にオルメカ文明が栄え，その後は中央高原のテオティワカンが巨大な宗教都市に成長する一方，南東部からユカタン半島にかけての地域にはマヤ文明の祭祀センターが数多く存在していた。やがて北方の一民族であったアステカ(メシカ)人が14世紀にテスココ湖上のテノチティトランを首都と定めると，同盟と征服を通じて勢力を周囲に拡大し，16世紀までに中南部に覇を唱えるに至った。

　1517年にユカタン半島に初上陸をはたしたスペイン人は，アステカに反感をいだく部族を味方にしつつ首都に迫り，一度は撤退するも21年にこれを完全に陥落させ，35年にヌエバ・エスパーニャ副王領を設置した。

　16世紀には先住民のキリスト教化が精力的に進められる一方で，銀鉱山の開発がスペイン人の関心を集め，鉱山地帯であった北部への征服事業も進められた。苛酷な労働や疫病によって先住民人口の激減を招いたとはいえ，17世紀に植民地社会の一応の安定期を迎えると，18世紀にはブルボン朝のもとで植民地統治の抜本的な改革が行財政面で実施された。

　本国出身者と植民地生まれとの軋轢により独立への機運が高まると，イダルゴやモレーロスの反乱を経て1821年に保守層のもとで独立を達成した。24年憲法により連邦共和制が採用されたが，保守派と自由派の権力闘争による政治的混乱が長く続いた。40年代のアメリカ合衆国との戦争で広大な領土を失い，64年にフランスの干渉により帝政が敷かれたが，67年に自由党のファレスが権力を掌握して近代化を推進した。その後のディアス政権による独裁への不満から1910年には民族主義的な革命が勃発した。

　革命後には1917年憲法に基づく農地改革や石油産業の国有化といった急進的な改革が推進され，制度的革命党による長期政権が続いたが，82年に金融危機が発生するなど経済の停滞にみまわれる一方で，94年には南部チアパス州で先住民による武装蜂起が起こった。長年の政治腐敗や経済的不平等に対する不満を背景に2000年の大統領選挙で野党国民行動党のフォックスがついに政権交代を実現し，06年の大統領選挙でも与党候補のカルデロンが中道左派の民主革命党候補に僅差で勝利を収めた。

アメリカ領ヴァージン諸島　Virgin Islands of the United States

面積：347km²　人口：10万9000人　政庁所在地：シャーロット・アマリー
住民：アフリカ系黒人，ヨーロッパ系白人，混血，アジア系
言語：英語，クレオール語，スペイン語，フランス語
宗教：プロテスタント諸派，カトリック
沿革：カリブ海北東部，小アンティル諸島北部に位置するアメリカ合衆国（米国）領の島群。プエルト・リコ東方に点在するヴァージン諸島の西側を占め，東側はイギリス領となっている。政庁所在地であるセント・トマス島，セント・ジョン島，南方に離れて位置する最大のセント・クロイ島という3島と50以上の島々や岩礁から構成され，その多くは無人島である。

ヨーロッパ人の到来以前，これらの島々には南米大陸から渡来したアラワク系やカリブ系の先住民が定着していたが，コロンブスが第2次航海中の1493年にヨーロッパ人としてはじめて到達し，4世紀に殉教したとされる聖ウルスラとそれに随行していた1万1000人の乙女（Virgenes）になぞらえて命名した。貴金属が発見されなかったことから入植は進展せず，先住民人口も16世紀末までにほぼ消滅し，周辺海域を航行するスペイン船を襲って富を略奪する海賊たちの格好の潜伏地ともなっていた。

17世紀にはいってスペインについで進出してきたイギリス，オランダ，フランスが領有を争ったが，1672年までにデンマーク西インド・ギネア会社がセント・トマス島に入植地を確保すると，やがてセント・ジョン島への入植を開始し，1733年にはセント・クロイ島をフランスから購入した。54年に王室直轄領となった3島はデンマーク領西インド諸島と呼ばれ，18世紀以降は多数の黒人奴隷を労働力とする砂糖プランテーションが主要な産業となっておおいに繁栄し，良港に恵まれていたセント・トマス島は自由港としてカリブ海地域の交易の中心地として栄えた。1848年の反乱を契機に総督が奴隷の解放を宣言すると，経済活動の衰退をよぎなくされ，米国への売却交渉も進められたが実現には至らなかった。

やがて第一次世界大戦が勃発すると，米国は戦略上の要衝がドイツ軍の支配下に落ちることを危惧し，1917年に3島を2500万ドルで買い取った。米国領となったのち，27年に米国の市民権が島民に付与され，31年には同諸島の管轄が海軍から内務省に移された。さらに普通選挙権が与えられ議会が設置されるなど徐々に自治権が拡大され，70年には民選による知事がはじめて誕生した。73年以降は米国連邦議会下院に投票権をもたない代表を1名送っているが，大統領選挙での投票権は与えられていない。60年代以降キューバに代わる観光地として発展をとげており，96年にはそれまで連邦政府の管轄下にあったウォーター島が編入された。

アルーバ Aruba

面積：180km²　人口：9万6000人　政庁所在地：オラニェスタット
住民：ヨーロッパ系白人とアメリカ先住民との混血が大多数
言語：オランダ語，パピアメントと呼ばれる混成語，英語，スペイン語
宗教：カトリック，プロテスタント諸派
沿革：小アンティル諸島に属する島で，ベネスエラのパラグァナ半島の北方沖に位置しており，平坦な島の西部と南部には白い砂浜の海岸がみられる。オランダ王国内ではオランダと対等の自治地域を構成している。

　ヨーロッパ人の到来以前，この島にはカリブ系先住民の攻撃を逃れて南米大陸本土から移り住んでいたアラワク系の先住民が生活していた。この地域を探索していたスペイン人のアロンソ・デ・オヘーダらが1499年にヨーロッパ人としてはじめて上陸したとされるが，スペイン人は島の開発には関心を示さず，数多くの先住民を労働力としてエスパニョラ島に送り込んだ。それでも，島には比較的多くの先住民人口が維持された。

　その後1636年にオランダによって占領されると，西インド会社による管理下におかれた。やせて乾燥した土地であることからプランテーション農業が発展することはなく牧畜業がおこなわれ，カリブ海の他のオランダ領植民地への食肉供給地となった。ナポレオン戦争中の1805年には一時イギリスに占領されたものの，16年に再びオランダの統治下にはいった。

　1824年に金が発見されて以降，数多くの移民がヨーロッパやベネスエラから島に殺到し，20世紀初めまでゴールドラッシュが続いた。金の採掘ブームが完全に終息したのちには，ベネスエラ産の原油の精製が金に代わって島の経済を支える基幹産業となり，1920年代に世界有数の石油精製所が建設されると再び好景気を迎えた。世界的な石油の供給過剰から85年に精製所が閉鎖されると島の経済は危機にみまわれたが，91年になって精製所の操業が再開される一方，観光インフラへの投資が進められ，現在では観光業が島における最大の収入源となるまでに成長した。

　かつてアルーバ島はカリブ海地域に位置するクラサオ島やボネール島などとともにオランダ領アンティル諸島を形成しており，同諸島は1954年に内政自治権を認められていた。クラサオ島の優位に不満をもつアルーバ島で独立への機運が高まると，86年にオランダ領アンティル諸島から離脱して単独の自治地域となり，96年には完全独立する予定となっていた。しかし独立後の経済面での不安が大きく，アルーバ側の要請で独立プロセスは停止された。その結果，現在もオランダ王国内の自治地域という地位が維持され，内政面での自治権を有してはいるものの，外交と防衛についてはいぜんとしてオランダ本国がその権限を保持している。

アングィラ　Anguilla

面積：91km²　人口：1万3000人　政庁所在地：ザ・ヴァリー
住民：アフリカ系黒人，ムラート，ヨーロッパ系白人
言語：英語
宗教：イギリス国教会などプロテスタント諸派，カトリック
沿革：カリブ海北東部，小アンティル諸島に属するリーワード諸島の最北端に位置するアングィラ島と周辺の小島から構成されるイギリスの属領である。石灰岩質の土地は平坦で，周囲にはサンゴ礁がみられる。ウナギを意味する島名は南西から北東に向かって細長い島の形に由来する。

　ヨーロッパ人の到来以前，南米大陸からアラワク系についでカリブ系の先住民が移り住んでいたとされる。1493年にコロンブスが発見したとするものなどヨーロッパ人の到来時期には諸説あるが，入植地の建設は1650年にセント・クリストファー(セント・キッツ)島からきたイギリス人のもとではじめておこなわれた。その後はイギリスの直轄植民地となり，フランスとの領有をめぐる争いを経て，19世紀前半には入植者の意志に反してイギリス領であるセント・クリストファー島の実質的な管理下におかれ，のちにはセント・クリストファー島とネイヴィス島とひとつの属領を形成した。黒人奴隷を用いたプランテーション経済の発展に失敗したことで，1834年に奴隷制が廃止されると白人層の多くは本国に帰還した。

　アングィラと他の2島からなる属領は1958年に結成された西インド諸島連合に加盟したが，62年に同連合が解体すると，67年には西インド諸島連合州のひとつとして内政自治権を獲得した。しかしアングィラには19世紀以来，セント・クリストファー島主導の統治下でなんら恩恵を受けてこなかったことに対する不満が根強く残っており，アングィラ島民はこの機会をとらえてセント・クリストファー島に反旗をひるがえし，同島から派遣されていた警察官を島から退去させた。同年に実施された住民投票では連合州からの離脱に圧倒的な支持が得られたことから，69年にアングィラは共和国として独立を宣言したが，調停役のイギリス本国が軍隊を派遣して事態の収拾を図るに至った。アングィラ側はこれを歓迎し，結果として71年に再びイギリス本国の直接統治下におかれることになった。

　その後は1976年に憲法のもとで再び内政自治権を獲得すると，80年にセント・クリストファー゠ネイヴィスからの正式な分離をはたし，これによってイギリス領内の独立した属領となった。島の土地が農業にはあまり適さないことから漁業が主な産業であったが，近年では金融業や観光業が主要産業に成長しており，95年にはハリケーンによる大きな損害をこうむったものの，島の経済にとってこれらが貴重な収入源となっている。

イギリス領ヴァージン諸島　British Virgin Islands

面積：151km²　人口：2万2000人　政庁所在地：ロード・タウン
住民：アフリカ系黒人，ヨーロッパ系白人，アジア系
言語：英語
宗教：イギリス国教会などプロテスタント諸派，カトリック
沿革：カリブ海北東部，小アンティル諸島北部に位置するイギリス領の島群で，プエルト・リコ東方に点在するヴァージン諸島の東半分を占め，西半分はアメリカ合衆国領となっている。政庁の所在地であるトルトラ島，ヴァージン・ゴルダ島，アネガダ島，ヨスト・ヴァン・ダイク島など50以上の島や岩礁から構成されるが，人が居住している島は16程度にすぎない。

　ヨーロッパ人の到達以前，これらの島々には南米大陸から渡来してきたアラワク系やカリブ系の先住民が住んでいたとされる。コロンブスが第2次航海中の1493年にヨーロッパ人としてはじめて到達し，4世紀に殉教したとされる聖ウルスラと1万1000人の乙女(Virgenes)になぞらえて命名した。これらの群島では貴金属がわずかに発見されるのみで，スペインが領有を主張したものの入植はほとんど進展しなかった。16世紀末までに先住民人口もほぼ消滅し，17世紀には周辺海域を航行するスペイン船を襲って富を略奪していた海賊たちの格好の潜伏地となっていた。

　17世紀半ばにはオランダ人がトルトラ島に入植地を建設していたが，イギリス人が同島をオランダ人から奪い，1672年にイギリス領として併合すると，ヴァージン・ゴルダ島などへの入植にも着手した。イギリスによる統治下で18世紀にはプランテーション経済の繁栄を享受し，黒人奴隷を労働力に用いてサトウキビ，綿花，インディゴなどの栽培がおこなわれていたものの，1834年に奴隷制が廃止されたのちには経済的な停滞をよぎなくされ，白人農園主の多くは解放された奴隷を残して島を離れた。

　1833年以来イギリス領リーワード諸島を構成する一地域であったが，1956年に同組織から離れて独立した植民地となり，58年に設立された西インド諸島連合には加盟せずに直轄植民地の地位を維持した。その後は67年に内政自治権が与えられ，現在は国王の名代として派遣された総督のもとに内閣に相当する執行評議会と立法議会が設置されている。近年ではヴァージン諸島党(VIP)と国民民主党(NDP)の2大政党が政権を争っており，2007年の総選挙では野党VIPが全13議席中10議席を獲得して与党NDPに大勝し，VIP党首オニールが首相に就任した。

　1960年代にヴァージン・ゴルダ島にリゾート施設が建設されて以降，島の環境保全に配慮しつつ観光業が大きな成長をとげ，最も重要な経済部門となっている。また近年ではオフショア金融業の成長も顕著である。

オランダ領アンティル　Netherlands Antilles
面積：800km²　人口：18万4000人　政庁所在地：ウィレムスタット
住民：ムラート，カリブ系先住民，ヨーロッパ系白人，インド系
言語：オランダ語，パピアメントと呼ばれる混成語，英語，スペイン語
宗教：カトリック，プロテスタント諸派，ユダヤ教
沿革：カリブ海にあるオランダの自治地域を形成する島群。いずれも小アンティル諸島に属しており，プエルト・リコ東方のリーワード諸島北部に位置するシント・ユースタティウス島，サバ島，シント・マールテン島南半分の3島からなるグループと，ベネスエラ北方沖に位置するクラサオ島とボネール島の2島からなるグループの2カ所の島群からなる。

　ヨーロッパ人の到来以前にはアラワク系やカリブ系の先住民が居住していた。リーワード諸島にはコロンブスが第2次航海中の1493年に，クラサオ島とボネール島にはアロンソ・デ・オヘーダが99年に到達しており，その後スペイン領となったが定住は進まなかった。1630年代になってリーワード諸島の3島，クラサオ島，ボネール島がアルーバ島とともにオランダ人に占領され，オランダ西インド会社の管理下におかれた。のちにスペイン人によって奪回されたシント・マールテン島では，三十年戦争が終結した1648年にオランダとフランスによる分割統治が導入された。

　その後もオランダ領の島群の領有をめぐってイギリスなどと何度も争いとなったが，19世紀前半までにオランダの統治下におかれることが確定した。島ごとに活動の特徴は異なっていたが，17～18世紀にかけて奴隷貿易，密貿易，プランテーション農業，塩の生産などにより栄えた。1863年に奴隷制が廃止されたことで植民地は衰退をよぎなくされたが，20世紀初めにクラサオ島に大規模な石油精製所が建設され，ベネスエラのマラカイボ湖から輸送される原油の精製が重要な経済活動となった。1985年に精油所の操業が一時停止されて経済的なダメージを受けたが，近年では観光業やオフショア金融業も主要な産業に成長している。

　オランダ領を構成する島群は1954年にオランダ領アンティル諸島として内政自治権を認められた。86年にアルーバ島が分離して単独の自治地域となったが，残りの5島でオランダの自治地域という地位を維持し，外交と防衛の権限をオランダが保持する一方で，王国内ではアルーバ島とともにオランダと対等の地位が与えられている。オランダ領アンティル諸島は2008年末に解体される予定で，各島で実施された住民投票を受けておこなわれたオランダ政府との協議の結果，クラサオ島とシント・マールテン島はアルーバ島のような単独の自治地域に，残りの3島は特別な地方自治体としてオランダによって直接統治されることになっている。

グアドループ　Guadeloupe

面積：1705km²　人口：45万2000人　県都：バス・テール
住民：ムラート，アフリカ系黒人，ヨーロッパ系白人，インド系，レバノン系，中国系
言語：フランス語，クレオール語
宗教：カトリック，プロテスタント諸派，ヒンドゥー教
沿革：カリブ海東部，小アンティル諸島のリーワード諸島に属するフランスの海外県である。主島であるグアドループ島は狭い水路で隔てられた西側のバス・テール島と東側のグランド・テール島の2島からなり，同県にはグアドループ島のほかにその周囲に位置するマリ・ガラント島，ラ・デジラード島，レ・サント諸島なども含まれている。以前は北西に離れて位置するサン・バルテルミー島とサン・マルタン島北部(南部はオランダ領)も所属していたが，両島は2003年の選挙でグアドループ県からの分離を選択し，07年にそれぞれ単独の海外準県となっている。

ヨーロッパ人の到来以前，アラワク系の先住民についで北上してきたカリブ系の先住民が居住していたが，コロンブスが第2次航海中の1493年にヨーロッパ人としてはじめて到達して同島の命名者となった。その後はスペイン領となったものの，先住民の激しい抵抗を受けて入植はほとんど進展せず，17世紀初頭には完全に放棄されていた。1635年にフランス人がアメリカ諸島会社の後援のもとで入植に着手してカリブ系先住民を駆逐すると，64年からは西インド会社のもとで入植事業が継続され，74年に南方のマルティニク島とともにフランスの直轄植民地となった。

入植当初はタバコや食糧作物の栽培が営まれていたが，17世紀半ばにブラジルから追放されたオランダ人がカリブ海地域に精糖技術を広めて以降サトウキビ栽培が本格化し，18世紀には黒人奴隷労働力を用いた砂糖プランテーションが大きく発展して世界有数の砂糖生産地となった。

17世紀後半からフランスとイギリスとの間で島の争奪戦が繰り広げられたが，数度のイギリス占領期を経てナポレオン戦争後にはフランスの領有が確定した。革命後のフランス本国で奴隷制廃止の声が高まると，第二共和政政府のもとで1848年に奴隷制廃止が宣言されたが，植民地ではインドからの年季契約移民の導入などによってプランテーション経営が維持され，現在でも砂糖やラム酒の生産が重要な産業となっている。

19世紀に共和政下で本国議会に議席を獲得すると，1946年に海外県となり，74年には地域圏(レジョン)の資格も与えられた。80年代にフランス政府のもとで一層の地方分権が推進されると，グアドループでも独立への動きが盛り上がったが，独立派が多数を占めるには至らなかった。

グリーンランド(カラーリット・ヌナート)　Greenland
面積：217万5600km²　人口：5万7000人　政庁所在地：ヌーク(ゴトホープ)
住民：イヌイット
言語：イヌイット語,デンマーク語
宗教：プロテスタント
沿革：前2100年頃,カナダから渡来したイヌイットがグリーンランドに居住していたといわれる。だが,現在のグリーンランド人の祖先は,10世紀後半に渡ってきたイヌイットで,同時にノルマン人もグリーンランドにやってきた。12世紀の人口は数千人で,15の教会が創設され,独自の司教座も1126年に設置された。1261年にグリーンランドはノルウェー領になったが,気候の寒冷化や交易の途絶によって1500年頃にノルマン人は絶滅し,それ以降,イヌイットのみが居住し続けた。

1721年にグリーンランドを訪れたノルウェー人宣教師ハンス・エーイェゼが交易・宣教拠点を設置し,植民地化の基礎を築いた。デンマークはグリーンランドとの交易を独占し,独占状態は1950年まで続いた。19世紀初頭,デンマークとノルウェーの同君連合が解消されたあとも,グリーンランドはデンマーク領に残された。1862年にグリーンランドに部分的自治が導入され,イヌイット語の新聞も刊行され始めた。

1953年のデンマーク憲法の改正によって,グリーンランドはデンマークの植民地からアムト(県)に昇格して本国の地方と同格の地位を獲得し,デンマーク国会に2議席を確保した。しかし,本国が行政,財政など統治上の権限を独占した。そのため,70年代に自治要求運動が高揚し,79年1月に自治移行の賛否を問う住民投票がおこなわれ,住民の70％以上が賛成した。その結果,グリーンランドに自治政府が設立された。

グリーンランドの外交・行政・防衛・天然資源開発に関する権限をデンマーク本国が保留したが,両国の関係は複雑である。1972年10月におこなわれたEC(現EU)加盟を問う住民投票では加盟反対票が過半数であったにもかかわらず,73年にデンマーク本国とともにグリーンランドもECに加盟した。だが,漁業問題でECと対立したうえ,82年の住民投票でもEC脱退を求める声が大きく,85年にグリーンランドはECから脱退した。51年にデンマークとアメリカとの間で締結された協定に従い,グリーンランドにアメリカ軍基地が設置されたが,グリーンランドは高緯度地域の軍拡を招くという理由からアメリカ軍基地の維持に反対した。2003年5月,デンマーク本国政府は,アメリカ軍基地の利用に関するグリーンランドの独自の外交権を承認した。

ケイマン諸島　Cayman Islands

面積：264km²　人口：3万9000人　政庁所在地：ジョージ・タウン
住民：ムラート，アフリカ系黒人，ヨーロッパ系白人
言語：英語
宗教：プロテスタント諸派，カトリック
沿革：カリブ海北西部，キューバの南方，ジャマイカの北西に位置し，イギリスの属領を形成する島群。主島であるグランド・ケイマン島，および，その東方に離れて位置するリトル・ケイマン島とケイマン・ブラック島の3島から構成される。サンゴ起源の島の大部分は低地で，周囲に広がるサンゴ礁は世界でも有数のダイビング・スポットになっている。

　先住民が居住していた痕跡は残されておらず，コロンブスが第4次航海中の1503年にリトル・ケイマン島とケイマン・ブラック島に到達し，そこで多くのウミガメを目撃したことからスペイン語でカメを意味する「トルトゥーガス」と名づけた。その後はカリブ系先住民の言葉でワニを意味する「カイマナス」と呼ばれるようになり，1580年代のイギリス人航海者ドレイクの到来時には後者の呼び名が一般的となっていた。

　17世紀にはカリブ海に進出してきたヨーロッパ各国の船舶や海賊らによって水や食糧の補給基地として利用されていたが，1655年にスペイン領であったジャマイカがイギリス軍によって占領されたのち，70年のマドリード条約でジャマイカとともに正式にイギリス領となった。イギリス領としてジャマイカの実質的な属領となった同諸島への入植は，1713年のユトレヒト条約によって私掠船の活動が表向きには禁止となり，海賊の統制が徐々に進んで襲撃の危険が弱まったことで本格化した。カリブ海の他の島々でみられる大規模なプランテーションが発達することはなかったものの，これらの島々でも労働力として黒人奴隷が導入され，1835年の奴隷解放後に島に残った人々は綿花の栽培，ウミガメ漁，造船業などに従事し，生産物は主にジャマイカに向けて輸出されていた。

　1863年以降はジャマイカの正式な属領となっていたが，1958年の西インド諸島連合の成立を機に翌年にはこの地位を脱し，62年にジャマイカがイギリスから独立をはたした際にも同諸島はイギリスの属領の地位にとどまることを選択し，72年の新憲法のもとで自治権の拡大を実現した。

　20世紀半ばから観光産業の育成が推進され，同諸島の経済を左右する極めて重要な産業となっているが，2004年にはハリケーンにより島のインフラが甚大な被害を受けた。タックス・ヘイヴンとしても知られており，マネー・ローンダリングの温床との批判にさらされて金融制度改革を求められつつも，オフショア金融業の国際的拠点として機能している。

サウス・ジョージア=サウス・サンドウィッチ諸島　South Georgia and the South Sandwich Islands

面積：(3903)km²　人口：(最大でも20)人程度　政庁所在地：キング・エドワード・ポイント

住民：イギリス人

言語：英語

沿革：南大西洋上，フォークランド諸島の南東約1390kmに位置するイギリスの属領。最大のサウス・ジョージア島を中心とする島群と，そこからさらに南東に離れて散在する火山性の小島群からなるサウス・サンドウィッチ諸島から構成され，アルゼンティンもフォークランド(マルビナス)諸島とあわせてその領有を主張している。キングペンギンの繁殖地でもある。

　1502年にヴェスプッチがサウス・ジョージア島を目撃したとの説もあるが，1675年にイギリス商人のロッシュがサウス・ジョージア島の入江に停泊したのが最初の到達とされており，その後も目撃されてはいたものの上陸には至らず，領有が主張されることもなかった。やがて1775年に第2次航海中のクックがはじめてサウス・ジョージア島に上陸をはたし，同島のイギリス領有を宣言するとともに，国王ジョージ3世の名をとってジョージア島と命名すると，さらに南東で発見した島群をサンドウィッチ・ランドと名づけた。両地域はそれぞれ1843年と1908年に発行された特許状に基づき，フォークランド諸島属領として正式にイギリスの統治下におかれた。

　サウス・ジョージア島は18世紀末からオットセイ猟の拠点となり，20世紀にはいると南太平洋における捕鯨の中心地として機能した。1904年以降，イギリス，アルゼンティン，ノルウェー，南アフリカ，日本の会社によって捕鯨が営まれ，グリトヴィケンなど北海岸に位置する7つの捕鯨基地はフォークランド諸島の総督と賃貸借契約を交わしたうえで操業されていた。

　1916年には南極大陸横断に失敗したイギリス人探検家シャクルトンが救助を求めてサウス・ジョージア島にたどり着き，51～57年にかけてはイギリス人のカースが同島の広範な調査をおこない，58年に島の詳細な地形図を出版した。一方で65年に捕鯨の操業を停止したことで定住者はこの地域を離れていった。82年に勃発したフォークランド紛争ではアルゼンティン軍による占領を受けたが，3週間後にはイギリス軍によって奪回されイギリスによる領有が維持された。85年にフォークランド諸島の管轄を離れてイギリスの単独の属領となったが，その長官をフォークランド諸島の総督が兼任する形をとっている。2001年にはサウス・ジョージア島から軍の駐屯地が撤収され，現在は政府職員，南極調査研究所の科学者，博物館の管理人らが滞在しているほか，周遊観光船の寄港地ともなっている。

タークス゠カイコス諸島　Turks and Caicos Islands

面積：430km²　人口：2万1000人　政庁所在地：コックバーン・タウン
住民：アフリカ系黒人，ムラート，ヨーロッパ系白人
言語：英語
宗教：プロテスタント諸派
沿革：フロリダ半島沖に広がるバハマ諸島の南東端，エスパニョーラ島の北方に位置する西インド諸島に属する島群からなるイギリスの属領。東のタークス諸島と西のカイコス諸島からなり，タークス諸島はグランド・ターク島とソルト・キー島という主要な2つの島と周囲の小島や岩礁から，カイコス諸島は最大の島であるグランド・カイコス島やプロビデンシアレス島など隣接する6つの島と多数の小島や岩礁から構成される。

　ヨーロッパ人の到来以前はアラワク系の先住民が南米大陸から移り住んでいた。1492年にコロンブスが最初に到達したグァナハニ島はこれらの島々のひとつであったとする説もあるが，1512年にスペイン人探検家のポンセ・デ・レオンがはじめて到達したと考えられ，貴金属は見あたらず農耕にも適さない土地であったことから，そのまま放置されていた。

　18世紀に至るまでスペイン，フランス，イギリスが領有を争い，海賊の潜伏地としても利用されていたが，1678年以降はバミューダ諸島から塩の採集人が毎年訪れるようになり，グランド・ターク島に恒久的な入植地も設置された。しかし1766年にイギリス領バハマ諸島がタークス諸島を管理下におこうとすると，島の利用をめぐってバミューダ出身者と対立した。80年代にはアメリカ独立戦争で敗れた王党派の人々が黒人奴隷をともなってカイコス諸島に定着し，本国から付与された土地に綿花のプランテーションを建設したが，繁栄は長続きせず，1834年に奴隷制が廃止となる前に農園主の多くは黒人奴隷を残して島を去っていった。

　両諸島は1799年に正式にバハマ諸島に組み込まれると，1848年に住民の要望から独立した植民地としてジャマイカの監督下におかれ，74年にはジャマイカの属領となった。1959年に西インド諸島連合内で自治権を獲得し，62年のジャマイカ独立後はイギリスの直轄植民地となったが，65年には再びバハマ諸島の監督下におかれ，73年にバハマ諸島が独立を実現したあとには独自の総督が派遣される単独の属領となった。一度はイギリス政府との間で独立許可の約束が交わされたものの，82年の選挙で与党がイギリス統治の継続を支持する野党に敗北したことから撤回された。現在も属領の地位が維持されている一方で，カナダへの併合案もたびたび浮上している。かつては製塩業が同諸島における最大の産業であったが，現在は観光業とオフショア金融業が主要な産業となっている。

バミューダ　Bermuda

面積：53km²　人口：6万3000人　政庁所在地：ハミルトン
住民：アフリカ系黒人，ヨーロッパ系白人，ムラート
言語：英語
宗教：イギリス国教会などプロテスタント諸派，カトリック
沿革：北大西洋西部，アメリカ合衆国(米国)東海岸のノース・カロライナ州ハッテラス岬東方沖約1000kmに位置するイギリス領の群島。バミューダ島など7つの主要な島と約150の小島や岩礁から構成され，狭い海峡で隔てられた主要な島々は橋で結ばれ，島々の周囲にはサンゴ礁もみられる。

1503年頃に諸島名の由来となったスペイン人航海者ベルムデスがはじめて到達したとされるが，スペイン人による入植はおこなわれず，1609年に北米ヴァージニアに向かっていたイギリス船がバミューダ近海で難破し，サマーズ卿ら乗船者が同諸島に避難したことを契機に入植が始まった。

1612年にヴァージニア会社のもとであらたに入植者が送り込まれると，恒久的な入植地としてセント・ジョージが建設され，20年には植民地議会が開催された。当初はタバコの栽培が試みられたが，タバコの質が悪く期待通りの利益は得られず，やがてタークス諸島で採取された塩の輸出とともに造船や海運が主要な産業となった。15年にサマーズ諸島会社に与えられていた特許権が84年に失効したのちには直轄植民地となった。

その後のバミューダの発展はイギリスと米国の情勢と密接に結びついており，18世紀末のアメリカ独立革命時には禁輸措置の解除と引き換えに火薬を植民地側に提供し，1812年の米英戦争ではイギリス軍の前線基地となり，60年代の南北戦争では北軍の海上封鎖を逃れた密輸商人の拠点として繁栄した。19世紀後半には北米から避寒地を求める人々が訪れるようになり，1919年の禁酒法も米国人観光客をふやす要因となった。

20世紀にはいっても同諸島がもつ戦略的重要性は変わらず，第二次世界大戦中の1941年には，バミューダの領土の一部が軍用地として99年間の年限で米国に貸与された。68年には憲法の制定によって自治権が強化され，現在は本国から派遣された総督が議会によって選出された首相を任命する形がとられている。その後は実業界の白人層を主な支持基盤とする統一バミューダ党(UBP)が長らく政権を維持していたが，98年の選挙で黒人労働者を主な支持基盤とする進歩労働党(PLP)が63年の結党からはじめてUBPに勝利し，2003年および07年に実施された選挙でもPLPが勝利を収めた。また1995年には独立の是非を問う住民投票が実施されたが，反対派が多数を占めたことでイギリス領にとどまることが確認され，2002年には米軍に貸与していた軍用地の返還が完了した。

プエルト・リコ Commonwealth of Puerto Rico

面積：8875km²　人口：400万人　州都：サン・ファン
住民：ヨーロッパ系白人，アフリカ系黒人，混血，アメリカ先住民，アジア系
言語：スペイン語，英語
宗教：カトリック，プロテスタント諸派
沿革：西インド諸島北東部，エスパニョーラ島の東に位置するアメリカ合衆国(米国)の自由連合州。本島と周辺のいくつかの小島から構成される。本島の中央部をセントラル山脈が東西に連なり，山地とそれに続く丘陵地帯が島の大部分を占めているものの，海岸沿いには平野が広がっている。

　1493年にコロンブスが本島に到達してサン・ファン・バウティスタと命名し，1508年にポンセ・デ・レオンらスペイン人が征服に着手して21年にサン・ファンが建設された。砂金の発見後にエスパニョーラ島から人が押し寄せると，過酷な労働を強いられたアラワク系の先住民タイノの人口が激減して黒人奴隷が導入された。金の枯渇と精糖業の衰退により17世紀には島への経済的な関心はうすれたが，遅れて進出してきたフランス，イギリス，オランダによるたえまない襲撃に備えて要塞化が進んだ。

　19世紀にはいってスペイン領植民地で独立へ向けた動きが活発になる一方で，プエルト・リコではむしろ植民地支配が強化された。1868年にラレスで起こった独立を求める蜂起も即座に鎮圧されたが，これを機に植民地制度の改革は不可避なものと認識されるに至り，政党が結成されるとともに73年には奴隷制が廃止された。経済的には砂糖プランテーションに加えて19世紀後半になると小規模経営のコーヒー生産が拡大した。

　1897年に自治権を与えられ，翌年には自治政府が成立したものの，直後に勃発した米西戦争の結果，同島は米軍の占領下におかれた。その後1900年のフォレイカー法のもとで文民政府が発足し，17年のジョーンズ法では住民に米国市民権が付与された。米国内の他の州とは異なる性格を与えられたことに対して州の地位や独立を求める運動が起こったが大きな勢力とはならず，米国の主権下で広範な自治権を求める動きが広がった。

　1948年に初の民選知事として民主民衆党のムニョス・マリンが選出され，政治的地位よりも経済発展を優先した政策が進められる一方で，52年に制定された憲法によって現在の自由連合州の地位が定められ，67年の住民投票でも自由連合州体制を維持することが選択された。68年の選挙では州制移行を支持する新進歩党が勝利し，その後も新進歩党と現状維持を主張する民主民衆党とが政権争いを演じており，93年と98年に実施された住民投票では現状維持派が州制移行派をわずかに上回った。

フランス領ギアナ　French Guiana

面積：9万km²　人口：18万7000人　県都：カイエンヌ
住民：アフリカ系黒人，ムラート，ヨーロッパ系白人，アメリカ先住民，インド系，中国系
言語：フランス語，クレオール語
宗教：カトリック，プロテスタント諸派
沿革：南米大陸の北部大西洋岸を占めるギアナ3国のうちで最も東に位置するフランスの海外県。人口が集中する北の沿岸部にわずかにみられる低地帯から南に進むにつれて高度を増していき，丘陵地からギアナ高地に至る国土の大半が熱帯林に覆われている。河川が東西の国境を画しているが，隣国スリナムとは内陸部の領土をめぐって係争中でもある。

　ヨーロッパ人の到来以前にはアラワク系やカリブ系などの先住民が居住しており，15世紀末にスペイン人がはじめてギアナ地方の探査をおこなったが入植は進まなかった。フランスによる入植の試みは1604年に始まり，43年にカイエンヌが建設され，この試みは先住民の攻撃を受けて頓挫したものの，64年にはカイエンヌへの定着に成功した。しかし同じくギアナ地方に進出していたイギリスとオランダによる侵入にさらされ，17世紀後半のこの地域の領有は3国の間で転々とした。18世紀にはいっても入植の試みは続けられ，フランス革命中には多数の追放者が送り込まれた。

　ナポレオン戦争中にはポルトガルとイギリスによる占領を受けたが，1817年までにフランスによる支配が回復され，その後は沿岸部のプランテーションでサトウキビ栽培が営まれた。しかし他のカリブ海植民地と比べて活動は低調で，48年に奴隷制が廃止され，解放奴隷の多くが内陸部の密林へと逃れたあとには，アジアから年季契約移民が導入された。ナポレオン3世治下の52年に流刑地となり，沖合に浮かぶサリュー諸島の監獄などに本国から多数の罪人が連行され，刑期の終了後に入植者となることも期待されたが，その多くは劣悪な環境に耐え切れずに死亡した。

　第二次世界大戦後の1946年にフランスの海外県となり，51年に流刑地としての役割を終えると，74年には地域圏(レジョン)の資格を与えられた。またクールーにギアナ宇宙センターが建設され，68年以降そのロケット発射基地がヨーロッパ宇宙機関などによる人工衛星の打上げに利用されており，地元経済の活性化に貢献している。国内産業としては自給向け農業のほか，エビ，木材，ラム酒などが輸出されてはいるものの，領内の開発はギアナ3国のなかで最も立ち遅れている。結果として地域経済はフランス政府からの補助金に依存せざるをえず，このことが完全独立を求める声に広範な支持が集まらない理由のひとつとなっている。

マルティニク　Martinique

面積：1102km²　人口：39万7000人　県都：フォール・ド・フランス
住民：ムラート，アフリカ系黒人，ヨーロッパ系白人，インド系，レバノン系，中国系
言語：フランス語，クレオール語
宗教：カトリック，プロテスタント諸派，イスラーム教，ヒンドゥー教
沿革：カリブ海東部，小アンティル諸島のウィンドワード諸島に属するフランスの海外県。島は火山島であり，1902年に最高峰プレー山の噴火によって当時最大の町であったサン・ピエールが壊滅的な被害を受けた。

　ヨーロッパ人が到来する以前，南米大陸から北上してきたアラワク系についでカリブ系の先住民が居住していた。1502年に第4次航海中のコロンブスがヨーロッパ人としてはじめて上陸したと考えられているが，その後はスペイン領となったものの，先住民による激しい抵抗もあって入植は進展しなかった。やがて1635年にピエール・デュナンビュクに率いられたフランス人が北西岸のサン・ピエールに入植地を建設し，60年には敵対するカリブ系先住民を島から強制的に退去させると，64年以降は西インド会社のもとで入植が継続された。74年にマルティニクが北方のグァドループとともにフランスの直轄植民地となると，マルティニク島にはカリブ海地域のフランス領植民地全体を統括する総督府がおかれた。

　17世紀半ばになるとブラジルから追放されたオランダ人によって高度な精糖技術がカリブ海地域に伝えられたことでサトウキビ栽培が本格化し，18世紀には大量の黒人奴隷労働力を投入した砂糖プランテーションが大きな発展をとげ，グァドループとともに世界有数の砂糖生産地となった。

　17世紀後半からフランスとイギリスとの間で島の争奪戦が繰り広げられ，イギリスによる数度におよぶ占領を経てナポレオン戦争後にフランスの領有が確定したが，その間にはアメリカ合衆国との貿易によっておおいに栄えた。革命後のフランス本国では奴隷制廃止の声が高まり，第二共和政政府のもとで1848年に奴隷制廃止が宣言された。同植民地ではインドからの契約移民の導入などによって砂糖プランテーション経営が維持されてはいたが，この頃までに砂糖の生産は世界市場における重要性を失っていた。

　19世紀に共和政下で本国議会に議席を獲得し，1946年には海外県となって植民地の地位を脱した。独立への動きがみられる一方，74年に地域圏（レジョン）に昇格して自治権を拡大し，80年代にはミッテラン政権下で推進された地方分権化政策により自治権がさらに拡大された。2008年4月に死去した同島出身の詩人エメ・セゼールは，およそ半世紀にわたってフランス国民議会議員とフォール・ド・フランス市長を務めた。

マルビナス諸島（フォークランド諸島） Islas Malvinas(Falkland Islands)

面積：1万2700km²　人口：3000人　政庁所在地：スタンリー
住民：イギリス人
言語：英語
宗教：イギリス国教会などプロテスタント諸派
沿革：南米大陸の南部，アルゼンティンのパタゴニア沖およそ480kmの南大西洋上に位置する島群。西フォークランド島と東フォークランド島という主要な2島とそれらを取り巻く700以上の島々から構成されている。

　同諸島らしきものは16世紀初めの地図に描かれており，1520年にマゼラン船団から逃亡したポルトガル人のゴメスが，92年にはイギリス人のデイヴィスが到達したとされ，1600年にはオランダ人のデ・ヴェールトが到達した。その後90年に訪れたイギリス人のストロングが東西の主島の間をフォークランド海峡と命名し，これが諸島全体をあらわす名称となった。

　マルビナスの由来となったフランスのサン・マロを出港した入植者が1764年に東フォークランドに初の入植地を建設したが，フランスは67年にスペインとの合意に基づいて領有を放棄し，65年から西フォークランドで入植を試みていたイギリスも74年に撤収を決定したことで，同諸島は1811年までスペインによる管理下におかれた。その後16年に独立したアルゼンティンは，旧宗主国スペインから同諸島の権利を引き継いだとして20年に領有を宣言したが，31年に自国漁船の拿捕に対する報復としてアメリカ合衆国によって入植地を破壊されると，33年にはイギリスの占領下におかれ，45年にスタンリーに植民地政府が設置された。その後は51年に設立されたフォークランド諸島会社のもとで牧羊業が主要な産業となった。

　第二次世界大戦後，アルゼンティンが同諸島の領有問題を国連に持ち込むと，イギリスは島民の意志が尊重されるべきと主張し，両国の間で協議が進められたが，1975年にイギリスが資源調査をおこなった際には両国の間に緊張が高まった。アルゼンティンのガルティエリ軍事政権は，内政面での国民の不満をかわす目的から82年4月2日に同諸島への侵攻を開始し，ここにフォークランド紛争が勃発した。サッチャー政権下のイギリスは最新鋭の兵器を投入して迅速な反撃を加え，侵攻開始から10週間後の6月14日にアルゼンティンは降伏した。この敗戦によって軍政への批判が強まったアルゼンティンでは83年に民政移管がおこなわれ，軍政に終止符が打たれた。90年に外交関係を回復させるなど両国の関係自体は大きく改善しつつあるが，イギリスの属領として統治されている同諸島の領有問題は，周辺海域の資源問題も絡んで未解決のまま残されている。

モンセラット　Montserrat

面積：102km²　人口：4000人　政庁所在地：プリマス(1997年に放棄され，ブレイズに臨時の行政府を設置)
住民：アフリカ系黒人，ムラート，ヨーロッパ系白人
言語：英語
宗教：イギリス国教会などプロテスタント諸派，カトリック
沿革：カリブ海東部，小アンティル諸島のリーワード諸島に属するイギリスの属領。アンティグァ島の南西，グァドループ島の北西に位置している火山島で，ハリケーンや噴火といった自然災害にたびたび襲われてきた。

　ヨーロッパ人の到来以前，南米大陸から移り住んでいたアラワク系やカリブ系の先住民が居住していたが，同島へはコロンブスが第2次航海中の1493年にヨーロッパ人としてはじめて到達した。その後の入植は進まず，1632年にセント・クリストファー島からきたイギリス人が入植を開始したが，その多くはアイルランド出身のカトリック教徒であり，のちに北米ヴァージニア植民地を追われたアイルランド人もこれに加わった。

　入植直後はタバコが主要作物であったが，17世紀後半にサトウキビの栽培が大きく発展し，労働力として多くの黒人奴隷が投入された。また17世紀後半から18世紀にかけて何度もフランスの占領下におかれたが，1783年のヴェルサイユ条約によりイギリス領有が確定した。1834年に奴隷制が廃止され，世界的な砂糖価格の下落もあってプランテーション経済の衰退をよぎなくされると，19世紀後半には放置された農地でライムの栽培が奨励されたほか，20世紀前半には海島綿も主要産物となった。

　1833年以来イギリス領リーワード諸島を構成する一地域であったが，1958年に創設された西インド諸島連合に加盟し，62年に同連合が解体されたあとには直轄植民地となった。第二次世界大戦後に労働運動が活発化して政治的権利を求める声が高まったが，経済面での脆弱さから独立への機運は高まらず，内政自治権を獲得するにとどまった。78年から人民解放運動のオズボーンが首相を務め，91年にはその座を譲ったものの，2001年に新人民解放運動から首相に返り咲いた。しかし06年の選挙に敗れ，前与党の支持するモンセラット民主党のルイスが首相に就任した。

　1989年にハリケーンによる甚大な被害を受け，95年に始まるスフリエール・ヒルズ火山の噴火によりさらに深刻な被害をこうむった。97年に政庁所在地のプリマスが壊滅的なダメージを受けると，南部の住民は一部が北部に移り，他の人々もカリブ海の島々やイギリス本国への避難をよぎなくされた。現在も火山活動の監視体制は維持されているが，島民の一部は帰島を開始しており，2005年には新空港が完成して観光客も戻りつつある。

オセアニア——14カ国・16地域

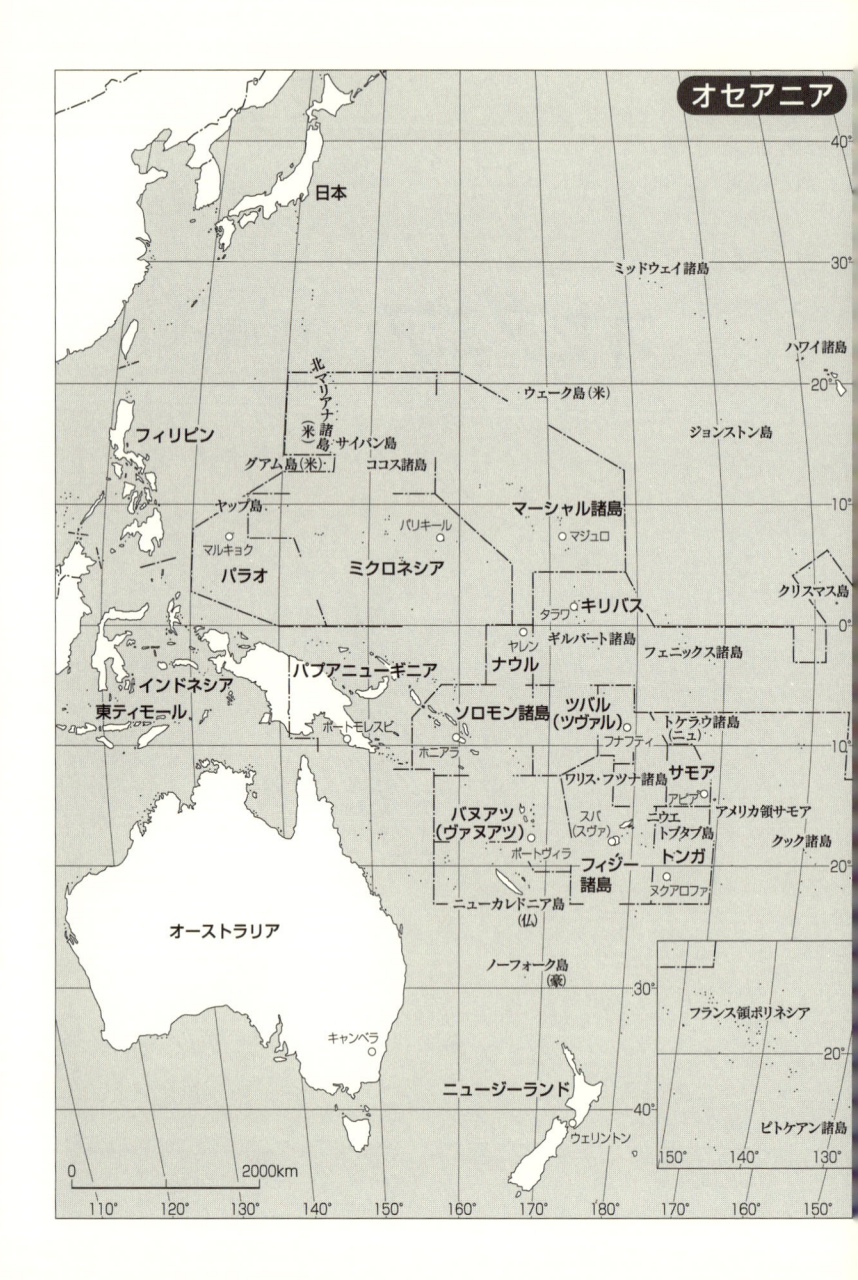

オセアニア

- 日本
- ミッドウェイ諸島
- ハワイ諸島
- 北マリアナ諸島(米)
- サイパン島
- ウェーク島(米)
- ジョンストン島
- フィリピン
- グアム島(米)
- ココス諸島
- マーシャル諸島
- ヤップ島
- パリキール
- マジュロ
- マルキョク
- ミクロネシア
- パラオ
- クリスマス島
- タラワ
- キリバス
- ヤレン
- ギルバート諸島
- フェニックス諸島
- インドネシア
- パプアニューギニア
- ナウル
- ツバル(ツヴァル)
- トケラウ諸島(ニュ)
- 東ティモール
- ポートモレスビー
- ソロモン諸島
- ホニアラ
- フナフティ
- サモア
- アピア
- ワリス・フツナ諸島
- ニウエ
- アメリカ領サモア
- バヌアツ(ヴァヌアツ)
- スバ(スヴァ)
- トプタプ島
- クック諸島
- ポートヴィラ
- フィジー諸島
- トンガ
- ニューカレドニア島(仏)
- ヌクアロファ
- オーストラリア
- ノーフォーク島(豪)
- フランス領ポリネシア
- キャンベラ
- ニュージーランド
- ウェリントン
- ピトケアン諸島

0 2000km

オーストラリア連邦　The Commonwealth of Australia

面積：774万1000km²　人口：2040万人　首都：キャンベラ
言語：公用語は英語，ほかにアボリジナル諸語
住民：アングロ・サクソン系などヨーロッパ系(90％)，アボリジナル，アジア系
宗教：キリスト教(カトリック，イギリス国教会など)70％，無宗教15％
沿革：南太平洋，オーストラリア大陸を国土とする立憲君主国。

　約5万年前，アボリジナルの祖先たち(オーストラロイド)が東南アジア方面から渡来した。現在，アボリジナルは本土諸民族(狭義のアボリジナル)，アイランダーズ(トレス海峡島嶼民)や北部島嶼のティウィ人に大別される。キャプテン・クックが1770年オーストラリア南東岸を「発見」したことを皮切りに，イギリス政府は88年に現在のシドニーで最初の入植を始めた。このニューサウスウェールズ植民地は当初流刑地であったが，19世紀になると捕鯨業・アザラシ猟や牧羊産業が発達したため，アングロ・ケルト系をはじめ自由移民が入植。19世紀中葉までにはスクウォッターが境界をこえ進出し，現在のクィーンズランドやヴィクトリア，南オーストラリアが植民地として発展した。これは同時に，アボリジナルが長年維持してきた土地を「無主地」として奪い取り，利用する過程でもあった。

　1850年代のゴールドラッシュによる経済発展と大幅な自治権の獲得を経て，91年連邦憲法が作成され，1901年に6つの植民地による連邦政府が樹立。有色人の移住制限や保護貿易政策など白豪主義に基づくヨーロッパ系の同質的な国民国家形成を進めた。42年にウェストミンスター憲章を批准し，完全立法機能を取得(司法権の独立は86年のオーストラリア法の成立)。対英依存は戦間期を通して維持されたが，戦後から対米依存に変化し，反共政策のもと安全保障条約アンザス(ANZUS)を結んだ(51年)。70年代になると多民族・多文化社会への転換が打ち出され，白豪主義は実質的に終焉し，NIEs・ASEANとの外交関係が強化され，経済の自由化が促進された。現在アメリカとの関係を維持しつつ，アジア・太平洋諸国を外交・貿易政策上の優先地域とし，多角的自由貿易体制を推進している。

　アボリジナルに関しては1967年に公民権が与えられ，80年代に多文化主義政策が導入・実施された。92年のマボ判決を機に先住民土地権法(93年)が制定され，アボリジナルによる土地管理・資源利用の伝統的権利が保障された。しかし98年にはハワード(自由党)政権のもと，先住民の土地権請求を制限する修正法が成立し，アボリジナルの強い反発を招いた。2008年2月13日，ケビン・ラッド(労働党)首相はアボリジナルに対する過去の差別的処遇を公式に謝罪した。

キリバス共和国　Republic of Kiribati

面積：700km²　人口：9万人　首都：タラワ(ギルバート諸島)
住民：ミクロネシア系(約98％)，アジア系
言語：英語，キリバス語(ともに公用語)
宗教：キリスト教(主にカトリック，キリバス・プロテスタントなど)
沿革：太平洋のほぼ中央部に位置し，ギルバート諸島，ライン諸島，フェニックス諸島からなる独立共和国。ギルバートの現地語発音を国名とし，大統領制と議院内閣制が結合した政治形態をとる。全人口の93％がギルバート諸島に住む。バナバ島(オーシャン島)以外，ほとんどの島が環礁島のため天然資源に乏しく，赤道寡雨帯の島々では旱魃も起こる。

　住民は主にメラネシア・ポリネシア地域から北上してきたオーストロネシア集団であり，今から2000年前頃には居住していたとされる。16世紀イギリス海軍ギルバート大佐によって「発見」され，19世紀初頭に捕鯨船の寄航が盛んになり，ビーチコーマー(脱走水兵や船乗り)がふえ，ヨーロッパとの本格的な関係が始まった。1857年にはアメリカ海外伝道団が来島し，キリスト教の布教が始まる。イギリスは92年に諸島を保護領化し，1900年にはリン鉱石の発見されたバナバ島をも併合し，16年以降はギルバート・エリス諸島植民地という単一の行政区にまとめ統治した。

　第二次世界大戦では日本軍が一時占領するものの，アメリカ軍によって奪還された。とくに，現在の首都タラワがアメリカ軍の上陸作戦のための激戦地となった。バナバ島民はコシャエ(コスラエ)島やナウル島，戦後にはフィジーのランビ島へと強制移住させられた。戦後は再びイギリスの施政下におかれ，55～65年には旱魃や人口過剰への対策としてソロモン諸島への移住計画が実施された。また，クリスマス(キリバス語ではキリシマス)島では56～58年のうちに計9回の核実験がおこなわれた。アメリカも同島で62年の1年間だけで計24回の高空核実験をおこなった。74年にギルバート自治政府が発足し，エリスと分離し，79年7月12日独立した。

　国家財政はバナバのリン鉱石採掘料などを積み立てた歳入均衡化準備基金の運用益，外国漁船の200海里経済水域入漁料，主にイギリスと日本からの経済援助に依存している。しかし現在リン鉱石資源は枯渇状況にあり，外貨収入源として漁業やコプラの輸出，海底鉱物資源開発，観光振興に力をいれている。ドイツ商船や日本の漁船に乗り込む出稼ぎ者も多くいる。また地球温暖化にともなう国土の水没などの問題に直面している。

サモア独立国　Independent State of Samoa

面積：3000km²　人口：20万人　首都：アピア(ウポル島)
住民：ポリネシア系(90%)，ヨーロッパ系との混血，メラネシア系，中国系
言語：サモア語，英語(ともに公用語)
宗教：キリスト教(カトリック，会衆派教会，メソディスト教会など)
沿革：南太平洋中部に位置し，ウポル島とサバイイ島を主島とする立憲君主国。国家元首は2007年より元首相のツイアツア・ツプア・タマセセ・エフィ(任期5年)。国会議員の被選挙権が首長称号保持者に限定されるなど伝統的社会・政治構造が行政制度に取り入れられている。1998年，国名が西サモアからサモア独立国に変更した。

　前8世紀中葉頃には，ラピタ式土器を携えた新石器集団(オーストロネシア集団)がすでにサモア諸島で居住を始めていたものとみられる。18世紀の探検家たちによって「発見」されたものの，西欧との本格的な接触は1830年にロンドン伝道協会ジョン・ウィリアムズがサバイイ島に来島したことに始まった。伝統的首長たちの覇権争いが続く一方で，捕鯨業やアザラシ猟の船舶が多く寄港し，19世紀中葉にはビーチコーマー(脱走水兵や船乗り)をはじめ，宣教師や商人などの西欧人コミュニティがウポル島北岸中央部のアピア港あたりに成立していた。1898年には首長間の武力闘争にイギリスとアメリカが軍事介入し，翌年の協定でサモア諸島の分割がおこなわれた。ドイツは現在のサモア，つまりウポル島とサバイイ島などを含む西経171度を境にした西側の諸島群を領有し，アメリカはツツイラ島およびマヌア諸島を含む東サモアを領有した。第一次世界大戦が始まるとニュージーランドがドイツ領西サモアを占領し，そのまま国際連盟委任統治領となった。1920～30年代には植民地支配に対する抵抗が高まり，マウ運動が発生した。第二次世界大戦後同じくニュージーランドの国連信託統治領となり，独立の準備が進められた。60年には憲法の最終原案が完成し，62年1月1日に太平洋で初の独立を達成した。

　戦後から宗主国ニュージーランドへの出稼ぎ移民が急増。1970年代以後ニュージーランドの経済不況により入国管理が厳しくなってからは隣のアメリカ領サモアとの特別な関係を利用してアメリカ(主にハワイ州・太平洋沿岸諸州)やオーストラリアへ移住・定住する傾向がある。移住先には親族・同胞を呼び寄せ，サモア人コミュニティが形成されている。国家経済はこうした海外移民からの送金，先進国からの援助に強く依存しているが，近年は観光産業にも力をいれている。

ソロモン諸島　Solomon Islands

面積：2万9000km²　人口：50万人　首都：ホニアラ(ガダルカナル島)
住民：メラネシア系(約95%)，ポリネシア系，ミクロネシア系，ヨーロッパ系，アジア系
言語：公用語は英語，共通語としてメラネシア・ピジン語
宗教：キリスト教(メラネシア教会, カトリック, 福音教会, 合同教会など)
沿革：西南太平洋上のソロモン諸島のうち，ブカ・ブーゲンヴィル島(現パプアニューギニア領)を除いた島嶼群からなる立憲君主国。

　ソロモン諸島には前12・13世紀頃に移住してきたオーストロネシア語を話すメラネシア系の人々，パプア諸語を話す人々(北西の一部の島)，1000年頃東方から引き返してきたポリネシアを起源とする人々(離島部)，イギリスの政策(1955〜65年)によって移住したキリバス人などが存在する。1568年スペイン人メンダーニャが「発見」し，ソロモン王が財宝を得た伝説の地と信じられた。以後，諸島の全貌が明らかになり，19世紀中葉までには捕鯨船をはじめ，宣教団やべっこう・ナマコ・白檀などを求める交易商人が寄島するようになっていた。1871〜1904年まで多くのソロモン諸島民がブラックバーディング(奴隷狩り)や年季労働契約でフィジーやオーストラリア・クィーンズランド州の農園に駆り出された。1884年に諸島北部がドイツ領となり，93年に諸島南部・中部・東部がイギリス領となった。99年協定によって一部の島(ブーゲンヴィル島)を除いたイギリス領ソロモン諸島保護領が成立した。太平洋戦争では日本軍(1942〜43年占領)とアメリカ軍が激戦を繰り広げ，戦後は再びイギリス領となったものの，対英不信・不満から各地で反植民地運動や自治権要求運動(たとえばマライタ島住民によるマアシナ・ルール運動は有名)が起こり，独立の気運を導いた。1960年憲法により行政・立法委員会が設立され，64年には議員公選制が採用，70年に初の総選挙がおこなわれた。75年イギリス領ソロモン諸島は自治領に移行し(ソロモン諸島に改称)，78年7月7日に独立。今日に至るまで木材の輸出は外貨収入の主な産業であるが，伐採にともなう森林資源の枯渇や環境破壊の問題が浮上してきている。

　同一の部族や出身島に基づく同郷人の結束は固く，社会秩序・政情の不安定要素となっている。とくに1998年末よりガダルカナル島において地元住民とマライタ武装勢力との間で部族対立が激化し，2000年10月にタウンズヴィル和平協定が結ばれるも，対立や無法状態が続いた。03年7月からオーストラリアおよび太平洋諸国によるソロモン諸島地域支援ミッション(RAMSI)が法と秩序の回復をめざして展開。06年4月，首相指名投票にともなってホニアラで暴動事件が起きた。

ツバル(ツヴァル) Tuvalu
面積：30km² 人口：1万人 首都：フナフティ(フナフティ島)
住民：ポリネシア系(約95%)，ミクロネシア系
言語：公用語は英語，ほかにツバル語
宗教：キリスト教(ツバル教会が約97%，ほかに安息日再臨派教会など)
沿革：太平洋中部，南緯5〜10度・東経176〜180度に位置し，エリス諸島として知られる9つの環礁からなる立憲君主国。ツバルとは現地語で「8つ並び立つ」を意味する。

　ツバルの住民はサモアをはじめ，ギルバート諸島，トンガ，北部クック諸島から移住してきたといわれる。そのためギルバート諸島民，トンガ人，とくにサモア人との間で戦争，交易や通婚をおこなっており，文化的な影響を受けている。1568年スペイン人メンダーニャが中部のヌイ島を「発見」し，19世紀になると捕鯨船や商人が多く訪れるようになった。エリスの名は1819年にフナフティ環礁を「発見」したイギリス船レベッカ号の所有者エドワード・エリスに由来する。60年代，サモア経由でキリスト教が伝来。63年にはペルーのブラックバーディング(奴隷狩り)によって約400人が連れ去られ，その後オーストラリア・クィーンズランド州，フィジー，ハワイの労働者として連行され，人口が激減。92年にイギリスが保護領化し，1916年から現在のキリバスとともに「ギルバート・エリス諸島植民地」に統一された。第二次世界大戦ではアメリカ軍がフナフティ環礁を対日反攻基地として利用した。

　1960年代にはギルバート諸島民とエリス諸島民との間で雇用機会や民族的アイデンティティをめぐって対立・緊張が高まった。74年にギルバート諸島との分離独立を求める住民投票が圧倒的多数で支持され，その結果76年にはギルバート諸島と政治的に分離。78年10月1日，ツバルとして独立した。サンゴ礁島のため天然資源は乏しく，財政はコプラの輸出と切手の販売，イギリスなど先進国からの経済援助に多くを依存している。87年ツバルは国家財政の安定化を図ってツバル信託基金の設立を決定。信託管理委員会が毎年開かれ，国際協定を締結した国々で利子収入の配分がおこなわれている。また外国船乗組員をはじめとする出稼ぎ者や海外移住者からの送金は，諸島在住者の生計を維持する枢要な役割をはたしている。ツバル海員学校(78年設立)の卒業生はイギリス系の船舶会社に就職し，ツバル人船員の国際的な評価は高い。近年，地球温暖化にともなう海面上昇により，国土の水没が懸念されている。政府は将来に備えて国民の移住計画を画策し，ニュージーランドとの間に合意を取りつけている。

トンガ王国　Kingdom of Tonga

面積：700km²　人口：10万人　首都：ヌクアロファ（トンガタプ島）
住民：ポリネシア系，ヨーロッパ系
言語：公用語は英語，ほかにトンガ語
宗教：キリスト教（ウェズリー派トンガ自由教会，カトリックなど）
沿革：南太平洋フィジーの東約640kmに位置する立憲君主国。オセアニア唯一の王国で，現在の王はツポウ5世。王が議長を務める枢密院を最高議決機関とし，平民代表と貴族代表からなる一院制議会をもつ。北部のヴァヴァウ・グループ，中部のハアパイ・グループ，南部のトンガタプ・グループに大別できる。トンガとは「南方」の意味。

　前850年頃にはオーストロネシア集団が西方から移住し，居住を始めていた。トンガは身分制に基づく階層社会を発展させ，10世紀半ばには最初の王朝が成立したと推定されている。1616年オランダ人スホーテンとル・メールが北部諸島を通過・望見し，43年にタスマンが南部諸島を訪れ，1773年にキャプテン・クックもトンガタプ島を訪れた。77年にクックが再訪した際，中部諸島に上陸，住民の親切なもてなしにちなんで「友愛諸島」と命名した。

　1845年にトンガ王家の傍系首長ツイ・カノクポルとなったタウファアハウは52年トンガ全土を統一することに成功し，ツポウ1世として即位した。22年に来島したウェズリー派宣教団はこうしたトンガの統一を助けるだけでなく，ヴァヴァウ法典（39年）や解放令（62年），そして「1875年憲法」の制定を通じて中央集権的な近代政治体制を確立するのに重要な役割をはたした。1900年のツポウ2世時，外交権のみを預ける形でイギリスの保護領となった。18年に即位したサローテ女王（ツポウ3世）は優れた政治力でトンガの自治と王の権威を保持した。70年6月4日に外交権を回復し，イギリス連邦の一員として独立した。国家財政は先進国からの経済援助，カボチャの輸出や観光のほか，海外居住者からの送金に依存している。現在，本国人口にほぼ匹敵する数の移民が海外（主にオーストラリア，ニュージーランド，アメリカ）に在住している。

　トンガ国王への忠誠・尊敬の念は極めて強く，伝統的な身分制階層秩序が根強く保持されてきた。しかし1990年代以降，知識人，平民議員，海外移住者などを中心に非民主的な政体への抵抗，憲法見直しを求める民主化運動が展開されている。2006年3月，史上はじめて平民出身の首相が生まれた。また同年11月には，民主化推進をめぐってヌクアロファで暴動が生じた。その結果，民選議員数が増加したが，急進派への世論はやや批判的である。

ナウル共和国　Republic of Nauru

面積：20km²　人口：1万人　首都：ヤレン
住民：ミクロネシア系(メラネシアとポリネシアの影響が強い)，アジア系，ヨーロッパ系
言語：公用語は英語，ほかにナウル語
宗教：キリスト教(会衆派教会，カトリックなど)
沿革：赤道の南42km，南緯32分・東経166度55分に位置する共和国。イギリス連邦に加盟し，大統領を元首とし，18名からなる一院制議会をもつ。

　ナウル島には南方のメラネシアからオーストロネシア集団が移住し，世襲的に首長をいただく階層制社会を発達させた。1798年にイギリス人ジョン・フェーン船長率いるハンター号が「発見」し，1830年代に捕鯨船の寄港地となることでヨーロッパ人との本格的な接触が始まった。19世紀後半に首長間の争いが激化するなか，86年ドイツはナウルをマーシャル諸島とともに領有・保護領化した。98年のリン鉱石の発見を受けて，イギリスの太平洋リン鉱石会社が1906年にドイツ政府の許可を得て，翌年から採掘事業を開始。第一次世界大戦でオーストラリア軍が占領し，20年からオーストラリア・ニュージーランド・イギリスの3カ国共同統治による国際連盟委任統治領となった。このとき，リン鉱産業は前記3国の合弁事業に引き継がれた。第二次世界大戦下42年8月日本軍が占領すると，翌年には住民約1200人をトラック島(現チューク)へ強制連行し，労役を課した。戦後は再び前記3国の国連信託統治領となる。51年に首長会議は地方政府評議会に取って代わり，リン鉱石輸出で潤う経済力を背景に，独立の気運が高まり，66年の立法議会の設立を経て，68年1月31日に独立。70年6月にはリン鉱山が国有化された。地方政府評議会はリン鉱石輸出から生じた巨額な積立金を運用する権限をもつ。地方政府評議会の首席は財政運営を担当するとともに，大統領を兼務するという傾向がある。

　従来，リン鉱産業はナウル住民に世界で最も高い生活水準と充実した福祉を保障してきた。だが島の5分の4をリン鉱石鉱床で覆われていた平均海抜30mの島は採掘が終わりに近づき，資源枯渇後の財源と住居の保障問題をかかえている。1989年ナウル政府はリン鉱石採掘による環境破壊を理由に，出資国を国際司法裁判所(ハーグ)に提訴し，オーストラリア・ニュージーランド・イギリスによる損害賠償を勝ちえた(94年)。また将来に備えてサイパン，グアム，オーストラリア，アメリカに土地を購入する計画が進められている。90年代から政治・経済は著しく不安定になった。2001年オーストラリアとの間に経済支援の見返りにアフガニスタンやイラクの難民を受け入れる合意協定を結び，国際的に注目された。

ニュージーランド　New Zealand

面積：27万1000km²　人口：430万人　首都：ウェリントン(北島)
住民：アングロ・サクソン系(70%)，マオリ，太平洋諸島民，アジア系
言語：英語，マオリ語(ともに公用語)
宗教：キリスト教(イギリス国教会，長老派教会，カトリック，バプティスト教会，メソディスト教会など)55%，無宗教35%
沿革：南太平洋，オーストラリア大陸の南東約2250kmに位置し，北島・南島からなる立憲君主国。マオリ語名はアオテアロア(「白い雲のたなびく土地」の意味)。

　先住民マオリは13世紀中葉頃にソシエテ諸島やクック諸島あたりから渡来・移住したとされる。1642年タスマンが最初に「発見」し，「新しい海の土地」と命名。1769年のキャプテン・クックの航海によって地理的全貌が明らかになった。その後，捕鯨業・アザラシ猟の従事者，木材・亜麻などを求めた商人，宣教師が訪れ，1830年代後半にイギリス人が組織的に植民活動を始めた。そこでイギリス政府は40年，マオリの首長たちとワイタンギ条約を締結して，ニュージーランドを植民地化した。ヨーロッパ人(主にアングロ・アイリッシュ系)はマオリと連携／対立(戦争)を繰り返しながら，19世紀後半までに大部分の土地を奪い，積極的な移住政策と農地開発を進めた。「1852年基本法」のもとに北島・南島の計6州からなる連邦自治植民地が発足し，1907年には植民地から自治領に格上げされた。第一次世界大戦ではオーストラリアとの連合軍アンザック(ANZAC)を結成し，これを機に独立路線を強め，47年ウェストミンスター憲章を批准し，事実上独立。主要産業は畜産を中心とする農業である。

　第二次世界大戦後から太平洋諸島民，アジア系移民が急増し，1970年代には同化・統合から多文化主義路線へ移行した。先住民マオリについては75年ワイタンギ審判所が設立され，以降これまで奪われた土地の権利回復をはじめ社会・文化的な復権運動が展開された。ただし政権交代劇によってマオリ政策はしばしば変更されているのが現状である。2004年マオリ党が結成され，太平洋諸島民の支持を得て勢力拡張に努めている。

　1970年代以降，「揺りかごから墓場まで」といわれた高度福祉国家路線を変更し，市場経済を積極的に導入。ヨーロッパ・オーストラリアとの同盟関係を維持しつつも，アジア・太平洋諸国との貿易体制・外交関係を強化している。87年には労働党政権において「ニュージーランド非核地帯，軍縮，軍備管理法」が施行され，安全保障条約(ANZUS，51年調印)に亀裂を生じさせた。このように太平洋地域の非核地帯化に取り組むなど，南太平洋地域において積極的な役割をはたしている。

バヌアツ(ヴァヌアツ)共和国 Republic of Vanuatu

面積：1万2000km²　人口：20万人　首都：ポートヴィラ(エファテ島)
住民：メラネシア系(95％)，ヨーロッパ系(英仏)，アジア系(中国，ベトナム)
言語：英語，フランス語(ともに公用語)。ほかにビスラマ語
宗教：キリスト教(カトリック，イギリス国教会，長老派教会など)
沿革：南西太平洋，南北1300kmにわたりY字形に連なるニューヘブリデス諸島を国土とする共和国。大統領を元首とし，一院制議会を有する。島や地域ごとの伝統文化や言語の多様性は根強く保持され，各地域の伝統的な政治リーダーの代表が集まって伝統や文化などについて審議し，国会に進言する全国首長評議会が設けられている。共通語のビスラマ語(メラネシア・ピジン語)は国語に指定されている。バヌアツとは「われわれの土地」の意味。

　前1000年頃には独特の鋸歯状文様をもつラピタ土器を用いるオーストロネシア集団が定住していた。また離島部には今から2000年前にサモア方面から引き返し，移住したポリネシア系の子孫が存在する。この地をはじめて訪れたヨーロッパ人はポルトガルの探検家キロスで，1606年のことである。ニューヘブリデスとは1774年にキャプテン・クックが訪れたときに命名された。19世紀前半には白檀が発見され，交易が盛んになるのにともない宣教師も入植していった。19世紀後半には多くのバヌアツ人が年季契約労働者としてフィジー，ニューカレドニア，オーストラリアの農園へ駆り出された。1887年英仏協定が結ばれ，両国は海軍を派遣しおのおの入植者の利権保護にあたることとなり，1906年からはニューヘブリデス諸島として英仏の合意に基づく2カ国共同統治が開始した。

　イギリス系(プロテスタント，英語教育)・フランス系(カトリック，フランス語教育)の分立・対立は宗教・教育制度に深く影響し，戦後の独立をめぐる動きのなかでも顕在化した。ニューカレドニアの独立運動を警戒するフランス系政党は早期独立を望まなかったが，イギリス系政党のバヌアアク党(1977年国民党から改称)は着実に支持基盤を得，1979年の総選挙で圧勝し，80年7月30日の独立を導いた。独立直前に，ナグリアメルという非キリスト教団体による分離独立運動が発生し，フランス系の住民がこれに便乗・荷担した。結局，パプアニューギニアに軍隊の派遣を要請することで事態が収拾された。独立後も英仏系の対立が続き，95年に連立政権の成立をみたものの，部族対立と絡んで政治は不安定である。ニューカレドニア独立問題や太平洋の非核化など地域問題に積極的に取り組みつつ，伝統文化と共存した国づくりに力をいれている。

パプアニューギニア独立国　Independent State of Papua New Guinea

面積：46万3000km²　人口：600万人　首都：ポートモレスビ
住民：メラネシア系(95%強)，アジア系(主に中国)
言語：公用語は英語，共通語としてメラネシア・ピジン語，ヒリ・モツ語
宗教：キリスト教(カトリック，イギリス国教会，長老派教会，福音教会，合同教会，安息日再臨派教会など)，伝統信仰
沿革：南西太平洋，世界第2位の大きさを誇るニューギニア島の東半分，およびビスマーク諸島とソロモン諸島北部からなる立憲君主国。イギリス連邦の一員で，19州と首都特別区に強い自治権が与えられている。

　約5万年前頃東南アジア方面から旧石器集団(パプア諸語を話す現在のニューギニア高地人)が渡来・移住し，3500年前頃には新石器集団(オーストロネシア集団)が断続的にニューギニア島沿岸部や島嶼部に拡散・定住していった。この島の存在は東南アジアの漁民には知られていたが，16世紀以降の探検航海によりヨーロッパ人に知られるようになり，18世紀末までにはニューギニア島とビスマーク諸島，ソロモン諸島の輪郭がほぼ明らかになった。19世紀には捕鯨業者をはじめ，香料や白檀，真珠，ナマコなどを求める商人，そして宣教師がニューギニア島沿岸部や島嶼部で活動した。

　1884年ドイツは東部ニューギニア島北岸地域およびビスマーク諸島を，イギリスは東部ニューギニア島南岸および周辺諸島を保護領とした。99年協定でソロモン諸島北部(ブーゲンヴィル，ブカ)がドイツ領にとどまり，現在の国境線が画定。イギリス領ニューギニアは1906年からオーストラリアの施政権下に移り，パプアと改名された。ドイツ領ニューギニアは第一次世界大戦でオーストラリアに占領され，20年から同国の国際連盟委任統治領となった。第二次世界大戦中は日本軍に侵攻・占領されたが，46年からは再びオーストラリアを施政権国とする国連信託統治領となる。この異なる政治的地位にある2地域の統治は42年に組織されたオーストラリア・ニューギニア統治機構(ANGAU)を経て，49年のパプア・ニューギニア法によって一元化された。しだいに教育・医療・行政諸制度が導入・整備され，63年には住民議会が設置された。73年12月に内政自治に移行し，75年9月16日正式に独立した。

　国内では800近い言語が話されており，同一部族の団結・互助意識が極めて強く，部族対立は国内分裂の潜在的な要素となっている。内政の最大の課題はブーゲンヴィル独立問題。同島住民が1988年に豊富な鉱山資源を背景に起こした紛争は分離独立運動に発展し，2001年に和平協定が成立した。これに基づき05年6月に独自の憲法のもと自治政府が発足し，10～15年後に独立を問う国民投票がおこなわれることになった。

パラオ共和国　Republic of Palau

面積：500km²　人口：2万人　首都：マルキョク
住民：ミクロネシア系(70%)，アジア系(主にフィリピン，中国)，欧米系
言語：パラオ語，英語(ともに公用語)
宗教：キリスト教(主にカトリック，安息日再臨派教会，モルモン教会，エホバの証人など)，モデクゲイ(10%)
沿革：北西太平洋，ミクロネシアのカロリン諸島西端の共和国。2006年10月，コロールから現在の地に遷都した。

　前2000～前1500年頃には人間が居住していたとされるが，東南アジアと東方(ミクロネシア)からの移住の波があった。ヨーロッパ人との本格的な関係は1783年イギリス東インド会社のアンテロープ号(ウィルソン船長)がパラオで座礁したことから始まる。19世紀初頭には捕鯨船や商船の来航が盛んになり，1886年スペインがパラオを領有した。カトリックの布教と在地の伝統的信仰が習合し，モデクゲイが創生。米西戦争で敗北したスペインは99年パラオを含むスペイン領ミクロネシアをドイツに売却。ドイツ統治時代にはヤシ栽培によるコプラ生産など産業開発がおこなわれた。第一次世界大戦時にパラオは日本に占領され，1920年から日本の国際連盟委任統治領「南洋群島」となった。22年には南洋群島の中心地としてコロールに南洋庁が設置され，多くの日本人が移住するとともに殖産興業(アンガウル島のリン鉱石採掘など)と皇民化教育が組織的に展開された。

　第二次世界大戦後の1947年からアメリカを施政権国とする国連信託統治領「太平洋諸島」の1地区となった。60年代半ばからアメリカはミクロネシアの軍事的利用を恒久的に確保するために親米的な環境づくりをおこなった。69年から本格化した将来の政体交渉で，パラオはアメリカ軍基地のほかにも漁業資源や観光による独自の収入をもくろみ，78年7月の住民投票でミクロネシア連邦憲法草案を採択せず，連邦に参加しなかった。独自の憲法を制定し，81年1月自治政府を樹立した。憲法がもつ徹底した非核条項はアメリカの基地使用を認める自由連合協定と真正面から矛盾し，護憲派と憲法修正派の衝突，および派内の抗争が顕在化した。憲法の規定する所定の賛成票が得られないまま，2人の大統領が命を落とした。結局，非核憲法を凍結し，93年の住民投票で自由連合協定の調印が承認され，94年10月1日独立した。

　国家財政の多くを協定下のアメリカ，日本，台湾からの経済援助に負っている。近年ダイビングや観光を基底にすえた経済的自立をめざしている。外国(主にアジア)からの民間投資や労働者を受け入れる一方で，パラオ系住民はグアムやハワイなど海外に移住・出稼ぎする傾向がある。

フィジー諸島共和国 Republic of Fiji Islands
面積：1万8000km² 人口：80万人 首都：スバ(ヴィチ・レヴ島)
住民：フィジー系(55%)，インド系，太平洋諸島民，アジア系
言語：公用語は英語，ほかにフィジー語，ヒンディー語
宗教：キリスト教，ヒンドゥー教，イスラーム教
沿革：南西太平洋の中央部，ヴィチ・レヴ島，ヴァヌア・レヴ島を中心に約330の島々からなる共和国。

フィジー諸島には前900年頃，ラピタ土器を用いた新石器集団(オーストロネシア集団)が西方より移住したとされる。形質上は他のメラネシア島嶼民に類似しているものの，のちにやってきたポリネシア系(主にトンガ人)との混血が進んだ。タスマン(1643年)やキャプテン・クック(1774年)の探検航海によって「発見」され，19世紀になると白檀やナマコを求める交易商人が進出し，西欧社会との接触が本格化。1840年代にはウェズリー派宣教師が来島し，キリスト教化が進んだ。60年から綿花プランテーションが栄えた。71年ザコンバウは政府をつくったが支配権を保持できず，政治的な安定を求めイギリスに主権委譲を請願した。74年イギリスはフィジーを保護領化し，伝統的政治体制を巧みにいかして植民地化を進め(間接統治)，コプラやサトウキビ農園の経済開発に着手した。労働力不足のため，年季労働契約のもとで1879〜1916年までに6万人余りのインド人が移民し，のちに定住していった。1970年10月10日イギリス連邦の一員，立憲君主国として独立した。首都には太平洋島嶼フォーラム(PIF)事務局や南太平洋大学があり，太平洋地域におけるリーダー的役割を担っている。国家経済は砂糖の輸出と観光に多くを依存しているが，漁業および林業開発にも力を注いでいる。

国内政治はフィジー系とインド系の民族対立を背景にすこぶる不安定である。独立以来，フィジー系の優位を保障した憲法のもと同盟党(フィジー系)が政権を担当してきたが，1987年4月にインド系を基盤とする連邦党と労働党の連立政権が発足したのに対し，フィジー人至上主義のランブカ中佐が即座にクーデタを起こし，軍事政権を樹立。イギリス連邦から離脱し(97年再加入)，共和制に移行した。97年に多民族統治に即した憲法改正が承認されて，99年の総選挙でインド人首相(労働党党首チョードリー)が誕生すると，翌年スペイト率いる武装勢力が議会占拠事件を起こした。2001年ガラセを首班とする新政府が誕生し，インド系が再び政権から排除される結果となった。06年末には政治の腐敗への反発から，軍総司令官バイニマラマによる無血クーデタが勃発。07年1月にはバイニマラマ暫定内閣が発足した。

マーシャル諸島共和国　Republic of the Marshall Islands

面積：200km²　人口：6万人　首都：マジュロ
住民：ミクロネシア系，アジア系(フィリピン)，ヨーロッパ系
言語：英語，マーシャル語(ともに公用語)
宗教：キリスト教(プロテスタントが多数)
沿革：中部太平洋，北緯5～12度・東経161～172度，西北から東南にかけて伸びるラタック諸島・ラリック諸島からなる共和国。

　今から2000年前，ポリネシアや他のミクロネシアから北上した人々(オーストロネシア集団)がマーシャル諸島に居住し始めた。1527年スペイン人アルバロ・デ・サアベドラにより「発見」され，諸島名は1788年に訪島したイギリス人船長ジョン・マーシャルに由来する。1860年代にはアメリカ海外伝道団が来島し，キリスト教化が進んだ。コプラを目的に進出してきたドイツが86年に領有した。1914年日本が占領し，20年からは日本の国際連盟委任統治領となった。第二次世界大戦時クワジャリン環礁は日本軍の対米中枢基地となったために，激戦地と化した。

　戦後はアメリカを施政権国とする国連信託統治領「太平洋諸島」の1地区となり，ビキニ環礁では1946～58年までに23回，エニウェトック環礁では48～58年にかけて43回もの核実験が繰り返された。46年2月ビキニ島民はロンゲリック島に移住させられ，7月に実験が開始。54年の水爆実験ではビキニ東方のロンゲラップ環礁ほか，近くにいた日本のマグロ漁船第五福竜丸が死の灰をあびた。なお帰還した島民の身体から放射能が検出されたため，ビキニ島民は全員強制退去を命じられ，ビキニ環礁は閉鎖された。『ソロモン・レポート』(63年)に基づき，アメリカはミクロネシアの軍事的利用を恒久的に確保するため経済援助を増額するなど親米的な環境づくりをおこなった。69年から本格化した将来の政体交渉で，マーシャル諸島は軍事施設から巨額の使用料を見込めたので，独自にアメリカと自由連合協定を結ぶこととし，78年7月の住民投票でミクロネシア連邦憲法を採択せず，連邦から分離。独自の憲法を制定し，79年自治政府を樹立。82年自由連合協定に合意し，86年10月12日独立した。国防・安全保障の権限はアメリカが有する。

　国民の経済生活は自由連合に基づく拠出金，クワジャリン環礁の大陸間弾道弾試射基地の借地・使用料，ビキニ・エニウェトック環礁の核被害補償基金(1986年設立)などに依存してきた。補償基金は枯渇しつつあり十分な補償が受けられない状況が生じている。政府は広大な海域をいかした漁業や水産資源開発を国家の基幹産業へと育成しようと努める一方で，2003年末の自由連合協定の改訂・更新により対米依存は継続している。

ミクロネシア連邦　Federated States of Micronesia

面積：700km²　人口：10万人　首都：パリキール(ポーンペイ島)
住民：ミクロネシア系(90%強)，アジア系，ポリネシア系
言語：公用語は英語。ほかにヤップ語，チューク語，ポーンペイ語，コシャエ語
宗教：キリスト教(プロテスタント，ローマ・カトリック)
沿革：中部太平洋，中央カロリン諸島から構成される連邦国家。域内の地理的分散と言語文化的差異により，各州ごとの地方分権化が進んでいる。

　カロリン諸島には西方の東南アジア，南方のメラネシアから移住の波があり，今から2000年前頃には人間が居住を始めたとされる。1529年にポーンペイ(旧称ポナペ)島が「発見」されるが，ヨーロッパ人は長らく忌避していた。1830年代に捕鯨漁の寄港地になり，52年にプロテスタント系のアメリカ海外伝道団が来島し，キリスト教化が進んだ。86年スペイン人はカロリン諸島を領有し，フィリピン総督の支配下におくとともにカトリックの布教に努めた。99年ドイツはスペイン領ミクロネシア(グアムを除くマリアナ，カロリン，マーシャル諸島)を450万ドルで購入し，コプラ生産やリン鉱産業を主軸にした産業開発に力を注いだ。第一次世界大戦後は日本の国際連盟委任統治領「南洋群島」となり，経済開発や産業振興が進められ，多くの日本人が居住するようになった。チューク(旧称トラック)島は天然の良港をもち，旧帝国海軍連合艦隊司令基地がおかれたため，第二次世界大戦では激戦地となった。戦争による損害賠償が1969年日本とアメリカによっておこなわれた(「ミクロネシア協定」)。

　1947年からアメリカの国連信託統治領「太平洋諸島」となり，63年の『ソロモン・レポート』に基づきアメリカはミクロネシアの軍事的利用を恒久的に確保するべく経済援助を数倍以上に増額するなど親米的な環境づくりを始めた。65年に将来の政治的地位交渉の母体としてミクロネシア議会が設置され，69年から政体交渉が本格化。70年5月，将来の完全な自治政府の樹立と協定期間の財政援助と引き換えにアメリカの軍事的安全保障権を認める自由連合協定案が提出され，78年7月これに基づくミクロネシア連邦憲法草案の住民投票がおこなわれた。その結果，マーシャル諸島とパラオが離脱し，ポーンペイ，ヤップ，チューク，コシャエ(旧称クサイエ)の計4地区でミクロネシア連邦を形成することが決まり，79年自治政府が発足。86年11月3日アメリカとの自由連合協定が発効し，独立した。2003年末，自由連合協定の改訂に署名し，23年まで引き続きアメリカの財政援助と教育・労働・居住の権利を享受することになった。グアムやサイパンに出稼ぎにでる者，本土に移住する者も多い。

アメリカ領サモア　American Samoa

面積：200km²　人口：6万3000人　政庁所在地：パゴパゴ(ツツイラ島)
住民：ポリネシア系(90%)，アジア系，ヨーロッパ・アメリカ系，混血
言語：公用語は英語，ほかにサモア語
宗教：キリスト教(会衆派教会，カトリック，福音教会など)
沿革：南太平洋中部サモア諸島の東部，ツツイラ島およびマヌア諸島からなるアメリカの海外非併合領土。アメリカの市民権をもつ。

　前8世紀中葉頃にはラピタ土器を携えたオーストロネシア集団がすでにサモア諸島まで拡散していたものとみられる。18世紀初頭にヨーロッパ人に「発見」され，1787年にラ・ペルーズがツツイラ島に上陸したものの，西欧との本格的な接触が始まるのは1830年にロンドン伝道協会ジョン・ウィリアムズの来島以降のことである。ツツイラ島の伝統的首長たちは西サモア(現サモア独立国)ほど格が高くなく，ウポル島の首長の支配下にあったが，東のマヌア諸島には古く格式高い称号をもつ首長たちが存在していた。98年にはウポル島における首長間の武力闘争にイギリスとアメリカが軍事介入し，翌年の協定でサモア諸島の分割がおこなわれた。西経171度を境にして，ドイツはウポル島，サバイイ島などを含む西側の諸島群(現サモア独立国)を領有し，アメリカは天然の良港であるパゴパゴ湾をもつツツイラ島とマヌア諸島を領有した。1900年に海軍による軍政が敷かれ，11年アメリカ領サモアは正式に海外非併合領土となった。パゴパゴはインフラが整備され，基地の町として現金経済化が進んだ。51年管轄が内務省に移り，海軍が基地をハワイの真珠湾に移転したことにともない，ハワイやアメリカ本土への移民の流れが始まった。現在でも，海外居住者による送金は現地の生計を維持していくうえで重要な役割を担っている。

　1960年代は社会経済開発が進み，観光ブームが到来。しかし，移出者の増大にともなう在地の労働力不足になやまされる。70年代，アメリカの太平洋政策の見直しにともなう雇用の増大は隣国のサモア独立国やトンガから多くの移民労働者を引き寄せた。また，ここを足がかりにして，オーストラリア，ニュージーランドやアメリカ本土に移住していく太平洋島嶼諸国民(とりわけサモア人やトンガ人)は多い。

　1960年に憲法が制定され(6年後に改正)，知事は当初連邦政府の任命であったが，78年からは公選されるようになった。2007年にはアメリカ政府による最低賃金の引上げをきっかけに批判があがるも，対米依存から抜け出せず，独立の動きはこれまで生じていない。

ウェーク島　Wake Island

面積：6.5km²　人口：200人　政庁所在地：ワシントンD.C.
住民：アメリカ人
言語：英語
宗教：キリスト教
沿革：北太平洋，ハワイ・ホノルルの西3700km，北緯19度18分・東経166度35分に位置するアメリカの非併合領土。パール，ウィルクス，ウェークの3つのサンゴ礁島からなる。

　ウェーク島は無人島であったが，マーシャル諸島民には鳥や亀を捕獲する場所として利用されていた。この島は1568年10月スペイン人メンダーニャによってヨーロッパ人の知見にはいった。当時，2隻の船(レイズとサントス)の乗組員が島に上陸したものの，食糧も水も見つけることはできなかった。島名は1796年に来島したイギリス商船の船長ウィリアム・ウェークの名に由来する。1840年12月，アメリカ探検隊チャールズ・ウィルクス司令官が訪れ，短期間の科学調査をおこなった。その指揮をとったのがティタン・パールである。彼らの名は環礁島名として残っている。66年3月，ドイツのバーク船がホノルルから香港に向かう途中，嵐にあい難破，ウェーク島の東海岸に漂着。99年1月，エドワード・タウシグ司令官が正式にアメリカ領を宣言した。当初，海底電信基地として使用された。1923年アメリカ海軍が来島し，イェール大学とビショップ博物館の協力を得て，科学調査をおこない，それぞれが独立した島であることを確認(現在各サンゴ礁島は橋でつながっている)。34年12月，大統領命令により，アメリカ海軍の管轄区となり，翌年にはパンアメリカン航空の水上機基地建設が始められ，39年から海・空軍の基地が建設されていった。41年12月真珠湾攻撃の数時間後，日本軍はウェーク島を爆撃し，以後45年9月まで占領した。このとき，ウェーク島は大鳥島と呼ばれた。

　第二次世界大戦後は再びアメリカの手に戻り，軍用機や民間機の補給基地として使用されたが，1974年以降は緊急時の着陸用地として使われている。75年，ベトナム難民はアメリカ本土へ移送中，一時的にウェーク島に滞在した。

　現在は空軍の管轄下におかれ，緊急空港のほか，気象観測所や海洋・大気局支所がある。居住者は，軍関係の文民と施設関連者で占められる。2006年9月の台風ではおよそ70％の建築物が損壊し，壊滅的な被害をこうむった。なお，マーシャル諸島共和国がこの島の領土権を主張している。

北マリアナ諸島　Commonwealth of the Northern Mariana Islands

面積：460km²　人口：8万4000人　政庁所在地：サイパン
住民：ミクロネシア系(40%)，アジア系，アメリカ人
言語：英語，チャモロ語，カロリン語(ともに公用語)
宗教：キリスト教(主にローマ・カトリック)
沿革：北西太平洋グアムを除くマリアナ諸島を領域とするアメリカの自治領(コモンウェルス)。アメリカの市民権を有するが，大統領・連邦議会議員の選挙権はない。

　マリアナ諸島の先住民チャモロは前1500年前後にフィリピンその他東南アジアから移住してきたとされる。また，のちに南方のカロリン諸島からも移住がおこなわれた。1521年マゼランはマリアナ諸島を「発見」し，65年にスペインが領有を宣言。諸島名は1668年に来島した神父サンヴィトレスが時のスペイン母后マリアナ・デ・オーストリアにちなんで命名した。チャモロはカトリックの布教への抵抗に端を発するスペイン・チャモロ戦争をはじめ，疾病，自然災害，グアムへの強制移住などにより激減していき，また混血が進んだ。1898年の米西戦争でスペインが敗れると，グアムを除く北マリアナ諸島は他のスペイン領ミクロネシアとともにドイツに売却された。それ以来，現在まで同一諸島にありながら，グアムと北マリアナ諸島は異なる政治的地位におかれることになる。第一次世界大戦を機に日本の軍政下におかれ，1920年から日本の国際連盟委任統治領となった。サイパン，テニアンにおけるサトウキビ産業は成功を収め，日本の南洋統治運営を黒字に転化させるほどだった。第二次世界大戦では激戦地となり，やがてアメリカ軍が占領。テニアン島を飛び立ったB29爆撃機は広島と長崎に原爆を投下した。

　1947年より，アメリカを施政権国とする国連信託統治領太平洋諸島の1地区となった。60年代から，アメリカはミクロネシアの軍事的利用を恒久的に確保するため，経済援助を数倍以上に増額するなど親米的な環境づくりを始めた。65年のミクロネシア議会に参加，69年から将来の政治的地位交渉が本格化するなかで，マリアナ地区は他のミクロネシア諸地区と別れて個別交渉を繰り返した。75年6月にコモンウェルス盟約が住民投票で承認された。78年1月憲法の施行と同時に，北マリアナ諸島という名称で自治政府が発足。86年11月3日公式にアメリカの自治領となった。

　サイパン島の観光開発は日本資本を軸に順調に推移し，アメリカの援助への依存度は低下しつつある。産業開発にともないアジア系(フィリピン，中国，韓国など)の安い労働者が流入し，定住化する傾向もある。チャモロは土地所有権者として社会経済的に上層に位置する。

グアム Guam

面積:550km² 人口:17万2000人 政庁所在地:ハガッニャ
住民:ミクロネシア系(50%弱),アジア系(30%),アメリカ人
言語:英語,チャモロ語(ともに公用語)
宗教:キリスト教(主にローマ・カトリック)
沿革:マリアナ諸島最南端の火山島,北緯13度28分・東経144度47分に位置するアメリカの非併合領土。北部のアンダーソン戦略空軍基地をはじめ,海軍航空基地(この一部はグアム国際空港),海軍通信基地,潜水艦基地などが島面積の約3割を占める。アメリカ大統領および連邦議会議員の選挙権はないが,市民権を有し,約5万人のグアム系住民がアメリカ本土に在住している。

先住民チャモロは前1500年頃フィリピンその他東南アジアから移住してきたとされる。1521年3月マゼランが来島し,ウマタック湾に投錨した当初,三角帆で走るカヌーの速さに驚愕し,これにちなんでグアムをはじめとするマリアナ諸島を「大三角帆の島々」と命名するが,島民たちの盗難になやまされ,すぐに「泥棒の島々」と命名し直した。65年スペイン人レガスピがマリアナ諸島の領有を公式に宣言し,グアムはフィリピン—メキシコ間のガレオン船貿易の中継基地となった。また,1668年からイエズス会(カトリック)の布教拠点となるが,現地住民の反抗にあい,イエズス会のサンヴィトレス神父は殺され,スペイン軍の報復措置を契機にスペイン・チャモロ戦争(72~95年)が生じた。当初,5万人と推計されたチャモロは1710年には約4000人まで減少し,その後のヨーロッパ人の来島・定住などにより混血が進んだ。1899年米西戦争に勝利したアメリカは天然の良港アプラのあるグアムを割譲させた。第二次世界大戦では日本の南海支隊と海軍陸戦隊が上陸・占領したが,激戦のすえ1944年7月アメリカ軍が奪還した。戦力を失った残存日本軍は北方密林地帯に後退・潜伏し,終戦までゲリラ戦を続けた。なかには,72年になって発見・救出された日本兵もいた。

1950年に内務省の管轄のもと非併合領の地位を得て,88年の住民投票で内政自治権を獲得した。民選知事と21人の議員からなる一院制議会が設けられている。財政基盤は基地経済と観光。70年代から日米の資本導入による観光開発を積極的に推進し,それにともないアジアや他のミクロネシアからの移住・出稼ぎ者が急増している。社会経済的に優位に立つチャモロは伝統文化の復興をはじめ,自決権獲得によるアメリカからの離脱をめざす運動なども展開している。

クック諸島　Cook Islands

面積：240km²　人口：1万4000人　政庁所在地：アヴァルア(ラロトンガ島)
住民：クック諸島マオリ(90%)，混血ポリネシア系
言語：英語，ラロトンガン・マオリ語(ともに公用語)
宗教：キリスト教(クック諸島教会，カトリックなど)
沿革：南太平洋中部，南緯8～23度・西経156～167度に位置する15の島々からなり，プカプカなどの北部の環礁，ラロトンガ島をはじめ肥沃な火山島からなる南部諸島に大別できる。ニュージーランドと自由連合の関係にある自治国で，イギリス連邦に加盟する。

　クック諸島に人々(オーストロネシア集団)が定住し始めたのは10世紀頃とされる。クック諸島の文化は各島において異なり，現在でも方言差と出身島に基づく同郷人の結束が強い。称号や地位に基づく階層化された社会(とくにラロトンガ島)では首長間の争いが頻繁に生じていた。18世紀後半キャプテン・クックの航海で「発見」された。1821年ロンドン伝道協会のジョン・ウィリアムズは現地人説教師を登用・派遣し，現在のクック諸島キリスト教会の基礎をつくった。23年には自らラロトンガに赴き，部族戦争を巧妙に平定し布教活動を積極的に展開するとともに，4部族からなる小連合国を建設。キリスト教規範に基づく婚姻と相続に関する民法の原案をつくった。19世紀中葉以降多くのヨーロッパ人が寄港するようになり，マオリとの混血が進んだ。88年イギリスがラロトンガを含む南部の島々を保護領とし，1901年にニュージーランドがイギリス領を含めた15の島々を「クック」という名のもとに併合した。15年には統一法典としてクック諸島法が成立。40年代中葉から開発や自立を無視した植民地統治に対する不満が噴出。57年に立法議会が設立され，64年にクック諸島の法規改正と自治権獲得が可決された。65年8月4日ニュージーランドに外交と軍事防衛を依存する自由連合協定に合意し，自治政府を樹立。土地所有権や慣習などの伝統的ことがらに関しては伝統的首長称号保持者から構成される諮問機関(アリキ院)が設けられている。

　1992年の第6回太平洋芸術祭ではホスト国を務め，クック諸島マオリの伝統や文化遺産の復興に力を注いでいる。一方，観光や真珠産業の育成にも取り組む。従来から，海外移民の送金とニュージーランドからの経済援助が在地の生活経済において中核的な役割をはたしている。70年代以降ニュージーランドへの出稼ぎ・移住者が急増し，現在の海外移民は本国人口を上回っている。クック諸島にはこうした海外移民が内政に参与するために海外議席が設けられていたが，2003年4月に廃止された。

クリスマス島　Christmas Island

面積：135km²　人口：2800人　政府所在地：キャンベラ(オーストラリア)
住民：中国系(70%)，ヨーロッパ系(20%)，マレー人(10%)
言語：英語，中国語，マレー語
宗教：仏教，イスラーム教，キリスト教
沿革：インド洋上，南緯10度30分・東経105度40分，ジャワ島の南360km，オーストラリアの北西1400kmに位置するオーストラリア領。キャンベラの直接の管轄下にあり，行政官はオーストラリア総督より任命され，地元住民から選ばれた代表が構成する議会が設けられている。人口集住地域は島の北東部フライング・フィッシュ岬。

　1615年トーマス号の船長リチャード・ローウィーが「発見」し，イギリス東インド会社の船長ウィリアム・マイナーズが43年のクリスマスにちなんで命名した。1887年科学調査船イジェリア号が訪れ，地質調査のための標本を収集し持ち帰った。イギリス人博物学者ジョン・マレイの分析によると，純粋のリン鉱石を含む石灰岩であった。翌年，イギリスが併合。ココス諸島のジョージ・クルーニーズ・ロス(ロス3世)がフライング・フィッシュ岬に居住地を建設した。1900年クリスマス島はシンガポールに行政庁をおくイギリス領海峡植民地に組み込まれた。第二次世界大戦期は日本軍が占領。戦後48年にはニュージーランドとオーストラリア両政府はクリスマス島リン鉱会社の資産を取得し，翌年両政府の利益のために鉱業と船舶の運営をおこなうクリスマス島リン鉱コミッションを設立した。「1958年クリスマス島法」のもとに，イギリスはオーストラリアへ施政権を正式に委譲した。

　リン鉱産業は島民に雇用機会を提供していたが，リン鉱石が採掘しつくされ，1987年12月オーストラリア政府はリン鉱石の採鉱・採掘を中止した。しかし91年には労働組合の人々によって再開した。

　1990年代からは観光産業の育成に努めている。海鳥，小さな爬虫類，赤ガニ(クリスマスクラブ)，昆虫を含めて多彩な動植物相に恵まれており，その独特の生態系から「インド洋のガラパゴス」と異名をもつ。島の3分の2は国立公園に指定されている。93年には政府の援助のもと，カジノ施設がオープンしたものの，99年には閉鎖された。2001年6月にはオーストラリア系の宇宙関連会社が人工衛星打上げ基地を計画し，島の南端サウス・ポイントで建設に着手した。将来の雇用創出が期待される。また同年，タンパ号事件が起き，アフガニスタン難民がクリスマス島への入港を求めたが，オーストラリア政府は不法移民とみなし拒否した。

ココス諸島　Cocos (Keeling) Islands

面積：14km²　人口：(630)人　政庁所在地：ウェスト・アイランド
住民：ココス諸島人(マレー系)，ヨーロッパ系
言語：公用語は英語，ほかにマレー語
宗教：イスラーム教，キリスト教
沿革：インド洋上，南緯12度30分・東経96度50分，ダーウィン(オーストラリア)の西3685km，シンガポールの南南東1300kmに位置するオーストラリア領。西オーストラリア州に属し，パースから週1便の飛行機が飛んでいる。ココス諸島は住民が集住しているホーム・アイランド，ココス空港・行政施設・学校があるウェスト・アイランド，エコ・ツーリズムの島ホースバーグ・アイランド，その他2つの島からなる。

　元来，無人島であったが，東南アジア地域の漁民はココヤシが自生するこの島の存在を知っていたと考えられる。1609年イギリス東インド会社のウィリアム・キーリングが「発見」。ここからココス諸島はキーリング諸島と呼ばれることもある。1826年イギリス人アレキサンダー・ヘアが島に移住し，その部下であるクルーニーズ・ロスも翌年移住。31年にヘアが島を離れて以降，ロス家は5代まで続く世襲の領主となった。ロス2世の報告によると，36年時点で島の人口は120人13家族。出身地はマレー，スマトラ，ボルネオ，ジャワ，バリなどの東南アジア地域をはじめ，ニューギニア島や広東などさまざまであった。ココス諸島は長らくヨーロッパ，インド，東南アジアを結ぶ貿易の中継地となった。

　1829年にココヤシ産業を始めたことを皮切りに，ココナッツ油の生産・輸出に傾注していく。19世紀末にはココヤシの植付け面積が拡大し，品種改良が進み，最盛期を迎えた。労働力確保のために，在ジャワ白人商会経由でジャワ・バンテンから3年契約の年季労働者を導入(46～62年)したが，その多くが契約期間を過ぎたあとも島に定住していった。マレー系の存在はこうした歴史的経緯による。

　1857年イギリスが併合するが，実際の施政はロス3世(在位1862～1910)，ロス4世(在位1910～44)，ロス5世(在位1949～78)に委ねられていた。1978年オーストラリア政府が625万豪ドルで購入した。79年には地方自治体(ココス諸島協議会)が設立され，ロス家による専制支配は終わった。

　第二次世界大戦後，島の人口は急増。1984年にオーストラリア市民権が与えられ，本土をはじめ，インドネシア，マレーシアなどに移住・出稼ぎしていく若者は多い。現在は観光振興にも力をいれるほか，海底電線の中継地，インド洋上の数少ない気象観測地となっている。

ジョンストン島　Johnston Atoll

面積：2.8km²　人口：0人　政庁所在地：ワシントン D.C.
住民：
言語：
宗教：
沿革：北緯16度45分・西経169度30分，ハワイ・ホノルルの南西1328kmに位置し，周囲20kmのジョンストン島をはじめ，サンド島，北部のアカウ島・ヒキナ島からなるアメリカの非併合領土。アメリカの太平洋空軍と内務省所管の魚類・野生生物部(ワシントン D.C.)によって直接管理・運営されている。

　元来，無人島だった。1807年にイギリスのジョンストン艦長が「発見」し，58年にリン鉱石採掘を目的にアメリカが領有を宣言した。しかし，当時のハワイ王国からの抗議により，名目的には両国が共有する形をとった。1908年までにリン鉱石は採掘しつくされた。26年アメリカ農務省が「鳥類保護区域」に指定し，34年にアメリカ海軍の管轄下におかれた。その後，この小さなサンゴ礁島は埋め立てられ，基地が建設された。41年までにはアメリカ海軍の水上機基地をはじめ，ほぼ島全体の土地を利用して飛行場を建設した。太平洋戦争中は潜水艦基地となった。

　1948年アメリカ空軍の管轄に移り，核実験の場と化す。58年8月1日，アメリカが初の高空核実験を実施。以後，62年までに計12回の高空・超高空核実験をおこなった。その後，74年から90年代までは国防総省所管機関・核兵器庁が管理・運営するようになり，化学兵器の貯蔵庫として利用された。また，ここには化学兵器の処理のため，アメリカ太平洋陸軍の化学部隊がおかれ，化学兵器の処理施設が完備されている。71年1月には沖縄の施政権返還にともない，それまで沖縄にあった毒ガスがジョンストン島に移され，翌年には南ベトナムから枯葉剤オレンジ110万リットルが移送された。

　1990年代にはいると，旧ソ連の崩壊で，ヨーロッパに展開・配置しておく必要のなくなった化学兵器が移されるようになった。90年3月のアメリカの発表に対し，ミクロネシア連邦やフィジーなど太平洋諸国が抗議した。しかし，同年9月には西ドイツの毒ガス兵器10万2000発の運搬が開始された。2000年末にはジョンストン島に保管されていたすべての化学兵器の処理が完了したとされ，太平洋化学兵器計画は終了した。以後，軍施設の閉鎖，島環境の洗浄が進められ，04年には空港も閉鎖され，05年5月をもってすべての関係者が退去した。

トケラウ諸島　Tokelau Islands

面積：12km²　人口：1500人　政庁所在地：アピア（サモア独立国）
住民：ポリネシア系
言語：英語，トケラウ語
宗教：キリスト教（会衆派教会，ローマ・カトリックなど）
沿革：サモア諸島の北方約480kmに位置し，ファカオフォ，ヌクノヌ，アタフの3つの環礁からなるニュージーランド領。外務省の監督のもと，アピアにあるトケラウ問題担当出張所が実質的な行政にあたっている。3名の行政官がそれぞれの環礁から公選される。近年，海面上昇にともなう陸地の水没が懸念されている。

　トケラウ諸島にはサモアから人が移住したとされる。したがって言語文化的にはサモアに類似しているが，環礁という生態的条件によって社会組織上の制約を受けている。アタフ環礁は1765年イギリス人ジョン・バイロンによって，ヌクノヌ環礁は91年「バウンティ号」の叛徒を捜索中のエドワーズによって「発見」された。1820年代には捕鯨船が寄港し始め，アメリカ捕鯨船のスミスが35年ファカオフォ環礁を「発見」した。チャールズ・ウィルクス率いるアメリカ探検隊が41年これら3島を詳細に調べた。40年代中葉にマリア会（カトリックの一派）がヌクノヌで，58年にはロンドン伝道協会のサモア人宣教師がアタフで布教を始めた。そのため，今日でもヌクノヌ環礁の住民はカトリック教徒，一方のファカオフォとアタフの両環礁にはロンドン伝道協会の会衆派信徒が多い。63年ペルーからのブラックバーディング（奴隷狩り）により，人口が半減。これにともない，ビーチコーマー（脱走水兵や船乗り）や移住者との混血が進んだ。77年イギリスはトケラウを奴隷狩り防止のために在フィジー高等弁務官の管轄下におき，89年には正式に自国の保護領とした。1916年にユニオン諸島という名で「ギルバート・エリス諸島植民地」に併合。25年からは西サモアの出張所を通じて，ニュージーランドが行政を担当し，「1948年トケラウ諸島法」で正式にニュージーランドの属領となった。自治を求める動きも強く，2007年10月ニュージーランドとの自由連合への移行を問う住民投票がおこなわれたが，可決数に至らず，政治的地位の変更は見送られる結果となった。

　従来，言語文化的類縁性が強い西サモアへの移住が盛んだったが，西サモア（現サモア独立国）の独立（1962年）後はニュージーランドへの移住が推奨・促進された。2001年の統計では，ニュージーランド在住のトケラウ系住民は本島人口の約4倍存在する。移民の送金は本島における生計維持に中核的な役割をはたすとともに，社会関係や文化的価値観に大きな影響を与えている。

ニウエ Niue

面積：260km² 人口：2000人 政庁所在地：アロフィ
住民：ポリネシア系(90％)，ほかにヨーロッパ系
言語：ニウエ語，英語(ともに公用語)
宗教：キリスト教(エカレシア・ニウエ教会，モルモン教会，カトリック)
沿革：南太平洋，南緯19度2分・西経169度55分，トンガ諸島の東方480kmに位置する自治国。ニュージーランドと自由連合の関係にあり，イギリス連邦に加盟する。ニュージーランドの市民権を有する。

　ニウエへの住民(オーストロネシア集団)の移住は10世紀頃サモア方面よりおこなわれ，のちにトンガからも移住がおこなわれた。1774年キャプテン・クックが来島し，敵意のある応対にちなみ「野蛮島」と命名した。1830年ロンドン伝道協会のジョン・ウィリアムズがクック諸島から来島したが，宣教は失敗に終わった。49年に同じくロンドン伝道協会が送り込んだサモア人宣教師パウロは受け入れられ，順調に伝道活動に従事し，54年までに住民のほとんどが改宗したといわれている。66年にロウズ牧師が来島したときには，すでに6教会が建設されていた。なお現在のエカレシア・ニウエ教会はロンドン伝道協会から派生した。62〜63年にかけてペルーによるブラックバーディング(奴隷狩り)がおこなわれ，数百人が連れ去られ，人口が減少。1900年正式にイギリスが併合し，翌年にはニュージーランドに施政権が委譲された。当初クック諸島の一部として統治されたが，04年からクック諸島とは別に駐在弁務官を立て，島評議会を設けて，独自の保護領となった。60年立法議会が設立され，「1966年ニウエ法」が成立し，駐在弁務官の権限は立法議会に移されていった。74年10月の住民投票でニュージーランドに外交と軍事防衛の責任を委ねる自由連合協定が承認され，自治政府が樹立された。

　ニュージーランドはニウエの自立を目的とした産業経済開発を欠き，依存型消費経済をつくりあげたといえる。経済基盤は極めて脆弱であり，コプラ，編みゴザ，他の民芸品をニュージーランドに出荷している。近年は観光産業の育成に努めているが，国家経済はもっぱらニュージーランドからの財政援助に依存するところが多い。また1974年以降移住の自由化にともない，ニュージーランド在住のニウエ系住民は増大し，2001年の統計では本島人口の10倍にのぼる。その送金はニウエにおける主要な現金収入となっている。しかし人口の減少とさらなる流出は，たとえばニウエ語の消滅など，文化的アイデンティティにかかわる深刻な問題を生み出している。

ニューカレドニア　New Caledonia

面積：1万8600km²　人口：24万1000人　政庁所在地：ヌメア
住民：メラネシア系(40%強)，ヨーロッパ系(40%弱)，ポリネシア系，アジア系
言語：公用語はフランス語，ほかにカナク諸語
宗教：キリスト教(ローマ・カトリック，プロテスタント)
沿革：南太平洋，南緯19～23度・東経163～168度に位置し，グランド・テール(ニューカレドニア)島，ロイヤルティ諸島を中心とするフランスの海外領土。フランスの完全な市民権を有し，36名の民選議員による一院制領域議会をもつ。カナク語は1970年代以降メラネシア系先住民の民族的アイデンティティを象徴する言葉として用いられている。

前1100年頃には鋸歯状の文様をもつラピタ土器を携えた新石器集団(オーストロネシア集団)が定住を始めたとされる。1774年キャプテン・クックがグランド・テール島に上陸し，スコットランド(カレドニア)に似ていることから命名した。19世紀初頭までは白檀交易がおこなわれ，1843年に会衆派が伝道基地を築き，53年9月フランス海軍はナポレオン3世の名において領有を宣言。64年にはロイヤルティ諸島をも属領とした。当初流刑植民地として主に囚人，パリ・コミューン以後は政治犯が送り込まれたが，金鉱の発見やニッケル生産の隆盛にともないバヌアツ，ソロモン諸島，ベトナム，ジャワ，日本からの労働者・自由移民が入植し，97年までには移住植民地の特徴を備えていた。ヨーロッパ系・ポリネシア系移民はのちのニッケル・ブーム(1969～72年)を機に増大した。

第二次世界大戦後，ニューカレドニアは領域議会をもつ海外領土となった。完全な自治を求めるカレドニア同盟は1970年代にはカナクの解放と独立を主張する民族運動の母体に変容し，79年には小規模なメラネシア系諸政党と連携して独立戦線を形成。これは84年にカナク社会主義民族解放戦線(FLNKS)として再編成され，チバウを大統領とするカナーキー共和国を非公式に樹立した。一方，反独立派の共和国カレドニア連合(RPCR)もウケイウェを大統領とする領域政府を樹立。独立をめぐる対立は高まり，虐殺事件，爆弾テロ，過激デモなどが続いた。88年，フランスで社会党政権が誕生したのを機に，FLNKS・RPCRの指導者がパリで独立問題の是非を問う国民投票を98年に実施するというマティニョン協定に合意した。98年4月ヌメア協定が成立し，15～20年をかけて安全保障と財政管理を除く内政自治権を段階的に現地政府に委譲していき，そのうえで独立の是非を問うことが決定した。

ノーフォーク島　Norfolk Island

面積：36km²　人口：2000人　政庁所在地：キングストン
住民：ノーフォーク人(ヨーロッパ系とポリネシア系の混血)，オーストラリア・ニュージーランド人，ポリネシア系
言語：公用語は英語，ほかにノーフォーク語(18世紀の英語およびタヒチ語の混成語)
宗教：キリスト教(イギリス国教会，カトリック，安息日再臨派教会など)
沿革：南緯29度2分・東経167度57分，シドニーから北東1676kmの位置にある火山島。南岸沖にはフィリップ島とネピアン島がある。1979年よりオーストラリア領で，現在は運輸・地域サービス省の管轄下にある。行政評議会は立法議会の9名のうちから選ばれた4名で構成され，行政長官はオーストラリア総督によって任命される。

1774年キャプテン・クックの来島時には，無人島であった。クックはノーフォーク公爵にちなんで島名をつけ，ノーフォーク松をはじめとする豊かな植物相があったと報告している。88年にニューサウスウェールズとともに流刑植民地として入植が開始された。受刑者・自由移民が増加し，1814年に住民はヴァンディーメンズランド(タスマニア島の旧称)に移住させられた。25年からはオーストラリアの刑務所にいる社会更正がほぼ絶望的な犯罪者の受入れ先として，再移住計画が実施される。しかし，管理・監督が難しいため，結局タスマニア島に再び退去することとなり，慈悲なき規律と厳しい懲罰で悪名高い刑務所としてのノーフォーク島は55年に幕を閉じた。

1856年バウンティ号の反乱に参加した水兵の子孫がピトケアン島から移住(58年には数家族がピトケアン島に帰った)。現在の人口の約3分の1はピトケアン島民の血を引くといわれ，残留家族の姓を名乗る者が多い。その後，主にオーストラリアやニュージーランドから移民が断続的に居住するようになった。これらの人々は独自の土地制度と社会を築いていった。

1897年政治的地位はいぜんとしてイギリス領植民地のまま，行政権がニューサウスウェールズの総督に委譲された。「1914年ノーフォーク島法」によって，イギリス連邦の1領域となった。第二次世界大戦中飛行場が建設され，外部世界との連絡が促進・活発化。75年王立委員会でノーフォーク島の政治的地位に関する協議がなされ，「1979年ノーフォーク島法」によって現在の体制となる。60年代中葉以降，島の自然環境をいかして観光産業が発展し，年間3万人以上(ほとんどはオーストラリア人，ニュージーランド人)が訪れている。その他の収入源は切手の販売。畜産と漁業を中心に生業を営むが，食品の多くは輸入に頼っている。

ピトケアン諸島　Pitcairn Islands

面積：5 km²　人口：100人　政庁所在地：アダムズタウン
住民：ピトケアン人(ポリネシア系とイギリス系の混血)
言語：英語，ピトケアン語(18世紀の英語およびタヒチ語の混成語)
宗教：キリスト教(安息日再臨派教会)
沿革：ピトケアン島(南緯25度4分・西経130度6分，タヒチの南東2170kmに位置する火山島)とその他4つの島からなるイギリスの属領。ピトケアン島以外には人が住んでいない。ニュージーランドの高等弁務官が知事を務め，島評議会と治安判事(3年任期)がおかれている。

　ピトケアン島にはイースター島と類似したポリネシア文化(石像，釣り針，石製の手斧など)をもつ人が居住していたとされるが，地理的孤立や厳しい生態条件のため18世紀ヨーロッパ人(カートレット)が訪れたときには無人島であった。1787年12月パンノキを西インド諸島へ移送する任務(ジョージ3世の命)のもと，ウィリアム・ブライを船長とする帝国軍艦バウンティ号はタヒチへ出航。教養ある水夫フレッチャー・クリスチャンをはじめとする8名の反乱者たちは1789年ブライ船長らをトンガ沖で放り出し，タヒチで現地人女性12名と男性6名を連れ，翌年ピトケアン島にたどり着き，居を構えた。しかし病気や仲間割れのすえ，1808年にアメリカの捕鯨船が発見した時点には，1人のイギリス人と8人のタヒチ女性，26人の子供たちが残っていただけだった。25年になってイギリス船のビーチー船長が公式訪問し，国王の恩赦を伝えた。31年当時，人口過剰(77人)が懸念されたため，全島民がタヒチに移住。だが病気におかされまもなく帰島。さらに56年には西へ6400kmものところにあるノーフォーク島に移住した。男94名，女99名，計193名が石造りの家屋と多数の家畜を与えられたものの，2年後(58年)には2家族(16人)，64年には4家族がピトケアン島に帰った。19世紀後半には安息日再臨派(セヴンスデイ・アドヴェンティスト)教会への集団改宗がおこなわれた。1898年にフィジー(1970年以降はニュージーランド)におかれていたイギリスの西太平洋高等弁務官の管轄下にはいった。住民はすべてアダムズタウンに住み，ヤムイモと果樹を中心とした農業や漁業で生計を立てるが，外貨収入は切手の販売とイギリスからの財政援助。ピトケアン島の人口は1937年の233人のピークを境に，減少傾向にある。現在，ニュージーランドなどに季節労働者としてでかけていく人々(とくに若者)は多い。

　1999年，14歳以下の少女への性行為が発覚し，島の成人男性すべてが容疑者になるという事件が生じた。2004年，イギリスの法律のもとで裁判が開かれ，伝統文化の主張は退けられ，有罪が確定した。

フランス領ポリネシア　French Polynesia

面積：4000km²　人口：26万人　政庁所在地：パペーテ(タヒチ島)
住民：ポリネシア系(80%)，混血，アジア系，フランス人
言語：公用語はフランス語，ほかにタヒチ語
宗教：キリスト教(ローマ・カトリック，プロテスタント)
沿革：南太平洋東部，ポリネシアのソサエティ諸島，ツアモツ諸島，オーストラル(ツブアイ)諸島，ガンビエ諸島，マルケサス諸島からなるフランスの海外自治国。住民はフランス国籍を有する。

　約9世紀頃までには現在のフランス領ポリネシア地域への拡散・定住がおこなわれたとされる。タヒチ島はソサエティ諸島のうちウィンワード(風上)諸島に属し，1767年イギリス人サムエル・ウォリスの「発見」を機に，クック船長をはじめ西欧の科学者や文芸家が数多く訪れた。首長が群雄割拠するなか，ライアテア島出身のポマレが脱走水兵を傭兵とし，武器弾薬を得て，軍備の増強を図り，91年にはタヒチ島およびソサエティ諸島を武力で統一し，王となった。97年にはロンドン伝道協会がダフ号で来航し，ポマレ王家と結託し，ツアモツ・オーストラル諸島でもキリスト教を普及させた。1830年代のフランスによる砲艦外交のすえ，47年タヒチはフランスの保護領となった。1900年には残りのリーワード(風下)諸島，ツアモツ諸島，オーストラル諸島，ガンビエ諸島，マルケサス諸島を統合したフランス領オセアニア植民地が成立した。

　1946年から領域議会が設けられ，タヒチ人政治家プーヴァナア・オオパがフランスからの分離独立運動を主導したが，逮捕・収監されてしまう。57年の住民投票で海外領土となり，自治権を獲得。63年にツアモツ諸島がフランスの核実験場に指定され，ムルロアやファンガタウファ両環礁で66〜69年まで計200回以上の核実験がおこなわれた。核実験反対運動と結びついた形で独立運動が盛り上がり，70年代後半から独立を目標とした政党が複数結成された。80年代になると，領域議会で議席を確保できるようになり，地方自治が少しずつ拡大するとともに，タヒチ語や伝統文化の復興運動も盛り上がり，マオヒ(自他ともに現地人をさすときに用いられるタヒチ語)としての民族的アイデンティティを強めている。99年海外領土から「海外国」に格上げされ，2003年には大幅な内政自治を獲得。ただパペーテ港湾封鎖事件(05年)が起こるなど，政府組織(GIP)内部の対立は激しい。

　産業は観光(ソサエティ，マルケサス)をはじめ，真珠(ツアモツ，ガンビエ)，コプラ(オーストラル)，ヴァニラ，各種の伝統工芸品，漁業開発などがあるが，軍関係やインフラ整備の雇用，フランスによる核実験の補償金と経済援助が主に財政を支えている。

ミッドウェイ諸島　Midway Islands
面積：5km²　人口：150人　政庁所在地：ワシントン D.C.
住民：アメリカ人
言語：英語
宗教：キリスト教
沿革：中部太平洋，北緯28度13分・西経177度22分，ハワイ諸島の北西約2000kmに位置するサンゴ礁島。イースタン島とサンド島の2つからなり，両島の間をブルックス水路という。人が暮しているのはサンド島のみである。アメリカの非併合領土であり，現在は内務省所管の魚類・野生生物部が管理する「ミッドウェイ環礁国立自然保護区」。

　元来，無人島だった。1859年7月アメリカ人ブルックスが来島し，ミドル・ブルック諸島と命名した。67年8月，アメリカ海軍のウィリアム・レイノルズは島の領有を公式に宣言し，2つの島に現在の名を命名した。またこのとき，太平洋の中央という地理的位置からミッドウェイ諸島と改称された。1903年セオドア・ローズヴェルト大統領はミッドウェイを海軍管轄のもとにおき，2年後にはサンド島にハワイールソン間を結ぶ通信ケーブル基地が建設された。30年代には，ミッドウェイ守備隊基地，海空防衛基地などが建設された。36年からはサンフランシスコーマニラ間の航空路の中継地となる。41年12月7日(日本時間は8日)，真珠湾攻撃後の日本軍爆撃機の攻撃を受けた。42年6月，この付近の洋上でミッドウェイ海戦が展開され，太平洋戦争の重要な転換点となった。島内にはこの海戦の慰霊碑があり，現在でも日本人が訪れる。

　1950年頃からミッドウェイの航空基地としての重要性は低下し，北太平洋の海域は米ソ冷戦におけるミサイル実験の対象となった。とりわけ旧ソ連はミッドウェイ近海に向けて，84・86・89年にミサイルを発射。また68年には環礁の南東800kmあたりで旧ソ連のゴルフ級戦略潜水艦が爆発し，弾道ミサイルと核魚雷を積んだまま沈没，乗組員約80人が死亡する事件が起こった。

　冷戦終結後，1993年9月管轄が海軍から内務省の魚類・野生生物部へ移行し(現在の国立自然保護区)，それにともない海軍基地施設が閉鎖された。以後，エコツーリズム(野生生物の観察や撮影，フィッシング，シュノーケリング，スキューバ・ダイビング)の場として観光客の受入れがおこなわれたが，2002年に中止。現在は緊急着陸地として使用されるほか，気象データを収集する世界気象機構の気象観測所が設置されている。

ワリス・フツナ諸島　Wallis and Futuna Islands

面積：270km²　人口：1万5000人　政庁所在地：マタウテュ(ワリス島)
住民：ポリネシア系
言語：公用語はフランス語，ほかにワリス語
宗教：キリスト教(主にローマ・カトリック)

沿革：ワリス(ウォリスともいい，現地名はウヴェア)島はサモアの西方約400km(南緯13度18分・西経176度12分)に位置し，領域人口の約3分の2が居住している。同島の東海岸にマタウテュがある。フツナ島(南緯14度18分・西経178度5分)はワリス島より南西約200kmに位置し，今では無人島になっている隣の小さなアロフィ島とあわせて，ホーン(フーアン)諸島と呼ばれることもある。フランスの海外領土(準県)で，フランス国籍を有する。本国政府の任命する行政長官，議員，伝統的首長3人からなる領域評議会によって行政上の意思決定がなされる。20名からなる立法議会はフランスの元老院・国民議会におのおの1名の代表者を送る。

　住民(オーストロネシア集団)は15世紀頃にはすでに定住していたものとみられるが，社会文化的には異なる。ワリス島民はトンガから文化的に強い影響を受けている一方，フツナ島民はサモアから移住してきたとされ，言語文化的にも共通点が多い。フツナ島は1616年スホーテンとル・メールの航海によってヨーロッパ人の知見にはいり，ワリス島は1767年サムエル・ウォリスによって「発見」された。

　1837年ポンパリエ司教はワリス島首長の布教許可を得て，バテオン神父(マリア会)を派遣し，カトリックの布教活動を成功させた。しかしフツナ島にはいったシャネル神父はしばらくして殺害された。42年島民はフランスによる保護領化を要請し，フランスは87年にワリス島を，翌年にフツナ島を保護領とした。1913年正式に海外植民地となった。第二次世界大戦中はアメリカ軍がワリス島に駐留し，基地建設のために港湾，道路，空港などが建設された。戦後はニューカレドニアの管轄下におかれたが，59年の住民投票と61年7月フランス議会の承認によって独立した海外領土の地位が確定した。2003年には現在の地位(準県)に移行。近年では首長をめぐる対立がフランス当局を巻き込んで激化し，内政問題をかかえている。

　住民はココヤシのプランテーションやタバコの栽培(フツナ島)のほか農業・漁業に従事しているが，フランスからの経済援助に依存するところが大きい。またニューカレドニアには諸島人口を上回る移住者・労働移民がいる。

主要国際協力機構

アジア太平洋経済協力(APEC)　Asia Pacific Economic Cooperation

アメリカ, インドネシア, オーストラリア, カナダ, 韓国, シンガポール, タイ, (台湾), 中国, チリ, 日本, ニュージーランド, パプアニューギニア, フィリピン, ブルネイ, ベトナム, ペルー, (ホンコン), マレーシア, メキシコ, ロシア

　オーストラリアのホーク首相の提唱により, 1989年11月にオーストラリアのキャンベラで開催された, アジア太平洋地域の経済協力を目的とした会議。年1回閣僚会議が開催され, 93年より非公式首脳会議もおこなわれるようになった。その他, 年に数回の高級事務レベル会合, 各種委員会などが開催され, 同地域の協力, 貿易自由化のプログラムなどを進めている。2008年現在, ASEAN加盟7カ国のほかアメリカ, ロシア, 中国, 韓国, 日本など19カ国2地域が参加している。

東アジア・サミット(EAS)　East Asia Summit

インド, インドネシア, オーストラリア, 韓国, カンボジア, シンガポール, タイ, 中国, 日本, ニュージーランド, フィリピン, ブルネイ, ベトナム, マレーシア, ミャンマー, ラオス

　将来の東アジア共同体創設を視野にいれた, ASEANおよび東アジア(日・中・韓), オセアニア(オーストラリア・ニュージーランド), インドによる首脳会議。ASEAN年次首脳会議にあわせて開催され, ASEANが議長を務める。アジア域内貿易のシェアが各国の貿易全体のなかで拡大したのを受けて, 2005年12月にクアラルンプール(マレーシア)で第1回会議が開催された。当初は経済問題に関する議論を中心にするとされたが, 実際の議題はテロ・海賊問題, エネルギー・環境問題, 安全保障など多岐にわたる。2008年現在, 16カ国が参加している。

東南アジア諸国連合(ASEAN)　Association of Southeast Asian Nations

インドネシア, カンボジア, シンガポール, タイ, フィリピン, ブルネイ, ベトナム, マレーシア, ミャンマー, ラオス

　1967年8月, タイ, インドネシア, マレーシア, フィリピン, シンガポールが設立した地域協力機構。第1回会議はバンコク(タイ)で開催された。84年ブルネイ加盟。域内外の情勢変化に応じ, 協力は社会, 経済, 文化面から政治, 安全保障面まで広がった。95年ベトナム, 97年ラオス, ミャンマー, 99年カンボジア加盟で東南アジア全10カ国体制に拡大し, 地域連合として域内外の問題の一体的対応に努めている。

アセアン地域フォーラム(ARF)　ASEAN Regional Forum
アメリカ，インド，インドネシア，オーストラリア，カナダ，韓国，カンボジア，(北朝鮮)，シンガポール，スリランカ，タイ，中国，日本，ニュージーランド，パキスタン，パプアニューギニア，バングラデシュ，東ティモール，フィリピン，ブルネイ，ベトナム，マレーシア，ミャンマー，モンゴル，ラオス，ロシア，ヨーロッパ連合(EU)

　冷戦後のアジア太平洋地域における政治・安全保障対話の場として，1994年に創設された多国間の枠組み。ゆるやかな協議体で，構成国の行為を拘束する決定はできないが，相互理解や緊張緩和を促進するなど，地域安全保障に貢献している。2008年現在，ASEAN諸国，日本，アメリカ，ロシア，中国など26カ国に加え，EUも参加している。

南アジア地域協力連合(SAARC)　South Asian Association for Regional Cooperation
アフガニスタン，インド，スリランカ，ネパール，パキスタン，バングラデシュ，ブータン，モルディヴ

　バングラデシュが積極的なイニシアティヴをとって，1985年の南アジア7カ国首脳会議で発足した地域経済協力のための機構。インドの経済的比重が非常に大きく，また，国家間の産業構造も必ずしも補完的でないので，現在のところ協力の成果は限られている。95年には南アジア特恵貿易協定が発効し，貿易の域内自由化に向けて前進した。政治的には圧倒的比重を占めるインドの行動を周辺諸国が協力して抑制するという狙いもある。2008年現在，アフガニスタンを加えた8カ国が加盟している。

湾岸協力理事会(GCC)　Gulf Cooperation Council
アラブ首長国連邦，オマーン，カタール，クウェイト，サウジアラビア，バハレーン(イエメンは一部委員会のみ)

　「湾岸協力会議」とも訳される。1981年5月25日アブダビにおいて，イエメンを除く上記6カ国の首脳による会議を経て設立された地域協力機構で，本部はサウジアラビアのリヤドにおかれている。79年2月のイラン革命政権成立や80年に始まったイラン・イラク戦争など，ペルシア湾岸および周辺地域の情勢変化に対応する目的で設立され，湾岸戦争後は対イラク姿勢を示していた。政治，軍事，経済などの分野での協力をうたい，83年には域内の貿易自由化を，2003年には関税の撤廃を決定している。その一方で1984年以来，合同軍「半島の楯」創設が議論されているが，実現には至らず，また国境紛争や経済格差など加盟国間の足並みの乱れも存在する。

石油輸出国機構(OPEC)　Organization of Petroleum Exporting Countries

アラブ首長国連邦，アルジェリア，イラク，イラン，インドネシア，カタール，クウェイト，サウジアラビア，ナイジェリア，ベネスエラ，リビア

　石油輸出国によって構成される生産，価格に関する国際カルテル組織。国際石油資本の一方的な価格引下げによる石油収入の減少を回避しようと，1960年9月にイラン，イラク，サウジアラビア，クウェイト，ベネスエラの5カ国によって設立された。その後，カタール，インドネシア，リビア，アラブ首長国連邦，アルジェリア，ナイジェリアの6カ国が加盟し，11カ国で構成されている。本部はオーストリアのウィーンにある。70年代の石油危機によって資源ナショナリズムの高揚に寄与したものの，しだいに内部対立が激しくなり，また非OPEC諸国の生産が増加したことなどから，その影響力は小さくなっている。

アラブ連盟　The League of Arab States

アラブ首長国連邦，アルジェリア，イエメン，イラク，エジプト，オマーン，カタール，クウェイト，コモロ，サウジアラビア，ジブチ，シリア，スーダン，ソマリア，チュニジア，バハレーン，(パレスティナ)，モーリタニア，モロッコ，ヨルダン，リビア，レバノン

　アラブ諸国の主権擁護，関係強化などをうたうアレクサンドリア議定書に基づき，1945年エジプト，イラク，サウジアラビアなど7カ国で結成された。現在ではパレスティナを含む21カ国1地域が参加する国際機関になっている。64年からは最高意思決定機関としてアラブ首脳会議が開催されている。本部はカイロ(エジプト，エジプトとイスラエルの和解をきっかけにエジプトが資格停止となったため，一時期本部もチュニスに移るが，現在はカイロに復帰)。70年代頃までは中東和平などで大きな役割をはたしたが，その後イラン・イラク戦争，湾岸戦争などで加盟国内での対立が顕在化し，機能・影響力が大幅に低下している。

アフリカ連合(AU)　African Union

アルジェリア，アンゴラ，ウガンダ，エジプト，エチオピア，エリトリア，カボヴェルデ，ガーナ，ガボン，カメルーン，ガンビア，ギニア，ギニア・ビサウ，ケニア，コートディヴォワール，コモロ，コンゴ共和国，コンゴ民主共和国，サントーメ・プリンシペ，ザンビア，シエラレオネ，ジブチ，ジンバブウェ，スーダン，スワジランド，セイシェル，赤道ギニア，セネガル，ソマリア，タンザニア，チャド，中央アフリカ，チュニジア，

トーゴ，ナイジェリア，ナミビア，ニジェール，西サハラ，ブルキナファソ，ブルンディ，ベナン，ボツワナ，マダガスカル，マラウィ，マリ，南アフリカ，モザンビーク，モーリシャス，モーリタニア，リビア，リベリア，ルワンダ，レソト

1963年にアディスアベバ(エチオピア)で発足したアフリカ統一機構(OAU)を前身として，従来のアフリカ統一の理念や領土保全(植民地期の国境の不可侵性)などを継承発展させ，2002年に発足。加盟国は，1982年にサハラ・アラブ民主共和国(西サハラ)が加盟しこれに抗議したモロッコが84年に脱退し，2008年現在53カ国。加盟国内の人権侵害などに関し従来，内政不干渉の原則で，適切な紛争予防ができなかったことに鑑み，相互に監視し合い，予防や介入を可能にする仕組みもあらたに決められた。2004年には，南アフリカのケープタウンに各加盟国が議員を送る全アフリカ議会も設置された。いずれは経済・政治統合をめざすが，具体化の道のりは遠い。

西アフリカ諸国経済共同体(ECOWAS, CEDEAO) Economic Community of West African States

カボヴェルデ，ガーナ，ガンビア，ギニア，ギニア・ビサウ，コートディヴォワール，シエラレオネ，セネガル，トーゴ，ナイジェリア，ニジェール，ブルキナファソ，ベナン，マリ，リベリア

1975年，おりからの原油価格高騰により西アフリカ最大の経済大国となった産油国ナイジェリアのイニシアティヴにより設立された。現在の加盟国は，旧イギリス植民地だけでなく，旧フランスとポルトガルの植民地を含んだ15カ国。対域外の共通関税，域内の人の自由移動，共通通貨導入などの経済統合に向けての構想や制度作りは進められてきたが，加盟国の政治的意志の不足や財政難で先延ばしになっているのが現状。90年代以降の域内輸出は全輸出価格の1割前後を占めた。90年代末以降のリベリアやコートディヴォワール内戦では，ECOWASを母体とした西アフリカ諸国停戦監視グループ(ECOMOG)がやはりナイジェリア主導で派遣され，域内の武力紛争解決にも意欲をみせた。

南部アフリカ開発共同体(SADC) Southern African Development Community

アンゴラ，コンゴ民主共和国，ザンビア，ジンバブウェ，スワジランド，タンザニア，ナミビア，ボツワナ，マダガスカル，マラウィ，南アフリカ，モザンビーク，モーリシャス，レソト

1980年，アパルトヘイト体制下の南アフリカ共和国に対する経済的依存を減じるためにタンザニア，ザンビア，ジンバブウェ，アンゴラなどの反アパルトヘイト勢力を支援する南部アフリカの9カ国が発足させた地域協力機関が前身。92年，南アフリカの民主化の過程で，南部アフリカ開発調整会議(SADCC)からSADCへ改称し，域内の経済統合をめざしてきたが，96年には，紛争の予防や解決のための武力介入を含めた域内安全保障機関も設置し，レソトやコンゴ民主共和国(旧ザイール)などにも介入活動をした。南アフリカ，コンゴ民主共和国などが新規加盟し，2008年現在は14カ国が加盟。

ヨーロッパ安全保障協力機構(OSCE)　Organization for Security and Co-operation in Europe

アイスランド，アイルランド，アゼルバイジャン，アメリカ，アルバニア，アルメニア，アンドラ，イタリア，ヴァティカン，ウクライナ，ウズベキスタン，イギリス，エストニア，オーストリア，オランダ，カザフスタン，カナダ，キプロス，ギリシア，クルグズスタン，クロアチア，グルジア，サン・マリーノ，スイス，スウェーデン，スペイン，スロヴァキア，スロヴェニア，セルビア，タジキスタン，チェコ，デンマーク，トルクメニスタン，トルコ，ドイツ，ノルウェー，ハンガリー，フィンランド，フランス，ブルガリア，ベラルーシ，ベルギー，ボスニア＝ヘルツェゴヴィナ，ポーランド，ポルトガル，マケドニア，マルタ，モナコ，モルドヴァ，モンテネグロ，ラトヴィア，リトアニア，リヒテンシュタイン，ルーマニア，ルクセンブルク，ロシア

OSCEの前身のヨーロッパ安全保障協力会議(CSCE)は，1972年に設立された。75年8月，CSCEに参加したヨーロッパ35カ国(アメリカとカナダを含み，アルバニアを除く)は，国境の不可侵，人的交流の拡大などを謳った「ヘルシンキ宣言」を採択したが，宣言は東西間における緊張緩和の最高点となった。冷戦終結後，東西両軍事機構に代わる全ヨーロッパの安全保障の担い手として脚光を浴びたCSCEは，95年，OSCEに改組され，討論の場から機構へと生まれ変わった。だが，さまざまな平和構築任務に参加しているものの，OSCEの役割は低下した。事務局所在地はウィーン(オーストリア)，2008年現在の加盟国は56カ国。

北大西洋条約機構(NATO)　North Atlantic Treaty Organization

アイスランド，アメリカ，アルバニア，イギリス，イタリア，エストニア，オランダ，カナダ，ギリシア，クロアチア，スペイン，スロヴァキア，ス

ロヴェニア，チェコ，デンマーク，ドイツ，トルコ，ノルウェー，ハンガリー，フランス，ブルガリア，ベルギー，ポーランド，ポルトガル，ラトヴィア，リトアニア，ルクセンブルク，ルーマニア

　1949年4月の北大西洋条約の調印にともない設立された，アメリカと西ヨーロッパ諸国の軍事同盟機構。ソ連，東ヨーロッパ諸国からなるワルシャワ条約機構(55年)に対峙した。原加盟国のアメリカ，カナダ，イギリス，フランス，イタリア，ベルギー，オランダ，ルクセンブルク，ポルトガル，デンマーク，ノルウェー，アイスランドに加え，52年にギリシア，トルコ，55年に西ドイツ，82年にスペインが加盟した。90年10月に統一したドイツはそのままNATOに帰属した。冷戦終結後，NATOは軍事的機能を変質させ，NATO加盟国域外における地域紛争解決に乗り出した。90年代の旧ユーゴスラヴィア紛争では，平和維持軍の派遣や空爆をおこない，2001年のアメリカ同時多発テロ事件に際し，集団的自衛権を定めた北大西洋条約第5条をはじめて行使した。1999年に3カ国，2004年に7カ国，08年に2カ国の東ヨーロッパ諸国の加盟を承認し，NATOは全ヨーロッパ，大西洋地域の安全保障機構へと変貌をとげている。2008年現在の加盟国は28カ国。

ヨーロッパ連合(EU)　European Union
アイルランド，イギリス，イタリア，エストニア，オーストリア，オランダ，キプロス，ギリシア，スウェーデン，スペイン，スロヴァキア，スロヴェニア，チェコ，デンマーク，ドイツ，ハンガリー，フィンランド，フランス，ブルガリア，ベルギー，ポーランド，ポルトガル，マルタ，ラトヴィア，リトアニア，ルクセンブルク，ルーマニア

　1993年に発効したマーストリヒト条約によって，ヨーロッパ共同体(EC)を基盤にして成立したヨーロッパ統合機構。当初EC加盟国である12カ国が参加。95年にオーストリア，スウェーデン，フィンランドが加盟。EUにはヨーロッパ理事会，ヨーロッパ議会，ヨーロッパ委員会，中央銀行，司法裁判所が設置されており，加盟国には，経済，外交，安全保障，法律，内政などの各領域で共同歩調をとることが義務づけられている。99年に導入が決定された統一通貨ユーロは，2002年1月に一般市場でも流通が開始され，加盟国間のつながりはさらに強まった。04年にバルト3国やチェコ，ハンガリー，ポーランド，スロヴァキア，スロヴェニア，キプロス，マルタの10カ国が，07年1月にはブルガリア，ルーマニアが加盟するなど，加盟国は西ヨーロッパだけでなく，ヨーロッパ全体に広がった。だが，EUの政治統合をさらに強化する動きに対しては根強い慎重論がある。

2008年現在の加盟国は27カ国。

独立国家共同体(CIS)　Commonwealth of Independent States

アゼルバイジャン, アルメニア, ウクライナ, ウズベキスタン, カザフスタン, クルグズスタン, グルジア, タジキスタン, ベラルーシ, モルドヴァ, ロシア

　ソヴィエト連邦に代わって生まれた国家連合体。1991年12月8日, ロシア連邦, ウクライナ, ベラルーシの首脳が独立国家共同体創設に関する協定に署名した。同年12月21日, この3国にくわえて, ウズベキスタン, カザフスタン, クルグズスタン, タジキスタン, トルクメニスタン, アゼルバイジャン, アルメニア, モルドヴァ, 計11カ国の首脳が同協定議定書に署名するとともに, アルマ・アタ宣言を発して, 独立国家共同体を結成した。バルト3国(エストニア, ラトヴィア, リトアニア)は不参加である。93年にはグルジアが加盟したが, 2008年8月に脱退した。トルクメニスタンも05年に「準加盟国」となった。最高機関は国家元首評議会。常設機関としては執行委員会がミンスク(ベラルーシ)におかれている。このゆるい国家連合は必ずしも順調に発展していないが, なお将来の可能性を残している。

集団安全保障条約機構(CSTO)　Collective Security Treaty Organization

アルメニア, ウズベキスタン, カザフスタン, クルグズスタン, タジキスタン, ベラルーシ, ロシア

　旧ソ連諸国の一部がロシア連邦を中心に創出した集団安全保障機構。1992年5月, 旧ソ連6カ国がタシュケント(ウズベキスタン)で「集団安全保障条約」を調印。2002年10月, 「集団安全保障条約機構」に発展した。原加盟国はアルメニア, ウズベキスタン, カザフスタン, クルグズスタン, タジキスタン, ロシア連邦で, その後93年にアゼルバイジャン, グルジア, ベラルーシが加盟した。ウズベキスタンは99年に脱退, 2006年に再加盟した。99年にはアゼルバイジャンとグルジアも脱退した。最高機関は加盟国元首からなる集団安全保障会議(議長は輪番制)。公用語はロシア語。事務局はモスクワ(ロシア連邦)。テロや地域紛争への対処を掲げ, 周辺諸国に存在感を示す。2001年5月に中央アジア地域合同緊急展開軍を創設, 07年10月には合同平和維持軍の創設で合意した。

ヨーロッパ評議会(CE)　Council of Europe

アイスランド, アイルランド, アゼルバイジャン, アルバニア, アルメニ

ア, アンドラ, イギリス, イタリア, ウクライナ, エストニア, オーストリア, オランダ, キプロス, ギリシア, グルジア, クロアチア, サン・マリーノ, スイス, スウェーデン, スペイン, スロヴァキア, スロヴェニア, セルビア, チェコ, デンマーク, トルコ, ドイツ, ノルウェー, ハンガリー, フィンランド, フランス, ブルガリア, ベルギー, ボスニア゠ヘルツェゴヴィナ, ポーランド, ポルトガル, マケドニア, マルタ, モナコ, モルドヴァ, モンテネグロ, ラトヴィア, リトアニア, リヒテンシュタイン, ルクセンブルク, ルーマニア, ロシア

　第二次世界大戦後, ヨーロッパ統合を求める動きが活発化し, オランダ・ハーグに参集したヨーロッパ統合を支持する運動体によって提示されたヨーロッパ議会設立構想は, ヨーロッパ評議会(CE)設立となって結実した。1949年5月に参加10カ国で採択されたヨーロッパ評議会規約は, ヨーロッパ人権条約(50年11月採択)とともに, 西ヨーロッパ共通の価値観としての人権保護や民主主義を提示した。ヨーロッパ統合の中心はヨーロッパ共同体(EC, 現EU)に移ったが, 人権問題, 社会経済政策の平準化などの分野における相互協力促進において, CEは役割をはたした。90年代前半には東ヨーロッパ諸国の民主化改革に積極的に協力した。2008年現在の加盟国は47カ国。

経済協力開発機構(OECD)　Organization for Economic Co-operation and Development

アイスランド, アイルランド, アメリカ, イギリス, イタリア, オーストラリア, オーストリア, オランダ, カナダ, 韓国, ギリシア, スイス, スウェーデン, スペイン, スロヴァキア, チェコ, デンマーク, ドイツ, トルコ, 日本, ニュージーランド, ノルウェー, ハンガリー, フィンランド, フランス, ベルギー, ポーランド, ポルトガル, メキシコ, ルクセンブルク

　マーシャル・プランの受入れを目的として1948年に設立されたヨーロッパ経済協力機構(OEEC)がOECDの前身である。西ヨーロッパ諸国の復興後, OEECの活動の重点は加盟国間での自由貿易促進や経済政策調整に移った。61年, OECDに改組され, 活動はヨーロッパから世界全体へと広がり, 経済成長, 発展途上国への援助, 世界貿易促進がその課題となった。OECDは世界の経済・社会の動向調査や提言もおこなっている。OECD発足時に20カ国であった加盟国は30カ国(2008年)に増加したほか, ロシアなど5カ国が加盟候補国である。さらに, OECDは中国やインドとの関係も強化している。

北米自由貿易協定(NAFTA)　North American Free Trade Agreement

アメリカ，カナダ，メキシコ

アメリカ，カナダが1988年に結んだ自由貿易協定にメキシコが加わり，1992年に調印した3カ国の自由貿易地域設定の協定(94年1月に発効)。これによって，人口4億3000万人，GDP総額15兆4570億ドルを擁する世界最大規模の自由貿易地域が誕生した。協定により3国は15年間で相互に関税を全廃することに合意したが，自由化は，農産物や工業製品の関税撤廃だけでなく，国内産業に対する政府の保護措置の廃止や金融市場の開放にもおよぶ。2008年にすべての貿易制限が撤廃された。NAFTAは，3国間の貿易拡大，投資の増加，堅実な経済成長に貢献した。

ラテン・アメリカ経済機構(SELA)　Sistema Económico Latinoamericano

アルゼンティン，ウルグァイ，エクアドル，エル・サルバドル，ガイアナ，キューバ，グァテマラ，グレナダ，コスタ・リカ，コロンビア，ジャマイカ，スリナム，チリ，ドミニカ共和国，トリニダッド＝トバゴ，ニカラグァ，ハイティ，パナマ，バハマ，パラグァイ，バルバドス，ブラジル，ベネスエラ，ベリーズ，ペルー，ボリビア，ホンジュラス，メキシコ

1975年にラテン・アメリカおよびカリブ海地域の23カ国の代表が署名したパナマ協定に基づいて翌76年に発足した地域機関。常設の事務局がベネスエラのカラカスに設置され，2008年現在28カ国が加盟している。同機構は経済上の問題について域外の国や国際組織に対してラテン・アメリカおよびカリブ海地域に共通の立場や戦略を取りまとめるための協議の場を設けるとともに，加盟国間の協力と統合を推進することを目標とし，最高意思決定機関であるラテン・アメリカ会議が閣僚レベルで年に1度開催されるほか，特定のテーマに関して問題解決をはかるための行動委員会が個別に設置されている。

中米統合機構(SICA)　Sistema de la Integración Centroamericana

エル・サルバドル，グァテマラ，コスタ・リカ，ニカラグァ，パナマ，ベリーズ，ホンジュラス

1951年に採択されたサン・サルバドル憲章のもとで誕生した中米機構(ODECA)を起源とし，その発展的な組織として91年のテグシガルパ議定書に基づいて中米機構加盟5カ国にパナマを加えて設立された地域機関。93年に正式に活動を開始し，2001年にベリーズが加盟したほか，準加盟国

としてドミニカ共和国、域内オブザーバーとしてメキシコ、域外オブザーバーとして台湾、スペイン、ドイツ、チリが参加している。事務総局がエル・サルバドルのサン・サルバドルにおかれ、半年に1度開催される大統領会合が最高意思決定機関となっている。同機構は中米地域を統合する制度的な枠組みとして機能しており、政治・経済・社会・文化および環境に至る広範な統合を通じて平和・自由・民主主義・開発を達成することを目標に掲げている。

南米共同体(CSN)／南米諸国連合(UNASUR)　Comunidad Sudamericana de Naciones/Unión de Naciones Suramericanas

アルゼンティン、ウルグァイ、エクアドル、ガイアナ、コロンビア、スリナム、チリ、パラグァイ、ブラジル、ベネスエラ、ペルー、ボリビア

南米共同体は2000年の第1回南米サミットにおいて構想が打ち出された南米12カ国による地域統合組織で、母体となるアンデス共同体と南米南部共同市場(メルコスール)の加盟国および残りの3カ国から構成され、ヨーロッパ連合をモデルとした政治・経済・社会の多分野にわたる地域統合をめざすものとされた。その後、04年の第3回南米サミットで採択されたクスコ宣言によって南米共同体が正式に創設されると、07年の第1回南米エネルギーサミットの場で南米共同体から南米諸国連合に改称することが決定された。08年には南米諸国連合設立条約が採択され、年に1度開催される首脳会合を最高意思決定機関とするとともに、エクアドルのキートに事務局を設置し、将来的にはボリビアのコチャバンバに南米議会を設置することが規定された。

アンデス共同体(CAN)　Comunidad Andina

エクアドル、コロンビア、ペルー、ボリビア

1969年に署名されたカルタヘナ協定に基づき、統合および経済・社会面での協力を通じた加盟国の均衡ある発展を促進することを目標にアンデス地域5カ国によって着手されたアンデス地域統合プロセスを基礎とし、「アンデス・グループ」として知られる同組織を発展的に改組する形で96年にアンデス共同体が誕生した。創設時の加盟国であったチリと73年に加盟したベネスエラの脱退により、2008年現在の加盟国は4カ国となっているが、チリはメルコスール加盟4カ国とともに準加盟国として参加している。ペルーのリマに事務局が設置され、年に1度開催される首脳会議が最高意思決定機関となっている。2006年には域内関税の撤廃を留保していたペルーが手続きを完了したことでアンデス自由貿易圏が成立した。

南米南部共同市場(メルコスール，MERCOSUR)　Mercado Común del Sur

アルゼンティン，ウルグァイ，パラグァイ，ブラジル，ベネスエラ(正式加盟の手続き中)

　1991年ブラジル，アルゼンティン，ウルグァイ，パラグァイ4カ国によるアスンシオン条約に基づき，95年に発足した。域内関税廃止，域外共通関税，マクロ経済政策の協調，「民主主義条項」を定める。96年にはチリ，97年にはボリビアが準加盟国として参加し，その後ペルー，コロンビア，エクアドルも同様の資格で参加している。加盟国間の貿易摩擦やアンデス共同体との南米自由貿易地域の創設が今後の焦点となる。

カリブ共同体(カリコム，CARICOM)　Caribbean Community

アンティグァ=バーブーダ，(イギリス領モンセラット)，ガイアナ，グレナダ，ジャマイカ，スリナム，セント・ヴィンセント=グレナディーン，セント・クリストファー=ネイヴィス，セント・ルシア，ドミニカ共和国，トリニダッド=トバゴ，ハイティ，バハマ，バルバドス，ベリーズ

　カリブ共同体はカリブ海地域の旧イギリス領で1958年に設立された西インド諸島連合に起源をもち，その解体後にあらたに設立されたカリブ自由貿易連盟を発展させる形で，73年に署名されたチャガラマス条約に基づいて創設された共同市場をともなう地域統合機構。2008年現在の加盟国は14カ国1地域(イギリス領モンセラット)で，他のイギリスの海外領土も準加盟地域として参加しており，事務局がガイアナのジョージタウンに設置され，最高意思決定機関として首脳会議が開催されている。加盟国における生活水準と労働環境の改善，調和のとれた持続的な経済の発展と統合，生産性と国際競争力の向上，対外政策の調整などを主要な目標としており，01年に署名された改訂チャガラマス条約のもとで共同市場を強化したカリコム単一市場・経済の形成へ向けて動き出している。

太平洋諸島フォーラム(PIF)　Pacific Islands Forum

オーストラリア，キリバス，(クック諸島)，サモア，ソロモン諸島，ツバル，トンガ，ナウル，(ニウエ)，ニュージーランド，バヌアツ，パプアニューギニア，パラオ，フィジー諸島，マーシャル諸島，ミクロネシア連邦

　オーストラリアとニュージーランド，および14の太平洋嶼諸国(独立国・自治国)からなる地域協力機構。2000年，南太平洋フォーラム(SPF，South Pacific Forum)から改称した。南太平洋フォーラムは1971年，フランスの核実験をはじめ太平洋への外的圧力に対応する地域機構として結

成された(当時は5カ国)。以来，核問題から漁業問題，近年では地球温暖化問題に積極的に取り組むとともに，自由貿易地帯の形成，麻薬など国境横断的犯罪の法的取締り(南太平洋フォーラム宣言，92年)，地域の包括的な安全保障(アイトゥタキ宣言，97年)，地域紛争への武力介入による平和構築(ビケタワ宣言，2000年)など域内の政治・経済的秩序の形成と安定に重要な役割をはたしている。

主要国首脳会議(サミット)　G8 Summit

アメリカ，イギリス，イタリア，カナダ，ドイツ，日本，フランス，ロシア，ヨーロッパ連合(EU)

　先進国サミット(Summit)ともいう。第1次石油危機(1973年秋)にともなう戦後最大の世界経済の混乱に際し，主要先進国の対応を協議するために，ジスカールデスタン仏大統領の提案によって，75年11月に第1回首脳会議が開催された。以降毎年1回，参加国の主要都市で開催されている。第1回目の6カ国(フランス，西ドイツ，イタリア，イギリス，アメリカ，日本)に加えて，76年にカナダ，78年にヨーロッパ共同体(EC，現EU)が正式に参加した。第23回(97年)以降，ロシアが正式メンバーとなり，現在の8カ国体制となった。90年代以降，経済問題だけでなく，グローバル化への対応，アフリカの貧困，武器管理，地球環境保護など，サミットで扱われる問題は格段に増加した。

■ 国名索引

㉘は「新版世界各国史」の該当巻数

●ア-オ

国名	頁	巻
アイスランド共和国	125	㉑
アイルランド	126	⑪
アゼルバイジャン共和国	8	㉒
アフガニスタン・イスラーム共和国	9	⑨
アメリカ合衆国	180	㉔
アメリカ領サモア	247	㉗
アメリカ領ヴァージン諸島	215	㉕
アラブ首長国連邦	10	⑧
アルジェリア民主人民共和国	63	⑧
アルゼンティン共和国	181	㉖
アルーバ	216	㉕
アルバニア共和国	127	⑱
アルメニア共和国	11	㉒
アングィラ	217	㉕
アンゴラ共和国	64	⑩
アンティグァ=バーブーダ	182	㉕
アンドラ公国	128	⑫,⑯
イエメン共和国	12	⑧
イギリス(グレート・ブリテンおよび北アイルランド連合王国)	129	⑪
イギリス領ヴァージン諸島	218	㉕
イスラエル国	13	⑧
イタリア共和国	130	⑮
イラク共和国	14	⑧
イラン・イスラーム共和国	15	⑨
インド	16	⑦
インドネシア共和国	17	⑥
ヴァティカン市国	131	⑮
ウェーク島	248	㉗
ウガンダ共和国	65	⑩
ウクライナ	132	⑳
ウズベキスタン共和国	18	④
ウルグァイ東方共和国	183	㉖
エクアドル共和国	184	㉖
エジプト・アラブ共和国	66	⑧
エストニア共和国	133	⑳
エチオピア連邦民主共和国	67	⑩
エリトリア国	68	⑩
エル・サルバドル共和国	185	㉕
オーストラリア連邦	233	㉗
オーストリア共和国	134	⑲
オマーン国	19	⑧
オランダ王国	135	⑭
オランダ領アンティル	219	㉕

●カ-コ

国名	頁	巻
ガイアナ共和国	186	㉖
カザフスタン共和国	20	④
カシミール	55	④,⑦
カタール国	21	⑧
ガーナ共和国	69	⑩
カナダ	187	㉓
カボヴェルデ共和国	70	⑩
ガボン共和国	71	⑩
カメルーン共和国	72	⑩
ガンビア共和国	73	⑩
カンボジア王国	22	⑤
北マリアナ諸島	249	㉗
ギニア共和国	74	⑩
ギニア・ビサウ共和国	75	⑩
キプロス(サイプラス)共和国	23	⑨,⑰
キューバ共和国	188	㉕
ギリシア共和国	136	⑰,⑱
キリバス共和国	234	㉗
グァテマラ共和国	189	㉕
グァドループ	220	㉕
グアム	250	㉗
クウェイト国	24	⑧
クック諸島	251	㉗
クリスマス島	252	㉗
グリーンランド(カラーリットヌナート)	221	㉑
クルグズ(キルギス)共和国	25	④
グルジア	26	㉒
グレナダ	190	㉕
クロアチア共和国	137	⑱
ケイマン諸島	222	㉕
ケニア共和国	76	⑩
ココス諸島	253	㉗
コスタ・リカ共和国	191	㉕
コソヴォ共和国	138	⑱
コートディヴォワール共和国	77	⑩

コモロ連合　78　⑩
コロンビア共和国　192　㉖
コンゴ共和国　79　⑩
コンゴ民主共和国　80　⑩

●サ～ソ

サウジアラビア王国　27　⑧
サウス・ジョージア=サウス・サンドウィッチ諸島　223　㉖
サモア独立国　235　㉗
サントーメ・プリンシペ民主共和国　81　⑩
ザンビア共和国　82　⑩
サン・マリーノ共和国　139　⑮
シエラレオネ共和国　83　⑩
ジブチ共和国　84　⑩
ジブラルタル　170　⑪,⑯
ジャマイカ　193　㉕
ジョンストン島　254　㉗
シリア・アラブ共和国　28　⑧
シンガポール共和国　29　⑥
ジンバブウェ共和国　85　⑩
スイス連邦　140　⑭
スヴァールバル諸島　171　㉑
スウェーデン王国　141　㉑
スーダン共和国　86　⑩
スペイン　142　⑯
スリナム共和国　194　㉖
スリランカ民主社会主義共和国　30　⑦
スロヴァキア共和国　143　⑲
スロヴェニア共和国　144　⑱
スワジランド王国　87　⑩
セイシェル共和国　88　⑩
赤道ギニア共和国　89　⑩
セネガル共和国　90　⑩
セルビア共和国　145　⑱
セント・ヴィンセント=グレナディーン諸島　195　㉕
セント・クリストファー=ネイヴィス　196　㉕
セント・ヘレナ島　116　⑩
セント・ルシア　197　㉕
ソマリア民主共和国　91　⑩
ソロモン諸島　236　㉗

●タ～ト

タイ王国　31　⑤
大韓民国　32　②
大リビア・アラブ社会主義人民ジャマーヒリーヤ国　92　⑧
台湾(中華民国)　57　③
タークス=カイコス諸島　224　㉕
タジキスタン共和国　33　④
タンザニア連合共和国　93　⑩
チェコ共和国　146　⑲
チャド共和国　94　⑩
チャネル諸島　172　⑪
中央アフリカ共和国　95　⑩
中華人民共和国　34　③,④
チュニジア共和国　96　⑧
朝鮮民主主義人民共和国　35　②
チリ共和国　198　㉖
ツバル(ツヴァル)　237　㉗
デンマーク王国　147　㉑
ドイツ連邦共和国　148　⑬
トケラウ諸島　255　㉗
トーゴ共和国　97　⑩
ドミニカ共和国　199　㉕
ドミニカ国　200　㉕
トリニダッド=トバゴ共和国　201　㉕
トルクメニスタン　36　④
トルコ共和国　37　⑨
トンガ王国　238　㉗

●ナ～ノ

ナイジェリア連邦共和国　98　⑩
ナウル共和国　239　㉗
ナミビア共和国　99　⑩
ニウエ　256　㉗
ニカラグア共和国　202　㉕
ニジェール共和国　100　⑩
西サハラ　117　⑩
日本国　38　①
ニューカレドニア　257　㉗
ニュージーランド　240　㉗
ネパール連邦民主共和国　39　⑦
ノーフォーク島　258　㉗
ノルウェー王国　149　㉑

●ハ―ホ

ハイティ共和国　203　㉕
パキスタン・イスラーム共和国　40　⑦
パナマ共和国　204　㉕
バヌアツ(ヴァヌアツ)共和国　241　㉗
バハマ国　205　㉕
バハレーン王国　41　⑧
パプアニューギニア独立国　242　㉗
バミューダ　225　㉕
パラオ共和国　243　㉗
パラグァイ共和国　206　㉖
バルバドス　207　㉕
パレスティナ(PLO)　56　⑧
ハンガリー共和国　150　⑲
バングラデシュ人民共和国　42　⑦
東ティモール民主共和国　43　⑥
ピトケアン諸島　259　㉗
フィジー諸島共和国　244　㉗
フィリピン共和国　44　⑥
フィンランド共和国　151　㉑
プエルト・リコ　226　㉔,㉕
フェーロー諸島　173　㉑
ブータン王国　45　⑦
ブラジル連邦共和国　208　㉖
フランス共和国　152　⑫
フランス領ギアナ　227　㉖
フランス領ポリネシア　260　㉗
ブルガリア共和国　153　⑱
ブルキナファソ　101　⑩
ブルネイ・ダルサラーム国　46　⑥
ブルンディ共和国　102　⑩
ベトナム社会主義共和国　47　⑤
ベナン共和国　103　⑩
ベネスエラ・ボリーバル共和国　209　㉖
ベラルーシ共和国　154　⑳
ベリーズ　210　㉕
ベルギー王国　155　⑭
ペルー共和国　211　㉖
ボスニア=ヘルツェゴヴィナ　156　⑱
ボツワナ共和国　104　⑩
ポーランド共和国　157　⑳
ボリビア共和国　212　㉖
ポルトガル共和国　158　⑯
ホンコン　58　③
ホンジュラス共和国　213　㉕

●マ―モ

マイヨット島　118　⑩
マカオ　59　③
マケドニア旧ユーゴスラヴィア共和国　159　⑱
マーシャル諸島共和国　245　㉗
マダガスカル共和国　105　⑩
マラウィ共和国　106　⑩
マリ共和国　107　⑩
マルタ共和国　160　⑮
マルティニク　228　㉕
マルビナス諸島(フォークランド諸島)　229　㉖
マレーシア　48　⑥
マン島　174　⑪
ミクロネシア連邦　246　㉗
ミッドウェイ諸島　261　㉗
南アフリカ共和国　108　⑩
ミャンマー連邦(ビルマ)　49　⑤
メキシコ合衆国　214　㉕
モザンビーク共和国　109　⑩
モナコ公国　161　⑫,⑮
モーリシャス共和国　110　⑩
モーリタニア・イスラーム共和国　111　⑩
モルディヴ共和国　50　⑦
モルドヴァ共和国　162　⑱
モロッコ王国　112　⑧
モンゴル国　51　④
モンセラット　230　㉕
モンテネグロ　163　⑱

●ヤ―ヨ

ヤンマイエン島　175　㉑
ヨルダン・ハーシム王国　52　⑧
ヨーロッパ連合(EU)　124　⑪～㉑

●ラ・ロ・ワ

ラオス人民民主共和国　53　⑤
ラトヴィア共和国　164　⑳
リトアニア共和国　165　⑳
リヒテンシュタイン公国　166　⑭,⑲
リベリア共和国　113　⑩

ルクセンブルク大公国　167　⑭
ルーマニア　168　⑱
ルワンダ共和国　114　⑩
レソト王国　115　⑩
レバノン共和国　54　⑧
レユニオン島　119　⑩
ロシア連邦　169　㉒
ワリス・フツナ諸島　262　㉗

執筆分担(50音順)

池田 嘉郎　いけだ よしろう　　新潟国際情報大学情報文化学部講師
ロシア・中央アジアほか旧ソ連地域

小田 英郎　おだ ひでお　　慶應義塾大学名誉教授
中部アフリカ

小槻 文洋　おつき ふみひろ　　神戸夙川学院大学観光文化学部准教授
南アジア

勝俣 誠　かつまた まこと　　明治学院大学国際学部教授
西アフリカ

笹川 秀夫　ささがわ ひでお　　立命館アジア太平洋大学アジア太平洋学部准教授
東南アジア

佐藤 徹　さとう とおる　　東京大学大学院総合文化研究科博士課程単位取得退学
中・南アメリカ

白川 耕一　しらかわ こういち　　国学院大学文学部兼任講師
西・南・北ヨーロッパ，北アメリカ

豊岡 康史　とよおか やすし　　東京大学大学院人文社会系研究科博士課程
東アジア

橋爪 烈　はしづめ れつ　　日本学術振興会特別研究員(PD)
西アジア，北アフリカ

馬場 淳　ばば じゅん　　日本学術振興会特別研究員(PD)
オセアニア

林 晃史　はやし こうじ　　日本アフリカ学会会員
南アフリカ

山本 明代　やまもと あきよ　　名古屋市立大学大学院人間文化研究科准教授
東ヨーロッパ

吉田 昌夫　よしだ まさお　　日本福祉大学大学院福祉社会開発研究科教授
東アフリカ

新版 世界各国史 28
世界各国便覧

| 2009年7月20日 | 1版1刷 | 印刷 |
| 2009年7月31日 | 1版1刷 | 発行 |

編 者　山川出版社編集部

発行者　野澤伸平

発行所　株式会社 山川出版社

〒101-0047　東京都千代田区内神田1-13-13
電話　03(3293)8131(営業)　8134(編集)
http://www.yamakawa.co.jp/
振替　00120-9-43993

印刷所　図書印刷株式会社

製本所　株式会社ブロケード

装 幀　菊地信義

© Yamakawa Shuppan-sha 2009　Printed in Japan
ISBN 978-4-634-41580-5

・造本には十分注意しておりますが,万一,落丁本などがございましたら,小社営業部宛にお送りください。送料小社負担にてお取り替えいたします。
・定価はカバーに表示してあります。

新版 世界各国史 全28巻

四六判　平均500頁　税込定価3150円〜4200円

1. 日本史 ……………………………………… 宮地正人編
2. 朝鮮史 ……………………………………… 武田幸男編
3. 中国史 ……………………………… 尾形勇・岸本美緒編
4. 中央ユーラシア史 ………………………… 小松久男編
   モンゴル・中国（内モンゴル・チベット・新疆ウイグル）・カザフスタン・クルグズスタン・タジキスタン・ウズベキスタン・トルクメニスタン
5. 東南アジア史　Ⅰ　**大陸部** ……石井米雄・桜井由躬雄編
   ベトナム・カンボジア・ラオス・タイ・ミャンマー
6. 東南アジア史　Ⅱ　**島嶼部** ………………… 池端雪浦編
   インドネシア・フィリピン・マレーシア・シンガポール・ブルネイ
7. 南アジア史 ………………………………… 辛島昇編
   インド・パキスタン・ネパール・ブータン・バングラデシュ・スリランカ・モルディヴ
8. 西アジア史　Ⅰ**アラブ** ……………………… 佐藤次高編
   イラク・シリア・レバノン・イスラエル・ヨルダン・クウェイト・サウジアラビア・バハレーン・カタール・アラブ首長国連邦・オマーン・イエメン・エジプト・リビア・チュニジア・アルジェリア・モロッコ
9. 西アジア史　Ⅱ**イラン・トルコ** …………… 永田雄三編
   アフガニスタン・イラン・トルコ
10. アフリカ史 ………………………………… 川田順造編
    サハラ以南のアフリカ諸国
11. イギリス史 ………………………………… 川北稔編
    連合王国・アイルランド
12. フランス史 ………………………………… 福井憲彦編
13. ドイツ史 …………………………………… 木村靖二編
14. スイス・ベネルクス史 ……………………… 森田安一編
15. イタリア史 ………………………………… 北原敦編
16. スペイン・ポルトガル史 …………………… 立石博高編

17 ギリシア史 ……………………………… 桜井万里子編
18 バルカン史 ………………………………… 柴宜弘編
ルーマニア・モルドヴァ・ブルガリア・ユーゴスラヴィア・マケドニア・
スロヴェニア・クロアチア・ボスニア=ヘルツェゴヴィナ・アルバニア
19 ドナウ・ヨーロッパ史 ………………… 南塚信吾編
オーストリア・チェコ・スロヴァキア・ハンガリー
20 ポーランド・ウクライナ・バルト史
……………………… 伊東孝之・井内敏夫・中井和夫編
ポーランド・ウクライナ・ベラルーシ・リトアニア・ラトヴィア・エストニア
21 北欧史 ……………… 百瀬宏・熊野聰・村井誠人編
デンマーク・ノルウェー・スウェーデン・フィンランド・アイスランド
22 ロシア史 ………………………………… 和田春樹編
ロシア連邦・グルジア・アルメニア・アゼルバイジャン
23 カナダ史 ………………………………… 木村和男編
24 アメリカ史 ……………………………… 紀平英作編
25 ラテン・アメリカ史 Ⅰ **メキシコ・中央アメリカ・カリブ海**
………………………………… 増田義郎・山田睦男編
メキシコ・ベリーズ・グァテマラ・エル-サルバドル・ホンジュラス・
ニカラグァ・コスタ-リカ・パナマ・バハマ・キューバ・ジャマイカ・ハイティ・
ドミニカ共和国・セント-クリストファー=ネイヴィス・
アンティグァ=バーブーダ・ドミニカ国・セント-ルシア・バルバドス・
セント-ヴィンセント=グレナディーン・グレナダ・トリニダッド=トバゴ
26 ラテン・アメリカ史 Ⅱ **南アメリカ** ……… 増田義郎編
ベネスエラ・コロンビア・エクアドル・ペルー・ボリビア・チリ・パラグァイ・
アルゼンティン・ウルグァイ・ブラジル・ガイアナ・スリナム
27 オセアニア史 …………………………… 山本真鳥編
オーストラリア・ニュージーランド・太平洋諸国
28 世界各国便覧 ………………… 山川出版社編集部編